CHEFS-D'ŒUVRE

DE

P. CORNEILLE.

TOME TROISIÈME.

A PARIS,

DE L'IMPRIMERIE DE CORDIER.

1817.

CHEFS-D'OEUVRE

DE

P. CORNEILLE,

AVEC

LES COMMENTAIRES DE VOLTAIRE,

ET

DES OBSERVATIONS CRITIQUES SUR CES COMMENTAIRES,

Par M. LEPAN;

Seule édition où l'on trouve le véritable texte de Corneille et les changements adoptés par la Comédie Française,

FAITE, PAR SOUSCRIPTION,

Au profit de Mlle J.-M. CORNEILLE.

« Il n'est pas inutile de remarquer que les censures « faites avec passion ont toutes été maladroites. »
Voltaire, 4ᵉ remarque sur les Observations de Scudéri.

TOME TROISIÈME.

A PARIS,

CHEZ CORDIER, IMPRIMEUR-LIBRAIRE.

M. DCCC. XVII.

POLYEUCTE,

MARTYR,

TRAGÉDIE CHRÉTIENNE,

REPRÉSENTÉE EN 1640.

A LA
REINE RÉGENTE.

Madame,

Quelque connoissance que j'aie de ma foiblesse, quelque profond respect qu'imprime votre majesté dans les âmes de ceux qui l'approchent, j'avoue que je me jette à ses pieds sans timidité et sans défiance, et je me tiens assuré de lui plaire, parce que je me tiens assuré de lui parler de ce qu'elle aime le mieux. Ce n'est qu'une pièce de théâtre que je lui présente, mais qui l'entretiendra de Dieu : la dignité de la matière est si haute, que l'impuissance de l'artisan ne la peut ravaler; et votre âme royale se plaît trop à cette sorte d'entretien, pour s'offenser des défauts d'un ouvrage où elle rencontrera les délices de son cœur. C'est par-là, Madame, que j'espère obtenir de votre majesté le pardon du long temps que j'ai attendu à lui rendre cette sorte d'hommage. Toutes les fois que j'ai mis sur notre scène des vertus morales ou politiques, j'en ai toujours cru les tableaux trop peu dignes de paroître devant elle, quand j'ai considéré qu'avec quelque soin que je les pusse choisir dans l'histoire, et quelques ornements dont l'artifice les pût enrichir, elle en voyoit de plus grands exemples dans elle-même. Pour rendre les choses proportionnées, il falloit aller à la plus haute espèce, et n'entreprendre pas de rien offrir de cette nature à une reine très-chrétienne, et qui l'est beaucoup plus encore par ses actions que par son titre, à moins que de lui offrir un portrait des vertus chrétiennes dont l'amour et la gloire de Dieu formassent les plus beaux traits, et qui rendît les plaisirs qu'elle y pourra prendre aussi propres à exercer sa piété qu'à délasser son esprit. C'est à cette extraordinaire et admirable piété, Madame, que la France est redevable des bénédictions qu'elle voit tomber sur les premières armes de son roi ; les heureux succès qu'elles ont obtenus en sont les rétributions éclatantes, et des coups du ciel qui répand abondamment sur tout le royaume les récompenses et les grâces que votre majesté a méritées. Notre perte sembloit infaillible après celle de notre grand monarque ; toute l'Europe avoit déjà pitié de nous, et s'imaginoit que nous nous allions précipiter dans un extrême désordre, parce qu'elle nous voyoit dans une extrême désolation : cependant la prudence et les soins de votre majesté, les bons conseils qu'elle a pris, les grands courages qu'elle a choisis pour les exécuter, ont agi si puissamment dans tous les besoins de l'état, que cette première année de sa régence a non-seulement égalé les plus glorieuses de l'autre règne, mais a même effacé, par la prise de Thionville, le souvenir du malheur qui, devant ses murs, avoit interrompu une si longue suite de victoires. Permettez que je me laisse emporter au ravissement que me donne cette pensée, et que je m'écrie dans ce transport :

> Que vos soins, grande reine, enfantent de miracles !
> Bruxelles et Madrid en sont tout interdits ;
> Et si notre Apollon me les avoit prédits,
> J'aurois moi-même osé douter de ses oracles.
>
> Sous vos commandements on force tous obstacles ;
> On porte l'épouvante aux cœurs les plus hardis ;
> Et par des coups d'essai vos états agrandis
> Des drapeaux ennemis font d'illustres spectacles.
>
> La Victoire elle-même accourant à mon roi,
> Et mettant à ses pieds Thionville et Rocroi,
> Fait retentir ces vers sur les bords de la Seine :
>
> France, attends tout d'un règne ouvert en triomphant,
> Puisque tu vois déjà les ordres de ta reine
> Faire un foudre en tes mains des armes d'un enfant.

Il ne faut point douter que des commencements si merveilleux ne soient soutenus par des progrès encore plus étonnants. Dieu ne laisse point ses ouvrages imparfaits ; il les achevera, Madame, et rendra non-seulement la régence de votre majesté, mais encore toute sa vie, un enchaînement continuel de prospérités. Ce sont les vœux de toute la France ; et ce sont ceux que fait avec plus de zèle,

MADAME,

DE VOTRE MAJESTÉ

Le très-humble, très-obéissant
et très-fidèle serviteur et sujet,

P. Corneille.

ABRÉGÉ

DU MARTYRE DE SAINT POLYEUCTE,

ÉCRIT PAR SIMÉON MÉTAPHRASTE,

ET RAPPORTÉ PAR SURIUS.

L'INGÉNIEUSE tissure des fictions avec la vérité, où consiste le plus beau secret de la poésie, produit d'ordinaire deux sortes d'effets, selon la diversité des esprits qui la voient. Les uns se laissent si bien persuader à cet enchaînement, qu'aussitôt qu'ils ont remarqué quelques événements véritables, ils s'imaginent la même chose des motifs qui les font naître et des circonstances qui les accompagnent ; les autres, mieux avertis de notre artifice, soupçonnent de fausseté tout ce qui n'est pas de leur connoissance : si bien que quand nous traitons quelque histoire écartée dont ils ne trouvent rien dans leur souvenir, ils l'attribuent tout entière à l'effort de notre imagination, et la prennent pour une aventure de roman.

L'un et l'autre de ces effets seroit dangereux en cette rencontre : il y va de la gloire de Dieu, qui se plaît dans celle de ses saints, dont la mort si précieuse devant ses yeux ne doit pas passer pour fabuleuse devant ceux des hommes. Au lieu de sanctifier notre théâtre par sa représentation, nous y profanerions la sainteté de leurs souffrances si nous permettions que la crédulité des uns et la défiance des autres, également abusées par ce mélange, se méprissent également en la vénération qui leur est due, et que les premiers la rendissent mal-à-propos à ceux qui ne la méritent pas, pendant que les autres la dénieroient à ceux à qui elle appartient.

Saint Polyeucte est un martyr dont, s'il m'est permis de parler ainsi, beaucoup ont plutôt appris le nom à la comédie qu'à l'église. Le martyrologe romain en fait mention sur le 13 de février, mais en deux mots, suivant sa coutume : Baronius, dans ses annales, n'en écrit qu'une ligne ; le seul Surius, ou plutôt Mosander, qui l'a augmenté dans les dernières impressions, en rapporte la mort assez au long sur le 9 de janvier : et j'ai cru qu'il étoit de mon devoir d'en mettre ici l'abrégé. Comme il a été à propos d'en rendre la représentation agréable, afin que le plaisir pût en insinuer plus doucement l'utilité, et lui servir comme de véhicule pour la porter dans l'âme du peuple, il est juste aussi de lui donner cette lumière pour démêler la vérité d'avec ses ornements, et lui faire reconnoître ce qui lui doit imprimer du respect comme saint, et ce qui le doit seulement divertir comme industrieux. Voici donc ce que ce dernier nous apprend :

« Polyeucte et Néarque étoient deux cavaliers étroitement liés ensemble d'amitié ; ils vivoient en l'an 250, sous l'empire de Décius ; leur demeure étoit dans Mélitène, capitale d'Arménie ; leur religion différente. Néarque étoit chrétien, et Polyeucte suivoit encore la secte des gentils, mais ayant toutes les qualités dignes d'un chrétien, et une grande inclination à le devenir. L'empereur ayant fait publier un édit très-rigoureux contre les chrétiens, cette publication donna un grand trouble à Néarque, non par la crainte des supplices dont il étoit menacé, mais pour l'appréhension qu'il eut que leur amitié ne souffrît quelque séparation ou refroidissement par cet édit, vu les peines qui y étoient proposées à ceux de sa religion, et les honneurs promis à ceux du parti contraire : il en conçut un si profond déplaisir, que son ami s'en aperçut; et l'ayant obligé de lui en dire la cause, il prit de là occasion de lui ouvrir son cœur : Ne craignez point, lui dit-il, que l'édit de l'empereur nous désunisse; j'ai vu cette nuit le Christ que vous adorez; il m'a dépouillé d'une robe sale pour me revêtir d'une autre toute lumineuse, et m'a fait monter sur un cheval ailé pour le suivre. Cette vision m'a résolu entièrement à faire ce qu'il y a long-temps que je médite : le seul nom de chrétien me manque; et vous-même, toutes les fois que vous m'avez parlé de votre grand Messie, vous avez pu remarquer que je vous ai toujours écouté avec respect; et quand vous m'avez lu sa vie et ses enseignements, j'ai toujours admiré la sainteté de ses actions et de ses discours. O Néarque! si je ne me croyois pas indigne d'aller à lui sans être initié dans ses mystères et avoir reçu la grâce de ses sacrements, que vous verriez éclater l'ardeur que j'ai de mourir pour sa gloire et le soutien de ses éternelles vérités ! Néarque l'ayant éclairci sur l'illusion du scrupule où il étoit, par l'exemple du bon larron, qui en un moment mérita le ciel, bien qu'il n'eût pas reçu le baptême ; aussitôt notre martyr, plein d'une sainte ferveur, prend l'édit de l'empereur, crache dessus, et le déchire en morceaux qu'il jette au vent ; et voyant des idoles que le peuple portoit sur les autels pour les adorer, ils les arrache à ceux qui les portoient, les brise contre terre, et les foule aux pieds, étonnant tout le monde et son ami même par la chaleur de ce zèle qu'il n'avoit pas espéré.

« Son beau-père Félix, qui avoit la commission de l'empereur pour persécuter les chrétiens, ayant vu lui-même ce qu'avoit fait son gendre, saisi de douleur de voir l'espoir et l'appui de sa famille perdus, tâche d'ébranler sa constance, premièrement par de belles paroles, ensuite par des menaces, enfin par des coups qu'il lui fait donner par ses bourreaux sur tout le visage : mais n'en ayant pu venir à bout, pour dernier effort il lui envoie sa fille Pauline, afin de voir si ses larmes n'auroient point plus de pouvoir sur l'esprit d'un mari que n'avoient eu ses artifices et ses rigueurs. Il n'avance rien davantage par-là ; au contraire, voyant que sa fermeté convertissoit beaucoup de païens, il le condamne à perdre la tête. Cet arrêt fut exécuté sur l'heure ; et le saint martyr, sans autre baptême que de son sang, s'en alla prendre possession de la gloire que Dieu a promise à ceux qui renonceroient à eux-mêmes pour l'amour de lui. »

Voilà en peu de mots ce qu'en dit Surius : le songe de Pauline, l'amour de Sévère, le baptême effectif de Polyeucte, le sacrifice pour la victoire de l'empereur, la dignité de Félix, que je fais gouverneur d'Arménie, la mort de Néarque, la conversion de Félix et de Pauline, sont des inventions et des embellissements de théâtre. La seule victoire de l'empereur contre les Perses a quelque fondement dans l'histoire; et, sans chercher d'autres auteurs, elle est rapportée par M. Coëffeteau, dans son *Histoire romaine*, mais il ne dit pas, ni qu'il leur imposa tribut, ni qu'il envoya faire des sacrifices de remercîment en Arménie.

Si j'ai ajouté ces incidents et ces particularités selon l'art, ou non, les savants en jugeront; mon but ici n'est pas de les justifier, mais seulement d'avertir le lecteur de ce qu'il en peut croire.

PERSONNAGES.

FÉLIX, sénateur romain, gouverneur d'Arménie.
POLYEUCTE, seigneur arménien, gendre de Félix.
SÉVÈRE, chevalier romain, favori de l'empereur Décie.
NÉARQUE, seigneur arménien, ami de Polyeucte.
PAULINE, fille de Félix, et femme de Polyeucte.
STRATONICE, confidente de Pauline.
ALBIN, confident de Félix.
FABIAN, domestique de Sévère.
CLÉON, domestique de Félix.
Trois Gardes.

La scène est à Mélitène, capitale d'Arménie, dans le palais de Félix.

POLYEUCTE,

MARTYR,

TRAGÉDIE CHRÉTIENNE.

ACTE PREMIER.

SCÈNE I.ère

POLYEUCTE, NÉARQUE.

NÉARQUE.

Quoi! vous vous arrêtez aux songes d'une femme![1]
De si foibles sujets troublent cette grande âme!
Et ce cœur, tant de fois dans la guerre éprouvé,[2]
S'alarme d'un péril qu'une femme a rêvé!

POLYEUCTE.

Je sais ce qu'est un songe, et le peu de croyance[3]
Qu'un homme doit donner à son extravagance,
Qui d'un amas confus des vapeurs de la nuit
Forme de vains objets que le réveil détruit :
Mais vous ne savez pas ce que c'est qu'une femme;[4]
Vous ignorez quels droits elle a sur toute l'âme,[5]
Quand, après un long temps qu'elle a su nous charmer,
Les flambeaux de l'hymen viennent de s'allumer.

Pauline, sans raison dans la douleur plongée, [6]
Craint et croit déjà voir ma mort qu'elle a songée;
Elle oppose ses pleurs aux desseins que je fais,
Et tâche à m'empêcher de sortir du palais.
Je méprise sa crainte, et je cède à ses larmes;
Elle me fait pitié sans me donner d'alarmes;
Et mon cœur, attendri sans être intimidé, [7]
N'ose déplaire aux yeux dont il est possédé.
L'occasion, Néarque, est-elle si pressante,
Qu'il faille être insensible aux soupirs d'une amante?
« Par un peu de remise épargnons son ennui, [8]
« Pour faire en plein repos ce qu'il trouble aujourd'hui.

NÉARQUE.

Avez-vous cependant une pleine assurance
D'avoir assez de vie, ou de persévérance?
Et Dieu, qui tient votre âme et vos jours dans sa main, [9]
Promet-il à vos vœux de le vouloir demain?
Il est toujours tout juste et tout bon; mais sa grâce [10]
Ne descend pas toujours avec même efficace:
Après certains moments que perdent nos longueurs,
Elle quitte ces traits qui pénètrent les cœurs;
Le nôtre s'endurcit, la repousse, l'égare;
Le bras qui la versoit en devient plus avare; [11]
Et cette sainte ardeur qui doit porter au bien
Tombe plus rarement, ou n'opère plus rien.
Celle qui vous pressoit de courir au baptême,
Languissante déjà, cesse d'être la même;

---

[a] Remettons ce dessein qui l'accable d'ennui;
   Nous le pourrons demain aussi bien qu'aujourd'hui.

Et, pour quelques soupirs qu'on vous a fait ouïr, [12]
Sa flamme se dissipe, et va s'évanouir.

POLYEUCTE.

Vous me connoissez mal : la même ardeur me brûle,
Et le désir s'accroît quand l'effet se recule.
Ces pleurs, que je regarde avec un œil d'époux,
Me laissent dans le cœur aussi chrétien que vous;
Mais, pour en recevoir le sacré caractère,
Qui lave nos forfaits dans une eau salutaire,
Et qui, purgeant notre âme et dessillant nos yeux,
Nous rend le premier droit que nous avions aux cieux,
Bien que je le préfère aux grandeurs d'un empire,
Comme le bien suprême et le seul où j'aspire,
Je crois, pour satisfaire un juste et saint amour,
Pouvoir un peu remettre, et différer d'un jour.

NÉARQUE.

Ainsi du genre humain l'ennemi vous abuse; [13]
Ce qu'il ne peut de force, il l'entreprend de ruse; [14]
Jaloux des bons desseins qu'il tâche d'ébranler, [15]
Quand il ne les peut rompre, il pousse à reculer;
D'obstacle sur obstacle il va troubler le vôtre, [16]
Aujourd'hui par des pleurs, chaque jour par quelqu'autre;
Et ce songe rempli de noires visions,
N'est que le coup d'essai de ses illusions.
Il met tout en usage, et prière et menace;
Il attaque toujours, et jamais ne se lasse;
Il croit pouvoir enfin ce qu'encore il n'a pu,
Et que ce qu'on diffère est à demi rompu.

Rompez ces premiers coups; laissez pleurer Pauline.
Dieu ne veut point d'un cœur où le monde domine,

Qui regarde en arrière, et, douteux en son choix,
Lorsque sa voix l'appelle, écoute une autre voix.

POLYEUCTE.

Pour se donner à lui faut-il n'aimer personne?

NÉARQUE.

Nous pouvons tout aimer, il le souffre, il l'ordonne;
Mais, à vous dire tout, ce seigneur des seigneurs
Veut le premier amour et les premiers honneurs.
Comme rien n'est égal à sa grandeur suprême,
Il ne faut rien aimer qu'après lui, qu'en lui-même;
Négliger, pour lui plaire, et femme, et biens, et rang,
Exposer pour sa gloire et verser tout son sang.
Mais que vous êtes loin de cette ardeur parfaite
Qui vous est nécessaire, et que je vous souhaite!
Je ne puis vous parler que les larmes aux yeux.
Polyeucte, aujourd'hui qu'on nous hait en tous lieux,
Qu'on croit servir l'état quand on nous persécute,
Qu'aux plus âpres tourments un chrétien est en butte,
Comment en pourrez-vous surmonter les douleurs,
Si vous ne pouvez pas résister à des pleurs?

POLYEUCTE.

Vous ne m'étonnez point; la pitié qui me blesse
Sied bien aux plus grands cœurs, et n'a point de foiblesse.
Sur mes pareils, Néarque, un bel œil est bien fort;
Tel craint de le fâcher, qui ne craint pas la mort:
Et s'il faut affronter les plus cruels supplices,
Y trouver des appas, en faire mes délices,
Votre Dieu, que je n'ose encor nommer le mien,
M'en donnera la force en me faisant chrétien.

NÉARQUE.

Hâtez-vous donc de l'être.

POLYEUCTE.

Oui, j'y cours, cher Néarque;
Je brûle d'en porter la glorieuse marque.
Mais Pauline s'afflige, et ne peut consentir,
Tant ce songe la trouble, à me laisser sortir.

NÉARQUE.

Votre retour pour elle en aura plus de charmes;
Dans une heure au plus tard vous essuîrez ses larmes;
Et l'heur de vous revoir lui semblera plus doux,
Plus elle aura pleuré pour un si cher époux.
Allons, on nous attend.

POLYEUCTE.

Apaisez donc sa crainte,
Et calmez la douleur dont son âme est atteinte.
Elle revient.

NÉARQUE.

Fuyez.

POLYEUCTE.

Je ne puis.

NÉARQUE.

Il le faut.
Fuyez un ennemi qui sait votre défaut,
Qui le trouve aisément, qui blesse par la vue,
Et dont le coup mortel vous plaît quand il vous tue.

POLYEUCTE.

Fuyons, puisqu'il le faut.

SCÈNE II.

POLYEUCTE, NÉARQUE, PAULINE, STRATONICE.

POLYEUCTE.

Adieu, Pauline, adieu.
Dans une heure au plus tard je reviens en ce lieu.

PAULINE.

Quel sujet si pressant à sortir vous convie ?
Y va-t-il de l'honneur ? y va-t-il de la vie ?

POLYEUCTE.

Il y va de bien plus.

PAULINE.

Quel est donc ce secret ?

POLYEUCTE.

Vous le saurez un jour : je vous quitte à regret ;
Mais enfin il le faut. 1

PAULINE.

Vous m'aimez ?

POLYEUCTE.

Je vous aime,
Le ciel m'en soit témoin, cent fois plus que moi-même ;
Mais....

PAULINE.

Mais mon déplaisir ne vous peut émouvoir !
Vous avez des secrets que je ne puis savoir !
Quelle preuve d'amour ! Au nom de l'hyménée,
Donnez à mes soupirs cette seule journée.

POLYEUCTE.

Un songe vous fait peur!

PAULINE.

Ses présages sont vains,
Je le sais : mais enfin je vous aime, et je crains.

POLYEUCTE.

Ne craignez rien de mal pour une heure d'absence. 2
Adieu : vos pleurs sur moi prennent trop de puissance;
Je sens déjà mon cœur prêt à se révolter,
Et ce n'est qu'en fuyant que j'y puis résister.

SCÈNE III.

PAULINE, STRATONICE.

PAULINE.

VA, néglige mes pleurs; cours et te précipite
Au-devant de la mort que les dieux m'ont prédite;
Suis cet agent fatal de tes mauvais destins,
Qui peut-être te livre aux mains des assassins.
Tu vois, ma Stratonice, en quel siècle nous sommes :
Voilà notre pouvoir sur les esprits des hommes;
Voilà ce qui nous reste, et l'ordinaire effet
De l'amour qu'on nous offre, et des vœux qu'on nous fait.
Tant qu'ils ne sont qu'amants nous sommes souveraines,
Et jusqu'à la conquête ils nous traitent de reines;
Mais après l'hyménée ils sont rois à leur tour. 2

STRATONICE.

Polyeucte pour vous ne manque point d'amour; 3
S'il ne vous traite ici d'entière confidence, 4
S'il part malgré vos pleurs, c'est un trait de prudence : 5

Sans vous en affliger, présumez avec moi 6
Qu'il est plus à propos qu'il vous cèle pourquoi;
Assurez-vous sur lui qu'il en a juste cause.
Il est bon qu'un mari nous cache quelque chose, 7
Qu'il soit quelquefois libre, et ne s'abaisse pas
A nous rendre toujours compte de tous ses pas.
On n'a tous deux qu'un cœur qui sent mêmes traverses; 8
Mais ce cœur a pourtant ses fonctions diverses;
Et la loi de l'hymen qui vous tient assemblés 9
N'ordonne pas qu'il tremble alors que vous tremblez.
Ce qui fait vos frayeurs ne peut le mettre en peine :
Il est Arménien, et vous êtes Romaine ;
Et vous pouvez savoir que nos deux nations
N'ont pas sur ce sujet mêmes impressions.
Un songe en notre esprit passe pour ridicule; 10
Il ne nous laisse espoir, ni crainte, ni scrupule :
Mais il passe dans Rome avec autorité
Pour fidèle miroir de la fatalité.

PAULINE.

Quelque peu de crédit que chez vous il obtienne, 11
Je crois que ta frayeur égaleroit la mienne,
Si de telles horreurs t'avoient frappé l'esprit,
Si je t'en avois fait seulement le récit.

STRATONICE.

A raconter ses maux souvent on les soulage. 12

PAULINE.

Ecoute : mais il faut te dire davantage,
Et que, pour mieux comprendre un si triste discours,
Tu saches ma foiblesse et mes autres amours.

Une femme d'honneur peut avouer sans honte
Ces surprises des sens que la raison surmonte :
Ce n'est qu'en ces assauts qu'éclate la vertu ; 13
Et l'on doute d'un cœur qui n'a point combattu.
 Dans Rome, où je naquis, ce malheureux visage 14
D'un chevalier romain captiva le courage ;
Il s'appeloit Sévère. Excuse les soupirs
Qu'arrache encore un nom trop cher à mes desirs.

STRATONICE.

Est-ce lui qui naguère, aux dépens de sa vie, 15
Sauva des ennemis votre empereur Décie,
Qui leur tira mourant la victoire des mains,
Et fit tourner le sort des Perses aux Romains ; 16
Lui qu'entre tant de morts immolés à son maître
On ne put rencontrer, ou du moins reconnoître ;
A qui Décie enfin, pour des exploits si beaux,
Fit si pompeusement dresser de vains tombeaux ?

PAULINE.

Hélas ! c'étoit lui-même ; et jamais notre Rome
N'a produit plus grand cœur, ni vu plus honnête homme.
Puisque tu le connois, je ne t'en dirai rien.
Je l'aimai, Stratonice ; il le méritoit bien.
Mais que sert le mérite où manque la fortune ?
L'un étoit grand en lui, l'autre foible et commune ;
Trop invincible obstacle, et dont trop rarement
Triomphe auprès d'un père un vertueux amant !

STRATONICE.

La digne occasion d'une rare constance ! 17

PAULINE.

Dis plutôt d'une indigne et folle résistance. 18

Quelque fruit qu'une fille en puisse recueillir,
Ce n'est une vertu que pour qui veut faillir.

 Parmi ce grand amour que j'avois pour Sévère, [19]
J'attendois un époux de la main de mon père,
Toujours prête à le prendre ; et jamais ma raison
N'avoua de mes yeux l'aimable trahison.
Il possédoit mon cœur, mes désirs, ma pensée ;
Je ne lui cachois point combien j'étois blessée ;
Nous soupirions ensemble et pleurions nos malheurs :
Mais au lieu d'espérance il n'avoit que des pleurs ;
Et, malgré des soupirs si doux, si favorables,
Mon père et mon devoir étoient inexorables.
Enfin je quittai Rome et ce parfait amant,
Pour suivre ici mon père en son gouvernement ;
Et lui désespéré, s'en alla dans l'armée [20]
Chercher d'un beau trépas l'illustre renommée.
Le reste, tu le sais. Mon abord en ces lieux
Me fit voir Polyeucte, et je plus à ses yeux :
Et comme il est ici le chef de la noblesse,
Mon père fut ravi qu'il me prît pour maîtresse ;
Et par son alliance il se crut assuré
D'être plus redoutable et plus considéré ;
Il approuva sa flamme, et conclut l'hyménée :
Et moi, comme à son lit je me vis destinée,
Je donnai, par devoir, à son affection [21]
Tout ce que l'autre avoit par inclination.
Si tu peux en douter, juge-le par la crainte [22]
Dont en ce triste jour tu me vois l'âme atteinte.

STRATONICE.

Elle fait assez voir à quel point vous l'aimez.
Mais quel songe, après tout, tient vos sens alarmés?

PAULINE.

Je l'ai vu cette nuit, ce malheureux Sévère,
La vengeance à la main, l'œil ardent de colère :
Il n'étoit point couvert de ces tristes lambeaux
Qu'une ombre désolée emporte des tombeaux :
Il n'étoit point percé de ces coups pleins de gloire
Qui, retranchant sa vie, assurent sa mémoire;
Il sembloit triomphant, et tel que sur son char
Victorieux dans Rome entre notre César.
Après un peu d'effroi que m'a donné sa vue :
*Porte à qui tu voudras la faveur qui m'est due,
Ingrate,* m'a-t-il dit; *et, ce jour expiré,
Pleure à loisir l'époux que tu m'as préféré.*
A ces mots j'ai frémi, mon âme s'est troublée.
Ensuite, des chrétiens une impie assemblée,
Pour avancer l'effet de ce discours fatal,
A jeté Polyeucte aux pieds de son rival.
Soudain à son secours j'ai réclamé mon père.
Hélas! c'est de tout point ce qui me désespère.
J'ai vu mon père même, un poignard à la main,
Entrer le bras levé pour lui percer le sein.
Là, ma douleur trop forte a brouillé ces images;
Le sang de Polyeucte a satisfait leurs rages :
Je ne sais ni comment ni quand ils l'ont tué,
Mais je sais qu'à sa mort tous ont contribué.
Voilà quel est mon songe.

STRATONICE.

                Il est vrai qu'il est triste ;
Mais il faut que votre âme à ces frayeurs résiste :
La vision, de soi, peut faire quelque horreur,
Mais non pas vous donner une juste terreur.
Pouvez-vous craindre un mort ? pouvez-vous craindre un père
Qui chérit votre époux, que votre époux révère,
Et dont le juste choix vous a donnée à lui
Pour s'en faire en ces lieux un ferme et sûr appui ?

PAULINE.

Il m'en a dit autant, et rit de mes alarmes :
Mais je crains des chrétiens les complots et les charmes,
Et que sur mon époux leur troupeau ramassé
Ne venge tant de sang que mon père a versé.

STRATONICE.

Leur secte est insensée, impie, et sacrilége,
Et dans son sacrifice use de sortilége :
Mais sa fureur ne va qu'à briser nos autels ;
Elle n'en veut qu'aux dieux, et non pas aux mortels.
Quelque sévérité que sur eux on déploie,
Ils souffrent sans murmure, et meurent avec joie ;
Et depuis qu'on les traite en criminels d'état,
On ne peut les charger d'aucun assassinat.

PAULINE.

Tais-toi ; mon père vient.

SCÈNE IV.

FÉLIX, ALBIN, PAULINE, STRATONICE.

FÉLIX.

Ma fille, que ton songe
En d'étranges frayeurs ainsi que toi me plonge!
Que j'en crains les effets, qui semblent s'approcher!

PAULINE.
Quelle subite alarme ainsi vous peut toucher?

FÉLIX.
Sévère n'est point mort. [1]

PAULINE.
Quel mal nous fait sa vie?

FÉLIX.
Il est le favori de l'empereur Décie.

PAULINE.
Après l'avoir sauvé des mains des ennemis,
L'espoir d'un si haut rang lui devenoit permis;
Le destin, aux grands cœurs si souvent mal propice, [2]
Se résout quelquefois à leur faire justice.

FÉLIX.
Il vient ici lui-même. [3]

PAULINE.
Il vient!

FÉLIX.
Tu le vas voir.

PAULINE.
C'en est trop; mais comment le pouvez-vous savoir?

FÉLIX.

Albin l'a rencontré dans la proche campagne :
Un gros de courtisans en foule l'accompagne, 4
Et montre assez quel est son rang et son crédit.
Mais, Albin, redis-lui ce que ses gens t'ont dit.

ALBIN.

Vous savez quelle fut cette grande journée
Que sa perte pour nous rendit si fortunée,
Où l'empereur captif, par sa main dégagé,
Rassura son parti déjà découragé,
Tandis que sa vertu succomba sous le nombre;
Vous savez les honneurs qu'on fit faire à son ombre 5
Après qu'entre les morts on ne le put trouver; 6
Le roi de Perse aussi l'avoit fait enlever.
Témoin de ses hauts faits et de son grand courage,
Ce monarque en voulut connoître le visage :
On le mit dans sa tente, où, tout percé de coups,
Tout mort qu'il paroissoit, il fit mille jaloux.
Là bientôt il montra quelque signe de vie :
Ce prince généreux en eut l'âme ravie;
Et sa joie, en dépit de son dernier malheur,
Du bras qui le causoit honora la valeur.
Il en fit prendre soin ; la cure en fut secrète ; 7
Et comme au bout d'un mois sa santé fut parfaite,
Il offrit dignités, alliance, trésors,
Et pour gagner Sévère il fit cent vains efforts.
Après avoir comblé ses refus de louange,
Il envoie à Décie en proposer l'échange ;
Et soudain l'empereur, transporté de plaisir,
Offre au Perse son frère, et cent chefs à choisir.

Ainsi revint au camp le vertueux Sévère
De sa haute vertu recevoir le salaire :
La faveur de Décie en fut le digne prix.
De nouveau l'on combat, et nous sommes surpris :
Ce malheur toutefois sert à croître sa gloire ;
Lui seul rétablit l'ordre, et gagne la victoire,
Mais si belle, et si pleine, et par tant de beaux faits,
Qu'on nous offre tribut, et nous faisons la paix.
L'empereur, qui lui montre une amour infinie, [8]
Après ce grand succès l'envoie en Arménie ;
Il vient en apporter la nouvelle en ces lieux,
Et par un sacrifice en rendre hommage aux dieux.

FÉLIX.

O ciel ! en quel état ma fortune est réduite !

ALBIN.

Voilà ce que j'ai su d'un homme de sa suite ;
Et j'ai couru, seigneur, pour vous y disposer. [9]

FÉLIX.

Ah ! sans doute, ma fille, il vient pour t'épouser ; [10]
L'ordre d'un sacrifice est pour lui peu de chose ;
C'est un prétexte faux dont l'amour est la cause.

PAULINE.

Cela pourroit bien être ; il m'aimoit chèrement.

FÉLIX.

Que ne permettra-t-il à son ressentiment !
Et jusques à quel point ne porte sa vengeance
Une juste colère avec tant de puissance !
Il nous perdra, ma fille.

PAULINE.

Il est trop généreux.

FÉLIX.

Tu veux flatter en vain un père malheureux ;
Il nous perdra, ma fille ! Ah ! regret qui me tue,
De n'avoir pas aimé la vertu toute nue !
Ah ! Pauline, en effet tu m'as trop obéi ;
Ton courage étoit bon, ton devoir l'a trahi. 11
Que ta rébellion m'eût été favorable !
Qu'elle m'eût garanti d'un état déplorable !
Si quelque espoir me reste, il n'est plus aujourd'hui
Qu'en l'absolu pouvoir qu'il te donnoit sur lui.
Ménage, en ma faveur, l'amour qui le possède, 12
Et d'où provient mon mal fais sortir le remède.

PAULINE.

Moi ! moi, que je revoie un si puissant vainqueur,
Et m'expose à des yeux qui me percent le cœur !
Mon père, je suis femme, et je sais ma foiblesse ;
Je sens déjà mon cœur qui pour lui s'intéresse,
Et poussera sans doute, en dépit de ma foi,
Quelque soupir indigne et de vous et de moi.
Je ne le verrai point.

FÉLIX.

Rassure un peu ton âme.

PAULINE.

Il est toujours aimable, et je suis toujours femme. 13
Dans le pouvoir sur moi que ses regards ont eu,
Je n'ose m'assurer de toute ma vertu. 14
Je ne le verrai point. 15

FÉLIX.

Il faut le voir, ma fille,
Ou tu trahis ton père et toute ta famille.

PAULINE.

C'est à moi d'obéir, puisque vous commandez;
Mais voyez les périls où vous me hasardez.

FÉLIX.

Ta vertu m'est connue.

PAULINE.

Elle vaincra sans doute;
Ce n'est pas le succès que mon âme redoute;
Je crains ce dur combat et ces troubles puissants
Que fait déjà chez moi la révolte des sens.
Mais puisqu'il faut combattre un ennemi que j'aime,
Souffrez que je me puisse armer contre moi-même,
Et qu'un peu de loisir me prépare à le voir.

FÉLIX.

Jusqu'au-devant des murs je vais le recevoir. 16
Rappelle cependant tes forces étonnées, 17
Et songe qu'en tes mains tu tiens nos destinées.

PAULINE.

Oui, je vais de nouveau dompter mes sentiments
Pour servir de victime à vos commandements.

FIN DU PREMIER ACTE.

ACTE DEUXIÈME.

SCÈNE I.ère

SÉVÈRE, FABIAN.

SÉVÈRE.

Cependant que Félix donne ordre au sacrifice, 1
Pourrai-je prendre un temps à mes vœux si propice ?
Pourrai-je voir Pauline, et rendre à ses beaux yeux 2
L'hommage souverain que l'on va rendre aux dieux ?
Je ne t'ai point celé que c'est ce qui m'amène ;
Le reste est un prétexte à soulager ma peine :
Je viens sacrifier, mais c'est à ses beautés
Que je viens immoler toutes mes volontés.

FABIAN.
Vous la verrez, seigneur.

SÉVÈRE.
              Ah ! quel comble de joie !
Cette chère beauté consent que je la voie !
Mais ai-je sur son âme encor quelque pouvoir ?
Quelque reste d'amour s'y fait-il encor voir ?
Quel trouble, quel transport lui cause ma venue ?
Puis-je tout espérer de cette heureuse vue ?
Car je voudrois mourir plutôt que d'abuser
Des lettres de faveur que j'ai pour l'épouser ;

Elles sont pour Félix, non pour triompher d'elle :
Jamais à ses désirs mon cœur ne fut rebelle ;
Et si mon mauvais sort avoit changé le sien,
Je me vaincrois moi-même, et ne prétendrois rien.

FABIAN.

Vous la verrez ; c'est tout ce que je vous puis dire.

SÉVÈRE.

D'où vient que tu frémis, et que ton cœur soupire ?
Ne m'aime-t-elle plus ? éclaircis-moi ce point.

FABIAN.

M'en croirez-vous, seigneur ? ne la revoyez point ;
Portez en lieu plus haut l'honneur de vos caresses : 3
Vous trouverez à Rome assez d'autres maîtresses ;
Et, dans ce haut degré de puissance et d'honneur,
Les plus grands y tiendront votre amour à bonheur.

SÉVÈRE.

Qu'à des pensers si bas mon âme se ravale !
Que je tienne Pauline à mon sort inégale !
Elle en a mieux usé, je la dois imiter ;
Je n'aime mon bonheur que pour la mériter.
Voyons-la, Fabian ; ton discours m'importune :
Allons mettre à ses pieds cette haute fortune ;
Je l'ai dans les combats trouvée heureusement
En cherchant une mort digne de son amant.
Ainsi ce rang est sien, cette faveur est sienne, 4
Et je n'ai rien enfin que d'elle je ne tienne.

FABIAN.

Non ; mais encore un coup ne la revoyez point.

SÉVÈRE.

Ah ! c'en est trop ; enfin éclaircis-moi ce point ;

As-tu vu des froideurs quand tu l'en as priée?

FABIAN.

Je tremble à vous le dire; elle est... 6

SÉVÈRE.

Quoi?

FABIAN.

Mariée.

SÉVÈRE.

Soutiens-moi, Fabian; ce coup de foudre est grand, 7
Et frappe d'autant plus, que plus il me surprend.

FABIAN.

Seigneur, qu'est devenu ce généreux courage?

SÉVÈRE.

La constance est ici d'un difficile usage;
De pareils déplaisirs accablent un grand cœur : 8
La vertu la plus mâle en perd toute vigueur;
Et quand d'un feu si beau les âmes sont éprises,
La mort les trouble moins que de telles surprises.
Je ne suis plus à moi quand j'entends ce discours.
Pauline est mariée! 9

FABIAN.

Oui, depuis quinze jours :
Polyeucte, un seigneur des premiers d'Arménie,
Goûte de son hymen la douceur infinie.

SÉVÈRE.

Je ne la puis du moins blâmer d'un mauvais choix;
Polyeucte a du nom, et sort du sang des rois.
Foibles soulagements d'un malheur sans remède!
Pauline, je verrai qu'un autre vous possède!

ACTE II, SCÈNE I.

O ciel, qui malgré moi me renvoyez au jour,
O sort, qui redonniez l'espoir à mon amour,
Reprenez la faveur que vous m'avez prêtée,
Et rendez-moi la mort que vous m'avez ôtée !
Voyons-la toutefois, et dans ce triste lieu
Achevons de mourir en lui disant adieu.
Que mon cœur, chez les morts emportant son image,
De son dernier soupir puisse lui faire hommage !

FABIAN.

Seigneur, considérez....

SÉVÈRE.

Tout est considéré.
Quel désordre peut craindre un cœur désespéré ?
N'y consent-elle pas ?

FABIAN.

Oui, seigneur ; mais...

SÉVÈRE.

N'importe.

FABIAN.

Cette vive douleur en deviendra plus forte.

SÉVÈRE.

Eh ! ce n'est pas un mal que je veuille guérir ;
Je ne veux que la voir, soupirer, et mourir.

FABIAN.

Vous vous échapperez sans doute en sa présence. 10
Un amant qui perd tout n'a plus de complaisance ;
Dans un tel entretien il suit sa passion, 11
Et ne pousse qu'injure et qu'imprécation.

SÉVÈRE.

Juge autrement de moi : mon respect dure encore;
Tout violent qu'il est, mon désespoir l'adore.
Quels reproches aussi peuvent m'être permis?
De quoi puis-je accuser qui ne m'a rien promis?
Elle n'est point parjure, elle n'est point légère;
Son devoir m'a trahi, mon malheur, et son père. 12
Mais son devoir fut juste, et son père eut raison; 13
J'impute à mon malheur toute la trahison.
Un peu moins de fortune, et plus tôt arrivée, 14
Eût gagné l'un par l'autre, et me l'eût conservée;
Trop heureux, mais trop tard, je n'ai pu l'acquérir :
Laisse-la-moi donc voir, soupirer, et mourir. 15

FABIAN.

Oui, je vais l'assurer qu'en ce malheur extrême
Vous êtes assez fort pour vous vaincre vous-même.
Elle a craint, comme moi, ces premiers mouvements
Qu'une perte imprévue arrache aux vrais amants,
Et dont la violence excite assez de trouble,
Sans que l'objet présent l'irrite et le redouble.

SÉVÈRE.

Fabian, je la vois.

FABIAN.

Seigneur, souvenez-vous.....

SÉVÈRE.

Hélas! elle aime un autre! un autre est son époux!

SCÈNE II.

PAULINE, SÉVÈRE, STRATONICE, FABIAN.

PAULINE.

Oui, je l'aime, Sévère, et n'en fais point d'excuse.
Que tout autre que moi vous flatte et vous abuse;
Pauline a l'âme noble, et parle à cœur ouvert. 1
Le bruit de votre mort n'est point ce qui vous perd. 2
Si le ciel en mon choix eût mis mon hyménée,
A vos seules vertus je me serois donnée;
Et toute la rigueur de votre premier sort
Contre votre mérite eût fait un vain effort.
Je découvrois en vous d'assez illustres marques 3
Pour vous préférer même aux plus heureux monarques:
Mais puisque mon devoir m'imposoit d'autres lois,
De quelque amant pour moi que mon père eût fait choix, 4
Quand, à ce grand pouvoir que la valeur vous donne,
Vous auriez ajouté l'éclat d'une couronne,
Quand je vous aurois vu, quand je l'aurois haï,
J'en aurois soupiré, mais j'aurois obéi;
Et sur mes passions ma raison souveraine
Eût blâmé mes soupirs, et dissipé ma haine.

SÉVERE.

Que vous êtes heureuse! et qu'un peu de soupirs 5
Fait un aisé remède à tous vos déplaisirs!
Ainsi, de vos désirs toujours reine absolue,
Les plus grands changements vous trouvent résolue;

De la plus forte ardeur vous portez vos esprits
Jusqu'à l'indifférence, et peut-être au mépris;
Et votre fermeté fait succéder sans peine
La faveur au dédain, et l'amour à la haine.
Qu'un peu de votre humeur, ou de votre vertu, 6
Soulageroit les maux de ce cœur abattu!
Un soupir, une larme à regret épandue,
M'auroit déjà guéri de vous avoir perdue;
Ma raison pourroit tout sur l'amour affoibli,
Et de l'indifférence iroit jusqu'à l'oubli;
Et, mon feu désormais se réglant sur le vôtre,
Je me tiendrois heureux entre les bras d'une autre.
O trop aimable objet qui m'avez trop charmé,
Est-ce là comme on aime? et m'avez-vous aimé?

PAULINE.

Je vous l'ai trop fait voir, seigneur; et si mon âme
Pouvoit bien étouffer les restes de sa flamme,
Dieux! que j'éviterois de rigoureux tourments!
Ma raison, il est vrai, dompte mes sentiments;
Mais, quelque autorité que sur eux elle ait prise,
Elle n'y règne pas, elle les tyrannise;
Et, quoique le dehors soit sans émotion, 7
Le dedans n'est que trouble et que sédition:
Un je ne sais quel charme encor vers vous m'emporte;
Votre mérite est grand, si ma raison est forte:
Je le vois encor tel qu'il alluma mes feux,
D'autant plus puissamment solliciter mes vœux,
Qu'il est environné de puissance et de gloire,
Qu'en tous lieux après vous il traîne la victoire,

Que j'en sais mieux le prix, et qu'il n'a point déçu 8
Le généreux espoir que j'en avois conçu :
Mais ce même devoir qui le vainquit dans Rome,
Et qui me range ici dessous les lois d'un homme,
Repousse encor si bien l'effort de tant d'appas,
Qu'il déchire mon âme, et ne l'ébranle pas.
C'est cette vertu même, à nos désirs cruelle, 9
Que vous louiez alors en blasphémant contre elle :
Plaignez-vous-en encor; mais louez sa rigueur
Qui triomphe à la fois de vous et de mon cœur;
Et voyez qu'un devoir moins ferme et moins sincère 10
N'auroit pas mérité l'amour du grand Sévère.

SÉVÈRE.

Ah ! madame, excusez une aveugle douleur
Qui ne connoît plus rien que l'excès du malheur :
Je nommois inconstance et prenois pour un crime
De ce juste devoir l'effort le plus sublime.
De grâce, montrez moins à mes sens désolés
La grandeur de ma perte et ce que vous valez;
Et, cachant par pitié cette vertu si rare
Qui redouble mes feux lorsqu'elle nous sépare,
Faites voir des défauts qui puissent à leur tour 11
Affoiblir ma douleur avecque mon amour.

PAULINE.

Hélas ! cette vertu, quoiqu'enfin invincible,
Ne laisse que trop voir une âme trop sensible.
Ces pleurs en sont témoins, et ces lâches soupirs 12
Qu'arrachent de nos feux les cruels souvenirs :
Trop rigoureux effets d'une aimable présence 13
Contre qui mon devoir a trop peu de défense !

Mais si vous estimez ce vertueux devoir,
Conservez-m'en la gloire, et cessez de me voir.
Épargnez-moi des pleurs qui coulent à ma honte ;
Épargnez-moi des feux qu'à regret je surmonte ;
Enfin épargnez-moi ces tristes entretiens,
Qui ne font qu'irriter vos tourments et les miens.

SÉVÈRE.

Que je me prive ainsi du seul bien qui me reste !

PAULINE.

Sauvez-vous d'une vue à tous les deux funeste.

SÉVÈRE.

Quel prix de mon amour ! quel fruit de mes travaux !

PAULINE.

C'est le remède seul qui peut guérir nos maux.

SÉVÈRE.

Je veux mourir des miens ; aimez-en la mémoire.

PAULINE.

Je veux guérir des miens ; ils souilleroient ma gloire.

SÉVÈRE.

Ah ! puisque votre gloire en prononce l'arrêt,
Il faut que ma douleur cède à son intérêt.
Est-il rien que sur moi cette gloire n'obtienne ? 14
Elle me rend les soins que je dois à la mienne.
Adieu : je vais chercher au milieu des combats
Cette immortalité que donne un beau trépas,
Et remplir dignement, par une mort pompeuse,
De mes premiers exploits l'attente avantageuse ;
Si toutefois, après ce coup mortel du sort, 15
J'ai de la vie assez pour chercher une mort.

PAULINE.

Et moi, dont votre vue augmente le supplice,
Je l'éviterai même en votre sacrifice ;
Et, seule dans ma chambre enfermant mes regrets,
Je vais pour vous aux dieux faire des vœux secrets.

SÉVÈRE.

Puisse le juste ciel, content de ma ruine,
Combler d'heur et de jours Polyeucte et Pauline !

PAULINE.

Puisse trouver Sévère, après tant de malheur, [16]
Une félicité digne de sa valeur !

SÉVÈRE.

Il la trouvoit en vous.

PAULINE.

Je dépendois d'un père.

SÉVÈRE.

O devoir qui me perd et qui me désespère !
Adieu, trop vertueux objet, et trop charmant. [17]

PAULINE.

Adieu, trop malheureux et trop parfait amant.

SCÈNE III.

PAULINE, STRATONICE.

STRATONICE.

Je vous ai plaints tous deux; j'en verse encor des larmes.
Mais du moins votre esprit est hors de ses alarmes : [1]
Vous voyez clairement que votre songe est vain ;
Sévère ne vient pas la vengeance à la main.

PAULINE.

Laisse-moi respirer du moins si tu m'as plainte;
Au fort de ma douleur tu rappelles ma crainte :
Souffre un peu de relâche à mes esprits troublés,
Et ne m'accable point par des maux redoublés.

STRATONICE.

Quoi! vous craignez encor?

PAULINE.

Je tremble, Stratonice;
Et, bien que je m'effraie avec peu de justice,
Cette injuste frayeur sans cesse reproduit
L'image des malheurs que j'ai vus cette nuit.

STRATONICE.

Sévère est généreux.

PAULINE.

Malgré sa retenue,
Polyeucte sanglant frappe toujours ma vue.

STRATONICE.

Vous voyez ce rival faire des vœux pour lui.

PAULINE.

Je crois même au besoin qu'il seroit son appui :
Mais soit cette croyance ou fausse, ou véritable, 2
Son séjour en ce lieu m'est toujours redoutable;
A quoi que sa vertu puisse le disposer,
Il est puissant, il m'aime, et vient pour m'épouser.

SCÈNE IV.

POLYEUCTE, NÉARQUE, PAULINE,
STRATONICE.

POLYEUCTE.

C'est trop verser de pleurs; il est temps qu'ils tarissent,
Que votre douleur cesse, et vos craintes finissent.
Malgré les faux avis par vos dieux envoyés, 2
Je suis vivant, madame, et vous me revoyez.

PAULINE.

Le jour est encor long; et, ce qui plus m'effraie,
La moitié de l'avis se trouve déjà vraie :
J'ai cru Sévère mort, et je le vois ici.

POLYEUCTE.

Je le sais; mais enfin j'en prends peu de souci.
Je suis dans Mélitène; et, quel que soit Sévère,
Votre père y commande, et l'on m'y considère;
Et je ne pense pas qu'on puisse avec raison
D'un cœur tel que le sien craindre une trahison.
On m'avoit assuré qu'il vous faisoit visite, 3
Et je venois lui rendre un honneur qu'il mérite.

PAULINE.

Il vient de me quitter assez triste et confus;
Mais j'ai gagné sur lui qu'il ne me verra plus.

POLYEUCTE.

Quoi! vous me soupçonnez déjà de quelque ombrage?

PAULINE.

Je ferois à tous trois un trop sensible outrage. 4

J'assure mon repos que troublent ses regards.
La vertu la plus ferme évite les hasards :
Qui s'expose au péril veut bien trouver sa perte :
Et, pour vous en parler avec une âme ouverte,
Depuis qu'un vrai mérite a pu nous enflammer,
Sa présence toujours a droit de nous charmer.
Outre qu'on doit rougir de s'en laisser surprendre,
On souffre à résister, on souffre à s'en défendre ;
Et, bien que la vertu triomphe de ces feux,
La victoire est pénible, et le combat honteux.

POLYEUCTE.

O vertu trop parfaite, et devoir trop sincère ! 5
Que vous devez coûter de regrets à Sévère !
Qu'aux dépens d'un beau feu vous me rendez heureux ! 6
Et que vous êtes doux à mon cœur amoureux !
Plus je vois mes défauts, et plus je vous contemple ;
Plus j'admire....

SCÈNE V.

POLYEUCTE, PAULINE, NÉARQUE, STRATONICE, CLÉON.

CLÉON.

Seigneur, Félix vous mande au temple ;
La victime est choisie, et le peuple à genoux ;
Et pour sacrifier on n'attend plus que vous.

POLYEUCTE.

Va, nous allons te suivre. Y venez-vous, madame ?

PAULINE.

Sévère craint ma vue, elle irrite sa flamme ;

Je lui tiendrai parole, et ne veux plus le voir.
Adieu : vous l'y verrez ; pensez à son pouvoir,
Et ressouvenez-vous que sa faveur est grande. [1]

POLYEUCTE.

Allez, tout son crédit n'a rien que j'appréhende ;
Et comme je connois sa générosité,
Nous ne nous combattrons que de civilité. [2]

SCÈNE VI.

POLYEUCTE, NÉARQUE.

NÉARQUE.

Où pensez-vous aller ?

POLYEUCTE.

Au temple, où l'on m'appelle.

NÉARQUE.

Quoi ! vous mêler aux vœux d'une troupe infidèle ?
Oubliez-vous déjà que vous êtes chrétien ?

POLYEUCTE.

Vous par qui je le suis, vous en souvient-il bien ?

NÉARQUE.

J'abhorre les faux dieux.

POLYEUCTE.

Et moi, je les déteste.

NÉARQUE.

Je tiens leur culte impie.

POLYEUCTE.

Et je le tiens funeste.

NÉARQUE.

Fuyez donc leurs autels. [1]

POLYEUCTE.

Je les veux renverser,
Et mourir dans leur temple, ou les y terrasser.
Allons, mon cher Néarque, allons aux yeux des hommes
Braver l'idolâtrie, et montrer qui nous sommes :
C'est l'attente du ciel, il nous la faut remplir ;
Je viens de le promettre, et je vais l'accomplir.
Je rends grâces au Dieu que tu m'as fait connoître
De cette occasion qu'il a sitôt fait naître,
Où déjà sa bonté, prête à me couronner,
Daigne éprouver la foi qu'il vient de me donner.

NÉARQUE.

Ce zèle est trop ardent, souffrez qu'il se modère.

POLYEUCTE.

On n'en peut avoir trop pour le Dieu qu'on révère.

NÉARQUE.

Vous trouverez la mort.

POLYEUCTE.

Je la cherche pour lui.

NÉARQUE.

Et si ce cœur s'ébranle ?

POLYEUCTE.

Il sera mon appui.

NÉARQUE.

Il ne commande point que l'on s'y précipite.

POLYEUCTE.

Plus elle est volontaire, et plus elle mérite.

ACTE II, SCÈNE VI.

NÉARQUE.

Il suffit, sans chercher, d'attendre et de souffrir.

POLYEUCTE.

On souffre avec regret, quand on n'ose s'offrir.

NÉARQUE.

Mais dans ce temple enfin la mort est assurée.

POLYEUCTE.

Mais dans le ciel déjà la palme est préparée.

NÉARQUE.

Par une sainte vie il faut la mériter.

POLYEUCTE.

Mes crimes en vivant me la pourroient ôter.
Pourquoi mettre au hasard ce que la mort assure ?
Quand elle ouvre le ciel, peut-elle sembler dure ?
Je suis chrétien, Néarque, et le suis tout-à-fait; 2
La foi que j'ai reçue aspire à son effet.
Qui fuit croit lâchement, et n'a qu'une foi morte.

NÉARQUE.

Ménagez votre vie; à Dieu même elle importe :
Vivez pour protéger les chrétiens en ces lieux.

POLYEUCTE.

L'exemple de ma mort les fortifira mieux.

NÉARQUE.

Vous voulez donc mourir ?

POLYEUCTE.

     Vous aimez donc à vivre ?

NÉARQUE.

Je ne puis déguiser que j'ai peine à vous suivre.

Sous l'horreur des tourments je crains de succomber.

POLYEUCTE.

Qui marche assurément n'a point peur de tomber :
Dieu fait part, au besoin, de sa force infinie.
Qui craint de le nier, dans son âme le nie ;
Il croit le pouvoir faire, et doute de sa foi.

NÉARQUE.

Qui n'appréhende rien présume trop de soi.

POLYEUCTE.

J'attends tout de sa grâce, et rien de ma foiblesse.
Mais loin de me presser, il faut que je vous presse !
D'où vient cette froideur ?

NÉARQUE.

Dieu même a craint la mort.

POLYEUCTE.

Il s'est offert pourtant : suivons ce saint effort ;
Dressons-lui des autels sur des monceaux d'idoles.
Il faut, je me souviens encor de vos paroles,
Négliger, pour lui plaire, et femme, et biens, et rang;
Exposer pour sa gloire et verser tout son sang.
Hélas ! qu'avez-vous fait de cette amour parfaite
Que vous me souhaitiez, et que je vous souhaite ?
S'il vous en reste encor, n'êtes-vous point jaloux
Qu'à grand'peine chrétien j'en montre plus que vous ?

NÉARQUE.

Vous sortez du baptême ; et ce qui vous anime,
C'est sa grâce qu'en vous n'affoiblit aucun crime ;
Comme encor tout entière, elle agit pleinement,
Et tout semble possible à son feu véhément :

ACTE II, SCÈNE VI.

Mais cette même grâce en moi diminuée,
Et par mille péchés sans cesse exténuée,
Agit aux grands effets avec tant de langueur,
Que tout semble impossible à son peu de vigueur.
Cette indigne mollesse et ces lâches défenses
Sont des punitions qu'attirent mes offenses;
Mais Dieu, dont on ne doit jamais se défier, 3
Me donne votre exemple à me fortifier.
 Allons, cher Polyeucte, allons aux yeux des hommes
Braver l'idolâtrie, et montrer qui nous sommes;
Puissé-je vous donner l'exemple de souffrir,
Comme vous me donnez celui de vous offrir!

POLYEUCTE.

A cet heureux transport que le ciel vous envoie,
Je reconnois Néarque, et j'en pleure de joie.
Ne perdons plus de temps; le sacrifice est prêt;
Allons-y du vrai Dieu soutenir l'intérêt;
Allons fouler aux pieds ce foudre ridicule 4
Dont arme un bois pourri ce peuple trop crédule;
Allons en éclairer l'aveuglement fatal; 5
Allons briser ces dieux de pierre et de métal; 6
Abandonnons nos jours à cette ardeur céleste;
Faisons triompher Dieu: qu'il dispose du reste.

NÉARQUE.

Allons faire éclater sa gloire aux yeux de tous, 7
Et répondre avec zèle à ce qu'il veut de nous.

FIN DU SECOND ACTE.

ACTE TROISIÈME.

SCÈNE I.ère

PAULINE.

Que de soucis flottants, que de confus nuages,
Présentent à mes yeux d'inconstantes images !
Douce tranquillité que je n'ose espérer,
Que ton divin rayon tarde à les éclairer !
Mille agitations que mes troubles produisent
Dans mon cœur ébranlé tour à tour se détruisent ;
Aucun espoir n'y coule où j'ose persister ;
Aucun effroi n'y règne où j'ose m'arrêter.
Mon esprit, embrassant tout ce qu'il s'imagine,
Voit tantôt mon bonheur, et tantôt ma ruine,
Et suit leur vaine idée avec si peu d'effet,
Qu'il ne peut espérer ni craindre tout-à-fait.
Sévère incessamment brouille ma fantaisie : [1]
J'espère en sa vertu, je crains sa jalousie ;
Et je n'ose penser que d'un œil bien égal
Polyeucte en ces lieux puisse voir son rival.
Comme entre deux rivaux la haine est naturelle,
L'entrevue aisément se termine en querelle ;
L'un voit aux mains d'autrui ce qu'il croit mériter, [2]
L'autre un désespéré qui peut trop attenter.

Quelque haute raison qui règle leur courage,
L'un conçoit de l'envie, et l'autre de l'ombrage ;
La honte d'un affront que chacun d'eux croit voir
Ou de nouveau reçue, ou prête à recevoir,
Consumant dès l'abord toute leur patience,
Forme de la colère et de la défiance ;
Et, saisissant ensemble et l'époux et l'amant,
En dépit d'eux les livre à leur ressentiment....
Mais que je me figure une étrange chimère !
Et que je traite mal Polyeucte et Sévère !
Comme si la vertu de ces fameux rivaux
Ne pouvoit s'affranchir de ces communs défauts !
Leurs âmes à tous deux, d'elles-mêmes maîtresses, [3]
Sont d'un ordre trop haut pour de telles bassesses :
Ils se verront au temple en hommes généreux.
Mais, las ! ils se verront, et c'est beaucoup pour eux. [4]
Que sert à mon époux d'être dans Mélitène,
Si contre lui Sévère arme l'aigle romaine,
Si mon père y commande, et craint ce favori,
Et se repent déjà du choix de mon mari ? [5]
Si peu que j'ai d'espoir ne luit qu'avec contrainte ; [6]
En naissant il avorte, et fait place à la crainte ;
Ce qui doit l'affermir sert à la dissiper.
Dieux, faites que ma peur puisse enfin se tromper ! [7]
Mais sachons-en l'issue.

SCÈNE II.

PAULINE, STRATONICE.

PAULINE.

Eh bien, ma Stratonice,
Comment s'est terminé ce pompeux sacrifice ?
Ces rivaux généreux au temple se sont vus ?

STRATONICE.

Ah, Pauline !

PAULINE.

Mes vœux ont-ils été déçus ?
J'en vois sur ton visage une mauvaise marque.
Se sont-ils querellés ?

STRATONICE.

Polyeucte, Néarque,
Les chrétiens....

PAULINE.

Parle donc : les chrétiens....

STRATONICE.

Je ne puis.

PAULINE.

Tu prépares mon âme à d'étranges ennuis.

STRATONICE.

Vous n'en sauriez avoir une plus juste cause.

PAULINE.

L'ont-ils assassiné ?

STRATONICE.

Ce seroit peu de chose.

ACTE III, SCÈNE II.

Tout votre songe est vrai; Polyeucte n'est plus....

PAULINE.

Il est mort?

STRATONICE.

Non, il vit; mais, ô pleurs superflus !
Ce courage si grand, cette âme si divine,
N'est plus digne du jour, ni digne de Pauline.
Ce n'est plus cet époux si charmant à vos yeux;
C'est l'ennemi commun de l'état et des dieux,
Un méchant, un infâme, un rebelle, un perfide, [1]
Un traître, un scélérat, un lâche, un parricide,
Une peste exécrable à tous les gens de bien,
Un sacrilége impie, en un mot, un chrétien.

PAULINE.

Ce mot auroit suffi sans ce torrent d'injures.

STRATONICE.

Ces titres aux chrétiens sont-ce des impostures?

PAULINE.

Il est ce que tu dis, s'il embrasse leur foi;
Mais il est mon époux, et tu parles à moi.

STRATONICE.

Ne considérez plus que le Dieu qu'il adore.

PAULINE.

Je l'aimai par devoir; ce devoir dure encore.

STRATONICE.

Il vous donne à présent sujet de le haïr :
Qui trahit tous nos dieux auroit pu vous trahir.

PAULINE.

Je l'aimerois encor, quand il m'auroit trahie;
Et si de tant d'amour tu peux être ébahie, [2]

Apprends que mon devoir ne dépend point du sien :
Qu'il y manque, s'il veut ; je dois faire le mien.
Quoi ! s'il aimoit ailleurs, serois-je dispensée [3]
A suivre, à son exemple, une ardeur insensée ?
Quelque chrétien qu'il soit, je n'en ai point d'horreur ;
Je chéris sa personne, et je hais son erreur.
Mais quel ressentiment en témoigne mon père ?

STRATONICE.

Une secrète rage, un excès de colère,
Malgré qui toutefois un reste d'amitié
Montre pour Polyeucte encor quelque pitié.
Il ne veut point sur lui faire agir sa justice, [4]
Que du traître Néarque il n'ait vu le supplice.

PAULINE.

Quoi ! Néarque en est donc ?

STRATONICE.

     Néarque l'a séduit ;
De leur vieille amitié c'est là l'indigne fruit.
Ce perfide tantôt, en dépit de lui-même,
L'arrachant de vos bras, le traînoit au baptême.
Voilà ce grand secret et si mystérieux
Que n'en pouvoit tirer votre amour curieux.

PAULINE.

Tu me blâmois alors d'être trop importune.

STRATONICE.

Je ne prévoyois pas une telle infortune.

PAULINE.

Avant qu'abandonner mon âme à mes douleurs,
Il me faut essayer la force de mes pleurs ; [5]

En qualité de femme, ou de fille, j'espère
Qu'ils vaincront un époux, ou fléchiront un père.
Que si sur l'un et l'autre ils manquent de pouvoir,
Je ne prendrai conseil que de mon désespoir.
Apprends-moi cependant ce qu'ils ont fait au temple.

STRATONICE.

C'est une impiété qui n'eut jamais d'exemple.
Je ne puis y penser sans frémir à l'instant, 6
Et crains de faire un crime en vous la racontant.
Apprenez en deux mots leur brutale insolence.

Le prêtre avoit à peine obtenu le silence,
Et devers l'orient assuré son aspect,
Qu'ils ont fait éclater leur manque de respect.
A chaque occasion de la cérémonie,
A l'envi l'un et l'autre étaloit sa manie,
Des mystères sacrés hautement se moquoit,
Et traitoit de mépris les dieux qu'on invoquoit.
Tout le peuple en murmure, et Félix s'en offense.
Mais tous deux s'emportant à plus d'irrévérence :
Quoi! lui dit Polyeucte en élevant sa voix,
Adorez-vous des dieux ou de pierre ou de bois?

Ici dispensez-moi du récit des blasphêmes 7
Qu'ils ont vomis tous deux contre Jupiter mêmes : 8
L'adultère et l'inceste en étoient les plus doux.
Oyez, dit-il ensuite, *oyez, peuple; oyez tous:* 9
Le Dieu de Polyeucte et celui de Néarque
De la terre et du ciel est l'absolu monarque,
Seul être indépendant, seul maître du destin,
Seul principe éternel, et souveraine fin.

C'est ce Dieu des chrétiens qu'il faut qu'on remercie
Des victoires qu'il donne à l'empereur Décie :
Lui seul tient en sa main le succès des combats ;
Il le veut élever, il le peut mettre à bas ;
Sa bonté, son pouvoir, sa justice est immense ;
C'est lui seul qui punit, lui seul qui récompense :
Vous adorez en vain des monstres impuissants.
Se jetant à ces mots sur le vin et l'encens,
Après en avoir mis les saints vases par terre,
Sans crainte de Félix, sans crainte du tonnerre,
D'une fureur pareille ils courent à l'autel.
Cieux ! a-t-on vu jamais, a-t-on rien vu de tel ?
Du plus puissant des dieux nous voyons la statue,
Par une main impie, à leurs pieds abattue,
Les mystères troublés, le temple profané,
La fuite et les clameurs d'un peuple mutiné ¹⁰
Qui craint d'être accablé sous le courroux céleste.
Félix.... Mais le voici qui vous dira le reste. ¹¹

PAULINE.

Que son visage est sombre et plein d'émotion !
Qu'il montre de tristesse et d'indignation !

SCÈNE III.

FÉLIX, PAULINE, STRATONICE.

FÉLIX.

UNE telle insolence ! avoir osé paroître
En public ! à ma vue ! il en mourra, le traître !

PAULINE.

Souffrez que votre fille embrasse vos genoux.

FÉLIX.

Je parle de Néarque, et non de votre époux.
Quelque indigne qu'il soit de ce doux nom de gendre,
Mon âme lui conserve un sentiment plus tendre;
La grandeur de son crime et de mon déplaisir
N'a pas éteint l'amour qui me l'a fait choisir.

PAULINE.

Je n'attendois pas moins de la bonté d'un père.

FÉLIX.

Je pouvois l'immoler à ma juste colère :
Car vous n'ignorez pas à quel comble d'horreur
De son audace impie a monté la fureur;
Vous l'avez pu savoir du moins de Stratonice.

PAULINE.

Je sais que de Néarque il doit voir le supplice.

FÉLIX.

Du conseil qu'il doit prendre il sera mieux instruit,
Quand il verra punir celui qui l'a séduit.
Au spectacle sanglant d'un ami qu'il faut suivre, [1]
La crainte de mourir et le désir de vivre
Ressaisissent une âme avec tant de pouvoir,
Que qui voit le trépas cesse de le vouloir.
L'exemple touche plus que ne fait la menace :
Cette indiscrète ardeur tourne bientôt en glace;
Et nous verrons bientôt son cœur inquiété
Me demander pardon de tant d'impiété.

PAULINE.
Vous pouvez espérer qu'il change de courage?
FÉLIX.
Aux dépens de Néarque il doit se rendre sage.
PAULINE.
Il le doit; mais, hélas! où me renvoyez-vous?
Et quels tristes hasards ne court point mon époux,
Si de son inconstance il faut qu'enfin j'espère
Le bien que j'espérois de la bonté d'un père!
FÉLIX.
Je vous en fais trop voir, Pauline, à consentir
Qu'il évite la mort par un prompt repentir.
Je devois même peine à des crimes semblables;[2]
Et, mettant différence entre ces deux coupables,
J'ai trahi la justice à l'amour paternel;
Je me suis fait pour lui moi-même criminel;
Et j'attendois de vous, au milieu de vos craintes,
Plus de remercîments que je n'entends de plaintes.
PAULINE.
De quoi remercier qui ne me donne rien?
Je sais quelle est l'humeur et l'esprit d'un chrétien.
Dans l'obstination jusqu'au bout il demeure :
Vouloir son repentir, c'est ordonner qu'il meure.
FÉLIX.
Sa grâce est en sa main; c'est à lui d'y rêver.
PAULINE.
Faites-la toute entière.
FÉLIX.
Il la peut achever.

ACTE III, SCÈNE III.

PAULINE.

Ne l'abandonnez pas aux fureurs de sa secte.

FÉLIX.

Je l'abandonne aux lois, qu'il faut que je respecte.

PAULINE.

Est-ce ainsi que d'un gendre un beau-père est l'appui?

FÉLIX.

Qu'il fasse autant pour soi comme je fais pour lui. 3

PAULINE.

Mais il est aveuglé.

FÉLIX.

Mais il se plaît à l'être.
Qui chérit son erreur ne la veut pas connoître.

PAULINE.

Mon père, au nom des dieux....

FÉLIX.

Ne les réclamez pas,
Ces dieux, dont l'intérêt demande son trépas.

PAULINE.

Ils écoutent nos vœux. 4

FÉLIX.

Eh bien, qu'il leur en fasse.

PAULINE.

Au nom de l'empereur, dont vous tenez la place...

FÉLIX.

J'ai son pouvoir en main; mais, s'il me l'a commis,
C'est pour le déployer contre ses ennemis.

PAULINE.

Polyeucte l'est-il ?

FÉLIX.

Tous chrétiens sont rebelles.

PAULINE.

N'écoutez point pour lui ces maximes cruelles;
En épousant Pauline il s'est fait votre sang.

FÉLIX.

Je regarde sa faute, et ne vois plus son rang.
Quand le crime d'état se mêle au sacrilége,
Le sang ni l'amitié n'ont plus de privilége.

PAULINE.

Quel excès de rigueur!

FÉLIX.

Moindre que son forfait.

PAULINE.

O de mon songe affreux trop véritable effet!
Voyez-vous qu'avec lui vous perdez votre fille?

FÉLIX.

Les dieux et l'empereur sont plus que ma famille.

PAULINE.

La perte de tous deux ne vous peut arrêter!

FÉLIX.

J'ai les dieux et Décie ensemble à redouter.
Mais nous n'avons encore à craindre rien de triste:
Dans son aveuglement pensez-vous qu'il persiste?
S'il nous sembloit tantôt courir à son malheur,
C'est d'un nouveau chrétien la première chaleur.

PAULINE.

Si vous l'aimez encor, quittez cette espérance
Que deux fois en un jour il change de croyance :

Outre que les chrétiens ont plus de dureté, 5
Vous attendez de lui trop de légèreté.
Ce n'est point une erreur avec le lait sucée,
Que sans l'examiner son âme ait embrassée ;
Polyeucte est chrétien parce qu'il l'a voulu,
Et vous portoit au temple un esprit résolu.
Vous devez présumer de lui comme du reste :
Le trépas n'est pour eux ni honteux ni funeste ;
Ils cherchent de la gloire à mépriser nos dieux ;
Aveugles pour la terre, ils aspirent aux cieux ;
Et, croyant que la mort leur en ouvre la porte,
Tourmentés, déchirés, assassinés, n'importe,
Les supplices leur sont ce qu'à nous les plaisirs,
Et les mènent au but où tendent leurs désirs :
La mort la plus infâme ils l'appellent martyre.

FÉLIX.

Eh bien donc, Polyeucte aura ce qu'il désire :
N'en parlons plus.
PAULINE.
Mon père....

SCÈNE IV.

FÉLIX, ALBIN, PAULINE, STRATONICE.

FÉLIX.
Albin, en est-ce fait ?
ALBIN.
Oui, seigneur ; et Néarque a payé son forfait.

FÉLIX.

Et notre Polyeucte a vu trancher sa vie?

ALBIN.

Il l'a vu, mais, hélas! avec un œil d'envie.
Il brûle de le suivre, au lieu de reculer;
Et son cœur s'affermit, au lieu de s'ébranler.

PAULINE.

Je vous le disois bien. Encore un coup, mon père,
Si jamais mon respect a pu vous satisfaire,
Si vous l'avez prisé, si vous l'avez chéri....

FÉLIX.

Vous aimez trop, Pauline, un indigne mari. [1]

PAULINE.

Je l'ai de votre main : mon amour est sans crime;
Il est de votre choix la glorieuse estime;
Et j'ai, pour l'accepter, éteint le plus beau feu
Qui d'une âme bien née ait mérité l'aveu.
Au nom de cette aveugle et prompte obéissance
Que j'ai toujours rendue aux lois de la naissance,
Si vous avez pu tout sur moi, sur mon amour,
Que je puisse sur vous quelque chose à mon tour!
Par ce juste pouvoir à présent trop à craindre,
Par ces beaux sentiments qu'il m'a fallu contraindre, [2]
Ne m'ôtez pas vos dons; ils sont chers à mes yeux,
Et m'ont assez coûté pour m'être précieux.

FÉLIX.

Vous m'importunez trop: bien que j'aie un cœur tendre,
Je n'aime la pitié qu'au prix que j'en veux prendre : [3]
Employez mieux l'effort de vos justes douleurs;
Malgré moi m'en toucher, c'est perdre et temps et pleurs;

J'en veux être le maître, et je veux bien qu'on sache
Que je la désavoue alors qu'on me l'arrache.
Préparez-vous à voir ce malheureux chrétien ;
Et faites votre effort quand j'aurai fait le mien.
Allez ; n'irritez plus un père qui vous aime ;
Et tâchez d'obtenir votre époux de lui-même.
Tantôt jusqu'en ce lieu je le ferai venir :
Cependant, quittez nous ; je veux l'entretenir.

PAULINE.

De grâce, permettez....

FÉLIX.

Laissez-nous seuls, vous dis-je ;
Votre douleur m'offense autant qu'elle m'afflige.
A gagner Polyeucte appliquez tous vos soins ;
Vous avancerez plus en m'importunant moins.

SCÈNE V.

FÉLIX, ALBIN.

FÉLIX.

Albin, comme est-il mort ? [1]

ALBIN.

En brutal, en impie,
En bravant les tourments, en dédaignant la vie,
Sans regret, sans murmure, et sans étonnement,
Dans l'obstination et l'endurcissement,
Comme un chrétien enfin, le blasphême à la bouche.

FÉLIX.

Et l'autre ?

ALBIN.

Je l'ai dit déjà, rien ne le touche :

Loin d'en être abattu, son cœur en est plus haut :
On l'a violenté pour quitter l'échafaud :
Il est dans la prison, où je l'ai vu conduire ;
Mais vous êtes bien loin encor de le réduire.

FÉLIX.

Que je suis malheureux !

ALBIN.

Tout le monde vous plaint.

FÉLIX.

On ne sait pas les maux dont mon cœur est atteint ;
De pensers sur pensers mon âme est agitée, [2]
De soucis sur soucis elle est inquiétée ;
Je sens l'amour, la haine, et la crainte, et l'espoir, [3]
La joie, et la douleur, tour à tour l'émouvoir :
J'entre en des sentiments qui ne sont pas croyables ;
J'en ai de violents, j'en ai de pitoyables ;
J'en ai de généreux qui n'oseroient agir ;
J'en ai même de bas, et qui me font rougir.
J'aime ce malheureux que j'ai choisi pour gendre ;
Je hais l'aveugle erreur qui le vient de surprendre ;
Je déplore sa perte, et, le voulant sauver,
J'ai la gloire des dieux ensemble à conserver ;
Je redoute leur foudre, et celui de Décie ;
Il y va de ma charge, il y va de ma vie.
Ainsi tantôt pour lui je m'expose au trépas,
Et tantôt je le perds pour ne me perdre pas.

ALBIN.

Décie excusera l'amitié d'un beau-père ;
Et d'ailleurs Polyeucte est d'un sang qu'on révère.

FÉLIX.

A punir les chrétiens son ordre est rigoureux ; 4
Et plus l'exemple est grand, plus il est dangereux :
On ne distingue point quand l'offense est publique ;
Et, lorsqu'on dissimule un crime domestique,
Par quelle autorité peut-on, par quelle loi,
Châtier en autrui ce qu'on souffre chez soi ?

ALBIN.

Si vous n'osez avoir d'égard à sa personne,
Écrivez à Décie afin qu'il en ordonne.

FÉLIX.

Sévère me perdroit si j'en usois ainsi :
Sa haine et son pouvoir font mon plus grand souci.
Si j'avois différé de punir un tel crime,
Quoiqu'il soit généreux, quoiqu'il soit magnanime,
Il est homme, et sensible, et je l'ai dédaigné ;
Et de tant de mépris son esprit indigné, 5
Que met au désespoir cet hymen de Pauline,
Du courroux de Décie obtiendroit ma ruine.
Pour venger un affront tout semble être permis,
Et les occasions tentent les plus remis.
Peut-être, et ce soupçon n'est pas sans apparence,
Il rallume en son cœur déjà quelque espérance ;
Et, croyant bientôt voir Polyeucte puni,
Il rappelle un amour à grand'peine banni.
Juge si sa colère, en ce cas implacable,
Me feroit innocent de sauver un coupable,
Et s'il m'épargneroit, voyant par mes bontés
Une seconde fois ses desseins avortés !

Te dirai-je un penser indigne, bas, et lâche?
Je l'étouffe, il renaît; il me flatte, et me fâche :
L'ambition toujours me le vient présenter;
Et tout ce que je puis, c'est de le détester.
Polyeucte est ici l'appui de ma famille;
Mais si, par son trépas, l'autre épousoit ma fille, 6
J'acquerrois bien par-là de plus puissants appuis,
Qui me mettroient plus haut cent fois que je ne suis :
Mon cœur en prend par force une maligne joie.
Mais que plutôt le ciel à tes yeux me foudroie,
Qu'à des pensers si bas je puisse consentir,
Que jusque-là ma gloire ose se démentir!

ALBIN.

Votre cœur est trop bon, et votre âme trop haute.
Mais vous résolvez-vous à punir cette faute?

FÉLIX.

Je vais dans la prison faire tout mon effort
A vaincre cet esprit par l'effroi de la mort;
Et nous verrons, après, ce que pourra Pauline.

ALBIN.

Que ferez-vous enfin, si toujours il s'obstine?

FÉLIX.

Ne me presse point tant; dans un tel déplaisir,
Je ne puis que résoudre, et ne sais que choisir.

ALBIN.

Je dois vous avertir, en serviteur fidèle, 7
Qu'en sa faveur déjà la ville se rebelle,
Et ne peut voir passer par la rigueur des lois
Sa dernière espérance et le sang de ses rois.

ACTE III, SCÈNE V.

Je tiens sa prison même assez mal assurée ;
J'ai laissé tout autour une troupe éplorée ;
Je crains qu'on ne la force.

FÉLIX.

Il faut donc l'en tirer,
Et l'amener ici pour nous en assurer.

ALBIN.

Tirez-l'en donc vous-même, et d'un espoir de grâce
Apaisez la fureur de cette populace.

FÉLIX.

Allons ; et, s'il persiste à demeurer chrétien,
Nous en disposerons sans qu'elle en sache rien.

FIN DU TROISIÈME ACTE.

ACTE QUATRIÈME.

SCÈNE I.ère

POLYEUCTE, CLÉON, TROIS AUTRES GARDES.

POLYEUCTE.

Gardes, que me veut-on ?
CLÉON.
Pauline vous demande.
POLYEUCTE.
O présence, ô combat que sur-tout j'appréhende!
Félix, dans la prison j'ai triomphé de toi,
J'ai ri de ta menace, et t'ai vu sans effroi :
Tu prends pour t'en venger de plus puissantes armes ;
Je craignois beaucoup moins tes bourreaux que ses larmes.
Seigneur, qui vois ici les périls que je cours,
En ce pressant besoin redouble ton secours.
Et toi qui, tout sortant encor de la victoire,
Regardes mes travaux du séjour de la gloire,
Cher Néarque, pour vaincre un si fort ennemi,
Prête du haut du ciel la main à ton ami.
Gardes, oseriez-vous me rendre un bon office?
Non pour me dérober aux rigueurs du supplice,
Ce n'est pas mon dessein qu'on me fasse évader ;
Mais comme il suffira de trois à me garder,

ACTE IV, SCÈNE II.

L'autre m'obligeroit d'aller quérir Sévère ; [1]
Je crois que sans péril on peut me satisfaire :
Si j'avois pu lui dire un secret important,
Il vivroit plus heureux, et je mourrois content.

CLÉON.

Si vous me l'ordonnez, j'y cours en diligence. [2]

POLYEUCTE.

Sévère à mon défaut fera ta récompense.
Va, ne perds point de temps, et reviens promptement.

CLÉON.

Je serai de retour, seigneur, dans un moment.

SCÈNE II. [1]

POLYEUCTE.

(Les gardes se retirent aux côtés du théâtre.)

Source délicieuse, en misères féconde,
Que voulez-vous de moi, flatteuses voluptés ?
Honteux attachements de la chair et du monde,
Que ne me quittez-vous, quand je vous ai quittés !
Allez, honneurs, plaisirs, qui me livrez la guerre :
    Toute votre félicité, [2]
    Sujette à l'instabilité,
    En moins de rien tombe par terre ;
    Et comme elle a l'éclat du verre, [3]
    Elle en a la fragilité.

Ainsi n'espérez pas qu'après vous je soupire.
Vous étalez en vain vos charmes impuissants ;

Vous me montrez en vain par tout ce vaste empire
Les ennemis de Dieu pompeux et florissants.
Il étale à son tour des revers équitables
    Par qui les grands sont confondus ;
    Et les glaives qu'il tient pendus 4
    Sur les plus fortunés coupables,
    Sont d'autant plus inévitables,
    Que leurs coups sont moins attendus.

Tigre altéré de sang, Décie impitoyable,
Ce Dieu t'a trop long-temps abandonné les siens :
De ton heureux destin vois la suite effroyable ;
Le Scythe va venger la Perse et les chrétiens.
Encore un peu plus outre, et ton heure est venue ;
    Rien ne t'en sauroit garantir ;
    Et la foudre qui va partir,
    Toute prête à crever la nue,
    Ne peut plus être retenue
    Par l'attente du repentir.

Que cependant Félix m'immole à ta colère ;
Qu'un rival plus puissant éblouisse ses yeux ;
Qu'aux dépens de ma vie il s'en fasse beau-père,
Et qu'à titre d'esclave il commande en ces lieux :
Je consens, ou plutôt j'aspire à ma ruine.
    Monde, pour moi tu n'as plus rien :
    Je porte en un cœur tout chrétien
    Une flamme toute divine ;
    Et je ne regarde Pauline
    Que comme un obstacle à mon bien.

ACTE IV, SCÈNE II.

Saintes douceurs du ciel, adorables idées,
Vous remplissez un cœur qui vous peut recevoir :
De vos sacrés attraits les âmes possédées
Ne conçoivent plus rien qui les puisse émouvoir.
Vous promettez beaucoup, et donnez davantage :
  Vos biens ne sont point inconstants ;
  Et l'heureux trépas que j'attends
  Ne vous sert que d'un doux passage
  Pour nous introduire au partage
  Qui nous rend à jamais contents.

C'est vous, ô feu divin que rien ne peut éteindre,
Qui m'allez faire voir Pauline sans la craindre.
Je la vois : mais mon cœur, d'un saint zèle enflammé,
N'en goûte plus l'appât dont il étoit charmé ;
Et mes yeux éclairés des célestes lumières, 5
Ne trouvent plus aux siens leurs grâces coutumières.

SCÈNE III.

POLYEUCTE, PAULINE, GARDES.

POLYEUCTE.

Madame, quel dessein vous fait me demander ?
Est-ce pour me combattre, ou pour me seconder ?
Cet effort généreux de votre amour parfaite
Vient-il à mon secours, vient-il à ma défaite ? [1]
Apportez-vous ici la haine, ou l'amitié,
Comme mon ennemie, ou ma chère moitié ?

PAULINE.

Vous n'avez point ici d'ennemi que vous-même; 2
Seul vous vous haïssez lorsque chacun vous aime;
Seul vous exécutez tout ce que j'ai rêvé : 3
Ne veuillez pas vous perdre, et vous êtes sauvé.
A quelque extrémité que votre crime passe,
Vous êtes innocent si vous vous faites grâce.
Daignez considérer le sang dont vous sortez,
Vos grandes actions, vos rares qualités :
Chéri de tout le peuple, estimé chez le prince,
Gendre du gouverneur de toute la province; 4
Je ne vous compte à rien le nom de mon époux,
C'est un bonheur pour moi qui n'est pas grand pour vous :
Mais après vos exploits, après votre naissance, 5
Après votre pouvoir, voyez notre espérance;
Et n'abandonnez pas à la main d'un bourreau
Ce qu'à nos justes vœux promet un sort si beau.

POLYEUCTE.

Je considère plus : je sais mes avantages, 6
Et l'espoir que sur eux forment les grands courages.
Ils n'aspirent enfin qu'à des biens passagers,
Que troublent les soucis, que suivent les dangers;
La mort nous les ravit, la fortune s'en joue;
Aujourd'hui dans le trône, et demain dans la boue;
Et leur plus haut éclat fait tant de mécontents,
Que peu de vos Césars en ont joui long-temps.

J'ai de l'ambition, mais plus noble et plus belle :
Cette grandeur périt; j'en veux une immortelle,
Un bonheur assuré, sans mesure et sans fin,
Au-dessus de l'envie, au-dessus du destin.

Est-ce trop l'acheter que d'une triste vie, 7
Qui tantôt, qui soudain me peut être ravie ;
Qui ne me fait jouir que d'un instant qui fuit,
Et ne peut m'assurer de celui qui le suit ?

PAULINE.

Voilà de vos chrétiens les ridicules songes ; 8
Voilà jusqu'à quel point vous charment leurs mensonges:
Tout votre sang est peu pour un bonheur si doux !
Mais, pour en disposer, ce sang est-il à vous ?
Vous n'avez pas la vie ainsi qu'un héritage ;
Le jour qui vous la donne en même temps l'engage :
Vous la devez au prince, au public, à l'état.

POLYEUCTE.

Je la voudrois pour eux perdre dans un combat ;
Je sais quel en est l'heur, et quelle en est la gloire.
Des aïeux de Décie on vante la mémoire ;
Et ce nom, précieux encore à vos Romains,
Au bout de six cents ans lui met l'empire aux mains.
Je dois ma vie au peuple, au prince, à sa couronne ;
Mais je la dois bien plus au Dieu qui me la donne.
Si mourir pour son prince est un illustre sort,
Quand on meurt pour son Dieu, quelle sera la mort !

PAULINE.

Quel Dieu ? 9

POLYEUCTE.

Tout beau, Pauline ; il entend vos paroles,
Et ce n'est pas un Dieu comme vos dieux frivoles ;
Insensibles et sourds, impuissants, mutilés,
De bois, de marbre, ou d'or, comme vous les voulez:

C'est le Dieu des chrétiens, c'est le mien, c'est le vôtre;
Et la terre et le ciel n'en connoissent point d'autre.

PAULINE.

Adorez-le dans l'âme, et n'en témoignez rien.

POLYEUCTE.

Que je sois tout ensemble idolâtre et chrétien !

PAULINE.

Ne feignez qu'un moment : laissez partir Sévère,
Et donnez lieu d'agir aux bontés de mon père.

POLYEUCTE.

Les bontés de mon Dieu sont bien plus à chérir :
Il m'ôte des périls que j'aurois pu courir; 10
Et, sans me laisser lieu de tourner en arrière, 11
Sa faveur me couronne entrant dans la carrière; 12
Du premier coup de vent il me conduit au port;
Et, sortant du baptême, il m'envoie à la mort.
Si vous pouviez comprendre et le peu qu'est la vie,
Et de quelles douceurs cette mort est suivie...
Mais que sert de parler de ces trésors cachés
A des esprits que Dieu n'a pas encor touchés?

PAULINE.

Cruel! car il est temps que ma douleur éclate, 13
Et qu'un juste reproche accable une âme ingrate,
Est-ce là ce beau feu, sont-ce là tes serments?
Témoignes-tu pour moi les moindres sentiments?
Je ne te parlois point de l'état déplorable
Où ta mort va laisser ta femme inconsolable;
Je croyois que l'amour t'en parleroit assez,
Et je ne voulois pas de sentiments forcés :

Mais cette amour si ferme et si bien méritée,
Que tu m'avois promise, et que je t'ai portée,
Quand tu me veux quitter, quand tu me fais mourir,
Te peut-elle arracher une larme, un soupir?
Tu me quittes, ingrat! et le fais avec joie;
Tu ne la caches pas, tu veux que je la voie;
Et ton cœur, insensible à ces tristes appas,
Se figure un bonheur où je ne serai pas!
C'est donc là le dégoût qu'apporte l'hyménée!
Je te suis odieuse après m'être donnée!

POLYEUCTE.

Hélas! 14

PAULINE.

Que cet hélas a de peine à sortir!
Encor s'il commençoit un heureux repentir!
Que, tout forcé qu'il est, j'y trouverois de charmes!...
Mais courage; il s'émeut, je vois couler des larmes.

POLYEUCTE.

J'en verse, et plût à Dieu qu'à force d'en verser
Ce cœur trop endurci se pût enfin percer!
Le déplorable état où je vous abandonne
Est bien digne des pleurs que mon amour vous donne;
Et si l'on peut au ciel sentir quelques douleurs,
J'y pleurerai pour vous l'excès de vos malheurs :
Mais si, dans ce séjour de gloire et de lumière,
Ce Dieu tout juste et bon peut souffrir ma prière,
S'il y daigne écouter un conjugal amour,
Sur votre aveuglement il répandra le jour.

Seigneur, de vos bontés il faut que je l'obtienne; 15
Elle a trop de vertus pour n'être pas chrétienne : 16

Avec trop de mérite il vous plut la former,
Pour ne vous pas connoître et ne vous pas aimer,
Pour vivre des enfers esclave infortunée,
Et sous leur triste joug mourir comme elle est née.

PAULINE.

Que dis-tu, malheureux? qu'oses-tu souhaiter?

POLYEUCTE.

Ce que de tout mon sang je voudrois acheter.

PAULINE.

Que plutôt....

POLYEUCTE.

C'est en vain qu'on se met en défense :
Ce Dieu touche les cœurs lorsque moins on y pense.
Ce bienheureux moment n'est pas encor venu ;
Il viendra, mais le temps ne m'en est pas connu.

PAULINE.

Quittez cette chimère, et m'aimez.

POLYEUCTE.

Je vous aime
Beaucoup moins que mon Dieu, mais bien plus que moi-mêi

PAULINE.

Au nom de cet amour, ne m'abandonnez pas.

POLYEUCTE.

Au nom de cet amour, daignez suivre mes pas.

PAULINE.

C'est peu de me quitter, tu veux donc me séduire ?

POLYEUCTE.

C'est peu d'aller au ciel, je veux vous y conduire.

PAULINE.

Imaginations !

POLYEUCTE.
Célestes vérités !
PAULINE.
Étrange aveuglement !
POLYEUCTE.
Éternelles clartés !
PAULINE.
Tu préfères la mort à l'amour de Pauline !
POLYEUCTE.
Vous préférez le monde à la bonté divine !
PAULINE.
Va, cruel, va mourir; tu ne m'aimas jamais. [17]
POLYEUCTE.
Vivez heureuse au monde, et me laissez en paix.
PAULINE.
Oui, je t'y vais laisser, ne t'en mets plus en peine;
Je vais....

SCÈNE IV.

SÉVÈRE, POLYEUCTE, PAULINE, FABIAN, GARDES.

PAULINE.

Mais quel dessein en ce lieu vous amène,
Sévère ? auroit-on cru qu'un cœur si généreux
Pût venir jusqu'ici braver un malheureux ?

POLYEUCTE.

Vous traitez mal, Pauline, un si rare mérite;
A ma seule prière il rend cette visite. [1]

Je vous ai fait, seigneur, une incivilité,
Que vous pardonnerez à ma captivité.
Possesseur d'un trésor dont je n'étois pas digne,
Souffrez avant ma mort que je vous le résigne,
Et laisse la vertu la plus rare à nos yeux
Qu'une femme jamais pût recevoir des cieux,
Aux mains du plus vaillant et du plus honnête homme
Qu'ait adoré la terre et qu'ait vu naître Rome.
Vous êtes digne d'elle, elle est digne de vous;
Ne la refusez pas de la main d'un époux :
S'il vous a désunis, sa mort vous va rejoindre.
Qu'un feu jadis si beau n'en devienne pas moindre :
Rendez-lui votre cœur, et recevez sa foi :
Vivez heureux ensemble, et mourez comme moi;
C'est le bien qu'à tous deux Polyeucte désire.

Qu'on me mène à la mort, je n'ai plus rien à dire.
Allons, gardes, c'est fait.

SCÈNE V.

SÉVÈRE, PAULINE, FABIAN.

SÉVÈRE.

Dans mon étonnement,
Je suis confus pour lui de son aveuglement;
Sa résolution a si peu de pareilles,
Qu'à peine je me fie encore à mes oreilles.
Un cœur qui vous chérit, (mais quel cœur assez bas
Auroit pu vous connoître et ne vous chérir pas?)
Un homme aimé de vous, sitôt qu'il vous possède,
Sans regret il vous quitte : il fait plus, il vous cède;

ACTE IV, SCÈNE V.

Et, comme si vos feux étoient un don fatal, 3
Il en fait un présent lui-même à son rival !
Certes, ou les chrétiens ont d'étranges manies,
Ou leurs félicités doivent être infinies,
Puisque, pour y prétendre, ils osent rejeter
Ce que de tout l'empire il faudroit acheter.
Pour moi, si mes destins, un peu plus tôt propices,
Eussent de votre hymen honoré mes services,
Je n'aurois adoré que l'éclat de vos yeux,
J'en aurois fait mes rois, j'en aurois fait mes dieux ;
On m'auroit mis en poudre, on m'auroit mis en cendre, 4
Avant que....

PAULINE.

Brisons là ; je crains de trop entendre, 5
Et que cette chaleur, qui sent vos premiers feux,
Ne pousse quelque suite indigne de tous deux.
Sévère, connoissez Pauline tout entière.
Mon Polyeucte touche à son heure dernière ;
Pour achever de vivre il n'a plus qu'un moment ;
Vous en êtes la cause encor qu'innocemment.
Je ne sais si votre âme à vos désirs ouverte,
Auroit osé former quelque espoir sur sa perte :
Mais sachez qu'il n'est point de si cruel trépas
Où d'un front assuré je ne porte mes pas ;
Qu'il n'est point aux enfers d'horreurs que je n'endure, 6
Plutôt que de souiller une gloire si pure,
Que d'épouser un homme, après son triste sort,
Qui de quelque façon soit cause de sa mort ;
Et, si vous me croyiez d'une âme si peu saine, 7
L'amour que j'ai pour vous tourneroit tout en haine.

Vous êtes généreux; soyez-le jusqu'au bout;
Mon père est en état de vous accorder tout,
Il vous craint; et j'avance encor cette parole,
Que, s'il perd mon époux, c'est à vous qu'il l'immole.
Sauvez ce malheureux, employez-vous pour lui;
Faites-vous un effort pour lui servir d'appui.
Je sais que c'est beaucoup que ce que je vous demande;
Mais plus l'effort est grand, plus la gloire en est grande.
Conserver un rival dont vous êtes jaloux,
C'est un trait de vertu qui n'appartient qu'à vous;
Et si ce n'est assez de votre renommée,
C'est beaucoup qu'une femme, autrefois tant aimée,
Et dont l'amour peut-être encor vous peut toucher,
Doive à votre grand cœur ce qu'elle a de plus cher :
Souvenez-vous enfin que vous êtes Sévère.
Adieu. Résolvez seul ce que vous devez faire;
Si vous n'êtes pas tel que je l'ose espérer,
Pour vous priser encor je le veux ignorer. 8

SCÈNE VI.

SÉVÈRE, FABIAN.

SÉVÈRE.

Qu'est-ce ci, Fabian? quel nouveau coup de foudre
Tombe sur mon bonheur et le réduit en poudre!
Plus je l'estime près, plus il est éloigné;
Je trouve tout perdu, quand je crois tout gagné;
Et toujours la fortune, à me nuire obstinée,
Tranche mon espérance aussitôt qu'elle est née;

Avant qu'offrir des vœux je reçois des refus;
Toujours triste, toujours et honteux et confus
De voir que lâchement elle ait osé renaître,
Qu'encor plus lâchement elle ait osé paroître;
Et qu'une femme enfin, dans la calamité,
Me fasse des leçons de générosité.

Votre belle âme est haute autant que malheureuse,
Mais elle est inhumaine autant que généreuse,
Pauline; et vos douleurs avec trop de rigueur
D'un amant tout à vous tyrannisent le cœur.
C'est donc peu de vous perdre, il faut que je vous donne;
Que je serve un rival lorsqu'il vous abandonne,
Et que, par un cruel et généreux effort,
Pour vous rendre en ses mains je l'arrache à la mort!

FABIAN.

Laissez à son destin cette ingrate famille;
Qu'il accorde, s'il veut, le père avec la fille,
Polyeucte et Félix, l'épouse avec l'époux :
D'un si cruel effort quel prix espérez-vous?

SÉVÈRE.

La gloire de montrer à cette âme si belle
Que Sévère l'égale, et qu'il est digne d'elle,
Qu'elle m'étoit bien due, et que l'ordre des cieux,
En me la refusant, m'est trop injurieux.

FABIAN.

Sans accuser le sort ni le ciel d'injustice,
Prenez garde au péril qui suit un tel service;
Vous hasardez beaucoup, seigneur; pensez-y bien.
Quoi! vous entreprenez de sauver un chrétien!

Pouvez-vous ignorer pour cette secte impie
Quelle est et fut toujours la haine de Décie?
C'est un crime vers lui si grand, si capital,
Qu'à votre faveur même il peut être fatal.

SÉVÈRE.

Cet avis seroit bon pour quelque âme commune.
S'il tient entre ses mains ma vie et ma fortune,
Je suis encore Sévère; et tout ce grand pouvoir
Ne peut rien sur ma gloire et rien sur mon devoir.
Ici l'honneur m'oblige, et j'y veux satisfaire :
Qu'après le sort se montre ou propice ou contraire,
Comme son naturel est toujours inconstant,
Périssant glorieux, je périrai content.
 Je te dirai bien plus, mais avec confidence, [2]
La secte des chrétiens n'est pas ce que l'on pense :
On les hait; la raison? je ne la connois point;
Et je ne vois Décie injuste qu'en ce point.
Par curiosité j'ai voulu les connoître :
On les tient pour sorciers, dont l'enfer est le maître;
Et sur cette croyance on punit du trépas
Des mystères secrets que nous n'entendons pas.
Mais Cérès Éleusine, et la bonne déesse,
Ont leurs secrets, comme eux, à Rome et dans la Grèce :
Encore impunément nous souffrons en tous lieux,
Leur dieu seul excepté, toute sorte de dieux;
Tous les monstres d'Égypte ont leurs temples dans Rome;
Nos aïeux, à leur gré, faisoient un dieu d'un homme;
Et, leur sang parmi nous conservant leurs erreurs,
Nous remplissons le ciel de tous nos empereurs :

ACTE IV, SCÈNE VI.

Mais, à parler sans fard de tant d'apothéoses,
L'effet est bien douteux de ces métamorphoses.
 Les chrétiens n'ont qu'un Dieu, maître absolu de tout,
De qui le seul vouloir fait tout ce qu'il résout :
Mais si j'ose, entre nous, dire ce qui me semble,
Les nôtres bien souvent s'accordent mal ensemble ;
Et, me dût leur colère écraser à tes yeux,
Nous en avons beaucoup, pour être de vrais dieux.
Enfin chez les chrétiens les mœurs sont innocentes,
Les vices détestés, les vertus florissantes ;
Ils font des vœux pour nous, qui les persécutons ;
Et, depuis tant de temps que nous les tourmentons,
Les a-t-on vus mutins ? les a-t-on vus rebelles ?
Nos princes ont-ils eu des soldats plus fidèles ?
Furieux dans la guerre, ils souffrent nos bourreaux ;
Et, lions au combat, ils meurent en agneaux.
J'ai trop de pitié d'eux pour ne les pas défendre.
Allons trouver Félix ; commençons par son gendre ;
Et contentons ainsi, d'une seule action,
Et Pauline, et ma gloire, et ma compassion.

FIN DU QUATRIÈME ACTE.

ACTE CINQUIÈME.

SCÈNE I.ère

FÉLIX, ALBIN, CLÉON.

FÉLIX.

Albin, as-tu bien vu la fourbe de Sévère ? 1
As-tu bien vu sa haine ? et vois-tu ma misère ? 2

ALBIN.

Je n'ai vu rien en lui qu'un rival généreux,
Et ne vois rien en vous qu'un père rigoureux.

FÉLIX.

Que tu discernes mal le cœur d'avec la mine ! 3
Dans l'âme il hait Félix et dédaigne Pauline ;
Et, s'il l'aima jadis, il estime aujourd'hui 4
Les restes d'un rival trop indignes de lui.
Il parle en sa faveur, il me prie, il menace,
Et me perdra, dit-il, si je ne lui fais grâce ;
Tranchant du généreux, il croit m'épouvanter. 5
L'artifice est trop lourd pour ne pas l'éventer.
Je sais des gens de cour quelle est la politique ;
J'en connois mieux que lui la plus fine pratique.
C'est en vain qu'il tempête, et feint d'être en fureur : 6
Je vois ce qu'il prétend auprès de l'empereur.
De ce qu'il me demande il m'y feroit un crime ;

Épargnant son rival, je serois sa victime ;
Et s'il avoit affaire à quelque maladroit, 7
Le piége est bien tendu, sans doute il le perdroit :
Mais un vieux courtisan est un peu moins crédule ;
Il voit quand on le joue, et quand on dissimule ;
Et moi j'en ai tant vu de toutes les façons,
Qu'à lui-même au besoin j'en ferois des leçons.

ALBIN.

Dieux ! que vous vous gênez par cette défiance !

FÉLIX.

Pour subsister en cour c'est la haute science. 8
Quand un homme une fois a droit de nous haïr,
Nous devons présumer qu'il cherche à nous trahir ;
Toute son amitié nous doit être suspecte.
Si Polyeucte enfin n'abandonne sa secte,
Quoi que son protecteur ait pour lui dans l'esprit,
Je suivrai hautement l'ordre qui m'est prescrit.

ALBIN.

Grâce, grâce, seigneur ! que Pauline l'obtienne ! 9

FÉLIX.

Celle de l'empereur ne suivroit pas la mienne ;
Et, loin de le tirer de ce pas dangereux,
Ma bonté ne feroit que nous perdre tous deux.

ALBIN.

Mais Sévère promet....

FÉLIX.

   Albin, je m'en défie,
Et connois mieux que lui la haine de Décie ;
En faveur des chrétiens s'il choquoit son courroux,
Lui-même assurément se perdroit avec nous.

Je veux tenter pourtant encore une autre voie.
Amenez Polyeucte ; et si je le renvoie,
S'il demeure insensible à ce dernier effort,
Au sortir de ce lieu qu'on lui donne la mort.

ALBIN.

Votre ordre est rigoureux.

FÉLIX.

Il faut que je le suive,
Si je veux empêcher qu'un désordre n'arrive.
Je vois le peuple ému pour prendre son parti ;
Et toi-même tantôt tu m'en as averti :
Dans ce zèle pour lui qu'il fait déjà paroître,
Je ne sais si long-temps j'en pourrois être maître ;
Peut-être dès demain, dès la nuit, dès ce soir,
J'en verrois des effets que je ne veux pas voir ;
Et Sévère aussitôt, courant à sa vengeance,
M'iroit calomnier de quelque intelligence.
Il faut rompre ce coup qui me seroit fatal.

ALBIN.

Que tant de prévoyance est un étrange mal !
Tout vous nuit, tout vous perd, tout vous fait de l'ombrage :
Mais voyez que sa mort mettra ce peuple en rage ;
Que c'est mal le guérir que le désespérer.

FÉLIX.

En vain après sa mort il voudra murmurer ;
Et, s'il ose venir à quelque violence,
C'est à faire à céder deux jours à l'insolence :
J'aurai fait mon devoir, quoi qu'il puisse arriver.
Mais Polyeucte vient, tâchons à le sauver.
Soldats, retirez-vous, et gardez bien la porte.

SCÈNE II.

FÉLIX, POLYEUCTE, ALBIN.

FÉLIX.

As-tu donc pour la vie une haine si forte,
Malheureux Polyeucte ? et la loi des chrétiens
T'ordonne-t-elle ainsi d'abandonner les tiens ?

POLYEUCTE.

Je ne hais point la vie, et j'en aime l'usage, [1]
Mais sans attachement qui sente l'esclavage,
Toujours prêt à la rendre au Dieu dont je la tiens ;
La raison me l'ordonne, et la loi des chrétiens ;
Et je vous montre à tous par-là comme il faut vivre,
Si vous avez le cœur assez bon pour me suivre.

FÉLIX.

Te suivre dans l'abîme où tu veux te jeter ? [2]

POLYEUCTE.

Mais plutôt dans la gloire où je m'en vais monter.

FÉLIX.

Donne-moi pour le moins le temps de la connoître ;
Pour me faire chrétien, sers-moi de guide à l'être ;
Et ne dédaigne pas de m'instruire en ta foi,
Ou toi-même à ton Dieu tu répondras de moi.

POLYEUCTE.

N'en riez point, Félix, il sera votre juge ;
Vous ne trouverez point devant lui de refuge ;
Les rois et les bergers y sont d'un même rang :
De tous les siens sur vous il vengera le sang.

FÉLIX.

Je n'en répandrai plus ; et, quoi qu'il en arrive,
Dans la foi des chrétiens je souffrirai qu'on vive ;
J'en serai protecteur.

POLYEUCTE.

Non, non, persécutez,
Et soyez l'instrument de nos félicités :
Celle d'un vrai chrétien n'est que dans les souffrances ;
Les plus cruels tourments lui sont des récompenses.
Dieu, qui rend le centuple aux bonnes actions,
Pour comble donne encor les persécutions.
Mais ces secrets pour vous sont fâcheux à comprendre ; 3
Ce n'est qu'à ses élus que Dieu les fait entendre.

FÉLIX.

Je te parle sans fard, et veux être chrétien.

POLYEUCTE.

Qui peut donc retarder l'effet d'un si grand bien ?

FÉLIX.

La présence importune....

POLYEUCTE.

Et de qui ? de Sévère ?

FÉLIX.

Pour lui seul contre toi j'ai feint tant de colère : 4
Dissimule un moment jusques à son départ.

POLYEUCTE.

Félix, c'est donc ainsi que vous parlez sans fard ?
Portez à vos païens, portez à vos idoles 5
Le sucre empoisonné que sèment vos paroles.
Un chrétien ne craint rien, ne dissimule rien ;
Aux yeux de tout le monde il est toujours chrétien.

FÉLIX.

Ce zèle de ta foi ne sert qu'à te séduire,
Si tu cours à la mort plutôt que de m'instruire.

POLYEUCTE.

Je vous en parlerois ici hors de saison ;
Elle est un don du ciel, et non de la raison ;
Et c'est là que bientôt, voyant Dieu face à face,
Plus aisément pour vous j'obtiendrai cette grâce.

FÉLIX.

Ta perte cependant me va désespérer.

POLYEUCTE.

Vous avez en vos mains de quoi la réparer ;
En vous ôtant un gendre, on vous en donne un autre 6
Dont la condition répond mieux à la vôtre ;
Ma perte n'est pour vous qu'un change avantageux.

FÉLIX.

Cesse de me tenir ce discours outrageux. 7
Je t'ai considéré plus que tu ne mérites ;
Mais, malgré ma bonté, qui croît plus tu l'irrites,
Cette insolence enfin te rendroit odieux ;
Et je me vengerois aussi bien que nos dieux.

POLYEUCTE.

Quoi ! vous changez bientôt d'humeur et de langage !
Le zèle de vos dieux rentre en votre courage !
Celui d'être chrétien s'échappe ! et par hasard
Je vous viens d'obliger à me parler sans fard !

FÉLIX.

Va, ne présume pas que, quoi que je te jure,
De tes nouveaux docteurs je suive l'imposture.

Je flattois ta manie, afin de t'arracher
Du honteux précipice où tu vas trébucher;
Je voulois gagner temps pour ménager ta vie [8]
Après l'éloignement d'un flatteur de Décie :
Mais j'ai trop fait d'injure à nos dieux tout-puissants :
Choisis de leur donner ton sang, ou de l'encens.

POLYEUCTE.

Mon choix n'est point douteux. Mais j'aperçois Pauline.
O ciel!

SCÈNE III.

PAULINE, FÉLIX, POLYEUCTE, ALBIN.

PAULINE.

Qui de vous deux aujourd'hui m'assassine?
Sont-ce tous deux ensemble, ou chacun à son tour?
Ne pourrai-je fléchir la nature, ou l'amour?
Et n'obtiendrai-je rien d'un époux, ni d'un père?

FÉLIX.

Parlez à votre époux. [1]

POLYEUCTE.

Vivez avec Sévère.

PAULINE.

Tigre, assassine-moi du moins sans m'outrager.

POLYEUCTE.

Mon amour, par pitié, cherche à vous soulager;
Il voit quelle douleur dans l'âme vous possède, [2]
Et sait qu'un autre amour en est le seul remède.
Puisqu'un si grand mérite a pu vous enflammer, [3]
Sa présence toujours a droit de vous charmer :

Vous l'aimiez, il vous aime; et sa gloire augmentée....

PAULINE.

Que t'ai-je fait, cruel, pour être ainsi traitée, 4
Et pour me reprocher, au mépris de ma foi,
Un amour si puissant que j'ai vaincu pour toi?
Vois, pour te faire vaincre un si fort adversaire,
Quels efforts à moi-même il a fallu me faire, 5
Quels combats j'ai donnés pour te donner un cœur 6
Si justement acquis à son premier vainqueur;
Et si l'ingratitude en ton cœur ne domine,
Fais quelque effort sur toi pour te rendre à Pauline:
Apprends d'elle à forcer ton propre sentiment; 7
Prends sa vertu pour guide en ton aveuglement;
Souffre que de toi-même elle obtienne ta vie,
Pour vivre sous tes lois à jamais asservie.
Si tu peux rejeter de si justes désirs,
Regarde au moins ses pleurs, écoute ses soupirs;
Ne désespère pas une âme qui t'adore. 8

POLYEUCTE.

Je vous l'ai déjà dit, et vous le dis encore,
Vivez avec Sévère, ou mourez avec moi. 9
Je ne méprise point vos pleurs ni votre foi;
Mais, de quoi que pour vous notre amour m'entretienne, 10
Je ne vous connois plus si vous n'êtes chrétienne.

C'en est assez : Félix, reprenez ce courroux,
Et sur cet insolent vengez vos dieux, et vous.

PAULINE.

Ah! mon père, son crime à peine est pardonnable;
Mais s'il est insensé, vous êtes raisonnable : 11

La nature est trop forte, et ses aimables traits,
Imprimés dans le sang, ne s'effacent jamais;
Un père est toujours père, et sur cette assurance
J'ose appuyer encore un reste d'espérance.

Jetez sur votre fille un regard paternel :
Ma mort suivra la mort de ce cher criminel;
Et les dieux trouveront sa peine illégitime,
Puisqu'elle confondra l'innocence et le crime,
Et qu'elle changera, par ce redoublement, [12]
En injuste rigueur un juste châtiment :
Nos destins, par vos mains rendus inséparables,
Nous doivent rendre heureux ensemble, ou misérables;
Et vous seriez cruel jusques au dernier point,
Si vous désunissiez ce que vous avez joint.
Un cœur à l'autre uni jamais ne se retire; [13]
Et pour l'en séparer il faut qu'on le déchire.
Mais vous êtes sensible à mes justes douleurs,
Et d'un œil paternel vous regardez mes pleurs.

FÉLIX.

Oui, ma fille, il est vrai qu'un père est toujours père;
Rien n'en peut effacer le sacré caractère;
Je porte un cœur sensible, et vous l'avez percé.
Je me joins avec vous contre cet insensé.

Malheureux Polyeucte! es-tu seul insensible?
Et veux-tu rendre seul ton crime irrémissible?
Peux-tu voir tant de pleurs d'un œil si détaché? [14]
Peux-tu voir tant d'amour sans en être touché?
Ne reconnois-tu plus ni beau-père ni femme,
Sans amitié pour l'un, et pour l'autre sans flamme?

Pour reprendre les noms et de gendre et d'époux,
Veux-tu nous voir tous deux embrasser tes genoux?

POLYEUCTE.

Que tout cet artifice est de mauvaise grâce ! 15
Après avoir deux fois essayé la menace,
Après m'avoir fait voir Néarque dans la mort,
Après avoir tenté l'amour et son effort, 16
Après m'avoir montré cette soif du baptême,
Pour opposer à Dieu l'intérêt de Dieu même,
Vous vous joignez ensemble ! Ah ! ruses de l'enfer ! 17
Faut-il tant de fois vaincre avant que triompher !
Vos résolutions usent trop de remise ; 18
Prenez la vôtre enfin, puisque la mienne est prise.

Je n'adore qu'un Dieu, maître de l'univers,
Sous qui tremblent le ciel, la terre et les enfers ;
Un Dieu qui, nous aimant d'une amour infinie,
Voulut mourir pour nous avec ignominie,
Et qui, par un effort de cet excès d'amour,
Veut pour nous en victime être offert chaque jour.
Mais j'ai tort d'en parler à qui ne peut m'entendre.
Voyez l'aveugle erreur que vous osez défendre :
Des crimes les plus noirs vous souillez tous vos dieux ;
Vous n'en punissez point qui n'ait son maître aux cieux.
La prostitution, l'adultère, l'inceste,
Le vol, l'assassinat, et tout ce qu'on déteste,
C'est l'exemple qu'à suivre offrent vos immortels.
J'ai profané leur temple, et brisé leurs autels ;
Je le ferois encor, si j'avois à le faire, 19
Même aux yeux de Félix, même aux yeux de Sévère,

Même aux yeux du sénat, aux yeux de l'empereur.

FÉLIX.

Enfin ma bonté cède à ma juste fureur :
Adore-les, ou meurs. [20]

POLYEUCTE.

Je suis chrétien.

FÉLIX.

Impie !
Adore-les, te dis-je, ou renonce à la vie.

POLYEUCTE.

Je suis chrétien.

FÉLIX.

Tu l'es ? O cœur trop obstiné !
Soldats, exécutez l'ordre que j'ai donné.

PAULINE.

Où le conduisez-vous ? [21]

FÉLIX.

A la mort.

POLYEUCTE.

A la gloire.
Chère Pauline, adieu ; conservez ma mémoire.

PAULINE.

Je te suivrai par-tout, et mourrai si tu meurs.

POLYEUCTE.

Ne suivez point mes pas, ou quittez vos erreurs.

FÉLIX.

Qu'on l'ôte de mes yeux, et que l'on m'obéisse.
Puisqu'il aime à périr, je consens qu'il périsse.

SCÈNE IV.

FÉLIX, ALBIN.

FÉLIX.

Je me fais violence, Albin, mais je l'ai dû ;
Ma bonté naturelle aisément m'eût perdu.
Que la rage du peuple à présent se déploie,
Que Sévère en fureur tonne, éclate, foudroie ;
M'étant fait cet effort, j'ai fait ma sûreté.
Mais n'es-tu point surpris de cette dureté ?
Vois-tu, comme le sien, des cœurs impénétrables, [1]
Ou des impiétés à ce point exécrables ?
Du moins j'ai satisfait mon esprit affligé :
Pour amollir son cœur je n'ai rien négligé ;
J'ai feint même à tes yeux des lâchetés extrêmes :
Et certes, sans l'horreur de ses derniers blasphêmes,
Qui m'ont rempli soudain de colère et d'effroi,
J'aurois eu de la peine à triompher de moi.

ALBIN.

Vous maudirez peut-être un jour cette victoire,
Qui tient je ne sais quoi d'une action trop noire,
Indigne de Félix, indigne d'un Romain,
Répandant votre sang par votre propre main. [2]

FÉLIX.

Ainsi l'ont autrefois versé Brute et Manlie ;
Mais leur gloire en a crû, loin d'en être affoiblie ;
Et quand nos vieux héros avoient de mauvais sang, [3]
Ils eussent, pour le perdre, ouvert leur propre flanc.

ALBIN.

Votre ardeur vous séduit ; mais, quoi qu'elle vous die,
Quand vous la sentirez une fois refroidie,
Quand vous verrez Pauline, et que son désespoir, 4
Par ses pleurs et ses cris, saura vous émouvoir....

FÉLIX.

Tu me fais souvenir qu'elle a suivi ce traître,
Et que ce désespoir qu'elle fera paroître
De mes commandements pourra troubler l'effet :
Va donc, cours y mettre ordre, et voir ce qu'elle fait ;
Romps ce que ses douleurs y donneroient d'obstacle ; 5
Tire-la, si tu peux, de ce triste spectacle ;
Tâche à la consoler. Va donc ; qui te retient ?

ALBIN.

Il n'en est pas besoin, seigneur, elle revient.

SCÈNE V.

PAULINE, FÉLIX, ALBIN.

PAULINE.

Père barbare, achève, achève ton ouvrage ;
Cette seconde hostie est digne de ta rage : 1
Joins ta fille à ton gendre ; ose : que tardes-tu ?
Tu vois le même crime, ou la même vertu :
Ta barbarie en elle a les mêmes matières. 2
Mon époux en mourant m'a laissé ses lumières ;
Son sang, dont tes bourreaux viennent de me couvrir, 3
M'a dessillé les yeux, et me les vient d'ouvrir.
Je vois, je sais, je crois, je suis désabusée :
De ce bienheureux sang tu me vois baptisée ;

Je suis chrétienne enfin ; n'est-ce point assez dit?
Conserve en me perdant ton rang et ton crédit,
Redoute l'empereur, appréhende Sévère : 4
Si tu ne veux périr, ma perte est nécessaire ;
Polyeucte m'appelle à cet heureux trépas ;
Je vois Néarque et lui qui me tendent les bras.
Mène, mène-moi voir tes dieux que je déteste ;
Ils n'en ont brisé qu'un, je briserai le reste.
On m'y verra braver tout ce que vous craignez,
Ces foudres impuissants qu'en leurs mains vous peignez,
Et, saintement rebelle aux lois de la naissance,
Une fois envers toi manquer d'obéissance.
Ce n'est point ma douleur que par-là je fais voir ;
C'est la grâce qui parle, et non le désespoir.
Le faut-il dire encor? Félix, je suis chrétienne. 5
Affermis par ma mort ta fortune et la mienne ;
Le coup à l'un et l'autre en sera précieux, 6
Puisqu'il t'assure en terre en m'élevant aux cieux.

SCÈNE VI. [1]

SÉVÈRE, FÉLIX, PAULINE, ALBIN, FABIAN.

SÉVÈRE.

PÈRE dénaturé, malheureux politique,
Esclave ambitieux d'une peur chimérique, [2]
Polyeucte est donc mort! et par vos cruautés
Vous pensez conserver vos tristes dignités!
La faveur que pour lui je vous avois offerte,
Au lieu de le sauver, précipite sa perte!

J'ai prié, menacé, mais sans vous émouvoir;
Et vous m'avez cru fourbe, ou de peu de pouvoir !
Eh bien, à vos dépens vous verrez que Sévère
Ne se vante jamais que de ce qu'il peut faire;
Et par votre ruine il vous fera juger
Que qui peut bien vous perdre eût pu vous protéger.
Continuez aux dieux ce service fidèle;
Par de telles horreurs montrez-leur votre zèle.
Adieu; mais quand l'orage éclatera sur vous,
Ne doutez point du bras dont partiront les coups.

FÉLIX.

Arrêtez-vous, seigneur, et d'une âme apaisée
Souffrez que je vous livre une vengeance aisée.

Ne me reprochez plus que, par mes cruautés,
Je tâche à conserver mes tristes dignités;
Je dépose à vos pieds l'éclat de leur faux lustre:
Celle où j'ose aspirer est d'un rang plus illustre;
Je m'y trouve forcé par un secret appas;
Je cède à des transports que je ne connois pas; 3
Et, par un mouvement que je ne puis entendre, 4
De ma fureur je passe au zèle de mon gendre.
C'est lui, n'en doutez point, dont le sang innocent,
Pour son persécuteur, prie un Dieu tout-puissant;
Son amour épandu sur toute la famille 5
Tire après lui le père aussi bien que la fille.
J'en ai fait un martyr; sa mort me fait chrétien:
J'ai fait tout son bonheur, il veut faire le mien.
C'est ainsi qu'un chrétien se venge et se courrouce:
Heureuse cruauté, dont la suite est si douce!

Donne la main, Pauline. Apportez des liens;
Immolez à vos dieux ces deux nouveaux chrétiens.
Je le suis, elle l'est; suivez votre colère.

PAULINE.

Qu'heureusement enfin je retrouve mon père!
Cet heureux changement rend mon bonheur parfait.

FÉLIX.

Ma fille, il n'appartient qu'à la main qui le fait.

SÉVÈRE.

Qui ne seroit touché d'un si tendre spectacle?
De pareils changements ne vont point sans miracle. 6
Sans doute vos chrétiens, qu'on persécute en vain,
Ont quelque chose en eux qui surpasse l'humain;
Ils mènent une vie avec tant d'innocence, 7
Que le ciel leur en doit quelque reconnoissance :
Se relever plus forts, plus ils sont abattus, 8
N'est pas aussi l'effet des communes vertus.
Je les aimai toujours, quoi qu'on m'en ait pu dire;
Je n'en vois point mourir que mon cœur n'en soupire;
Et peut-être qu'un jour je les connoîtrai mieux.
J'approuve cependant que chacun ait ses dieux, 9
Qu'il les serve à sa mode, et sans peur de la peine. 10
Si vous êtes chrétien, ne craignez plus ma haine;
Je les aime, Félix, et de leur protecteur
Je n'en veux pas sur vous faire un persécuteur. 11
Gardez votre pouvoir, reprenez-en la marque;
Servez bien votre Dieu, servez notre monarque.
Je perdrai mon crédit envers sa majesté,
Ou vous verrez finir cette sévérité.

Par cette injuste haine il se fait trop d'outrage.
FÉLIX.

Daigne le ciel en vous achever son ouvrage,
Et, pour vous rendre un jour ce que vous méritez,
Vous inspirer bientôt toutes ses vérités !
Nous autres, bénissons notre heureuse aventure : 12
Allons à nos martyrs donner la sépulture,
Baiser leurs corps sacrés, les mettre en digne lieu,
Et faire retentir par-tout le nom de Dieu.

FIN DE POLYEUCTE.

EXAMEN DE POLYEUCTE.

Ce martyre est rapporté par Surius au 9 de janvier. Polyeucte vivoit en l'année 250, sous l'empereur Décius; il étoit Arménien, ami de Néarque, et gendre de Félix, qui avoit la commission de l'empereur de faire exécuter ses édits contre les chrétiens. Cet ami l'ayant résolu à se faire chrétien, il déchira ces édits qu'on publioit, arracha les idoles des mains de ceux qui les portoient sur les autels pour les adorer, les brisa contre terre, résista aux larmes de sa femme Pauline, que Félix employa auprès de lui pour le ramener à leur culte, et perdit la vie par l'ordre de son beau-père, sans autre baptême que celui de son sang. Voilà ce que m'a prêté l'histoire; le reste est de mon invention.

Pour donner plus de dignité à l'action, j'ai fait Félix gouverneur d'Arménie, et ai pratiqué un sacrifice public afin de rendre l'occasion plus illustre, et donner un prétexte à Sévère de venir en cette province, sans faire éclater son amour, avant qu'il en eût l'aveu de Pauline. Ceux qui veulent arrêter nos héros dans une médiocre bonté, où quelques interprètes d'Aristote bornent leur vertu, ne trouveront pas ici leur propre compte, puisque Polyeucte va jusqu'à la sainteté, et n'a aucun mélange de foiblesse. J'en ai déjà parlé ailleurs; et, pour confirmer ce que j'en ai dit par quelques autorités, j'ajouterai ici que Minturnus, dans son *Traité du Poëte*, agite cette question, *si la passion de Jésus-Christ et les martyres des saints doivent être exclus du théâtre, à cause qu'ils passent cette médiocre bonté*, et résout en ma faveur. Le célèbre Heinsius, qui non-seulement a traduit la poétique de notre philosophe, mais a fait un traité de la constitution de la tragédie selon sa pensée, nous en a donné une sur le martyre des innocents. L'illustre Grotius a mis sur la scène la passion même de Jésus-Christ, et l'histoire de Joseph; et le savant Buchanan a fait la même chose de celle de Jephté, et de la mort de saint Jean-Baptiste. C'est sur ces exemples que j'ai hasardé ce poëme, où je me suis donné des licences qu'ils n'ont pas prises, de changer l'histoire en quelque chose, et d'y mêler des épisodes d'invention. Aussi m'étoit-il plus permis sur cette matière qu'à eux sur celle qu'ils ont choisie. Nous ne devons qu'une croyance pieuse à la vie des saints, et nous avons le même droit sur ce que nous en tirons pour le porter sur le théâtre, que sur ce que nous empruntons des autres histoires. Mais nous devons une foi chrétienne et indispensable à tout ce qui est dans la Bible, qui ne nous laisse aucune liberté d'y rien changer. J'estime toutefois qu'il ne nous est pas défendu d'y ajouter quelque chose, pourvu qu'il ne détruise rien de ces vérités dictées par le Saint-Esprit. Buchanan ni Grotius ne l'ont pas fait dans leurs poëmes, mais aussi ne les ont-ils pas rendus assez fournis pour notre théâtre, et ne s'y sont proposé pour exemple que la constitution la plus simple des anciens. Heinsius a plus osé qu'eux dans celui que j'ai nommé. Les anges qui bercent l'Enfant Jésus, et l'ombre de Mariane avec les furies qui agitent l'esprit d'Hérode, sont des agréments qu'il n'a pas trouvés dans l'Évangile. Je crois même qu'on en peut supprimer quelque chose quand il y a apparence qu'il ne plairoit pas sur le théâtre, pourvu qu'on ne mette rien en place; car alors ce seroit changer l'histoire; ce que le respect que nous devons à l'Écriture ne permet point. Si j'avois à y exposer celle de David et de Bethsabée, je ne décrirois pas comme il en devint amoureux en la voyant se baigner dans une fontaine, de peur que l'image de cette nudité ne fît une impression trop chatouilleuse dans l'esprit de l'auditeur; mais je me contenterois de le peindre avec de l'amour pour elle, sans parler aucunement de quelle manière cet amour se seroit emparé de son cœur.

Je reviens à Polyeucte, dont le succès a été très-heureux. Le style n'en est pas si fort ni si majestueux que celui de Cinna et de Pompée, mais il y a quelque chose de plus touchant; et les tendresses de l'amour humain y font un si agréable mélange avec la fermeté du divin, que sa représentation a satisfait tout ensemble les dévots et les gens du monde. A mon gré, je n'ai point fait de pièce où l'ordre du théâtre soit plus beau, et l'enchaînement des scènes mieux ménagé. L'unité d'action et celles de jour et de lieu y ont leur justesse; et les scrupules qui peuvent naître touchant ces deux dernières, se dissiperont aisément, pour peu qu'on me veuille prêter de cette faveur que l'auditeur nous doit toujours, quand l'occasion s'en offre, en reconnoissance de la peine que nous avons prise à le divertir.

Il est hors de doute que si nous appliquons ce poëme à nos coutumes, le sacrifice se fait trop tôt après la venue de Sévère, et cette précipitation sortira du vraisemblable par la nécessité d'obéir à la règle. Quand le roi envoie ses ordres dans les villes, pour y faire rendre des actions de grâces pour ses victoires, ou pour d'autres bénédictions qu'il reçoit du ciel, on ne les exécute pas dès le jour même; mais aussi il faut du temps pour assembler le clergé, les magistrats et les corps de ville, et c'est ce qui en fait différer l'exécution. Nos acteurs n'avoient ici aucune de ces assemblées à faire.

Il suffisoit de la présence de Sévère et de Félix, et du ministère du grand-prêtre, et ainsi nous n'avons eu aucun besoin de remettre ce sacrifice à un autre jour. D'ailleurs, comme Félix craignoit ce favori, qu'il croyoit irrité du mariage de sa fille, il étoit bien aise de lui donner le moins d'occasion de tarder qu'il lui étoit possible, et de tâcher, durant son peu de séjour, à gagner son esprit par une prompte complaisance, et montrer tout ensemble une impatience d'obéir aux volontés de l'empereur.

L'autre scrupule regarde l'unité de lieu, qui est

assez exacte, puisque tout se passe dans une salle ou antichambre commune aux appartements de Félix et de sa fille. Il semble que la bienséance y soit un peu forcée pour conserver cette unité au second acte, en ce que Pauline vient jusque dans cette antichambre pour trouver Sévère, dont elle devroit attendre la visite dans son cabinet. A quoi je réponds qu'elle a eu deux raisons de venir au-devant de lui. L'une, pour faire plus d'honneur à un homme dont son père redoutoit l'indignation, et qu'il lui avoit commandé d'adoucir en sa faveur; l'autre, pour rompre plus aisément la conversation avec lui, en se retirant dans ce cabinet, s'il ne vouloit pas la quitter à sa prière, et se délivrer, par cette retraite, d'un entretien dangereux pour elle; ce qu'elle n'eût pu faire, si elle eût reçu sa visite dans son appartement.

Sa confidence avec Stratonice, touchant l'amour qu'elle avoit eu pour ce cavalier, me fait faire une réflexion sur le temps qu'elle prend pour cela. Il s'en fait beaucoup sur nos théâtres, d'affections qui ont déjà duré deux ou trois ans, dont on attend à révéler le secret justement au jour de l'action qui se présente, et non-seulement sans aucune raison de choisir ce jour-là plutôt qu'un autre pour le déclarer, mais lors même que vraisemblablement on s'en est dû ouvrir beaucoup auparavant avec la personne à qui on en fait confidence. Ce sont choses dont il faut instruire le spectateur en les faisant apprendre par un des acteurs à l'autre; mais il faut prendre garde avec soin que celui à qui on les apprend, ait eu lieu de les ignorer jusque-là, aussi bien que le spectateur, et que quelque occasion, tirée du sujet, oblige celui qui les récite à rompre enfin un silence qu'il a gardé si long-temps. L'infante du Cid avoue à Léonor l'amour secret qu'elle a pour lui, et l'auroit pu faire un an ou six mois plus tôt. Cléopâtre, dans Pompée, ne prend pas des mesures plus justes avec Charmion. Elle lui conte la passion de César pour elle, comme

> Chaque jour ses courriers
> Lui portent en tribut ses vœux et ses lauriers.

Cependant, comme il ne paroît personne avec qui elle ait plus d'ouverture de cœur qu'avec cette Charmion, il y a grande apparence que c'étoit elle-même dont cette reine se servoit pour introduire ces courriers, et qu'ainsi elle devoit savoir déjà tout ce commerce entre César et sa maîtresse. Du moins il falloit marquer quelque raison qui lui eût laissé ignorer jusque-là tout ce qu'elle lui apprend, et de quel autre ministère cette princesse s'étoit servie pour recevoir ces courriers. Il n'en va pas de même ici. Pauline ne s'ouvre avec Stratonice que pour lui faire entendre le songe qui la trouble, et les sujets qu'elle a de s'en alarmer ; et comme elle n'a fait ce songe que la nuit d'auparavant, et qu'elle ne lui eût jamais révélé son secret sans cette occasion qui l'y oblige, on peut dire qu'elle n'a point eu lieu de lui faire cette confidence plus tôt qu'elle ne l'a faite.

Je n'ai point fait de narration de la mort de Polyeucte, parce que je n'avois personne pour la faire, ni pour l'écouter, que des païens qui ne la pouvoient ni écouter ni faire, que comme ils avoient fait et écouté celle de Néarque; ce qui auroit été une répétition et marque de stérilité, et en outre n'auroit pas répondu à la dignité de l'action principale, qui est terminée par-là. Ainsi j'ai mieux aimé la faire connoître par un saint emportement de Pauline, que cette mort a convertie, que par un récit qui n'eût point eu de grâce dans une bouche indigne de le prononcer. Félix, son père, se convertit après elle; et ces deux conversions, quoique miraculeuses, sont si ordinaires dans les martyres, qu'elles ne sortent point de la vraisemblance, parce qu'elles ne sont pas de ces événements rares et singuliers qu'on ne peut tirer en exemple, et elles servent à remettre le calme dans les esprits de Félix, de Sévère et de Pauline, que, sans cela, j'aurois bien eu de la peine à retirer du théâtre dans un état qui rendît la pièce complète, en ne laissant rien à souhaiter à la curiosité de l'auditeur.

REMARQUES

DE VOLTAIRE

SUR

POLYEUCTE.

REMARQUES
SUR POLYEUCTE.

ACTE PREMIER.
SCÈNE I.ère

1. Quoi ! vous vous arrêtez aux songes d'une femme !
De si foibles sujets troublent cette grande âme !

Des *songes qui sont des sujets*. Il était aisé de commencer avec plus d'exactitude et d'élégance; mais la faute est très-légère.

2. Et ce cœur, tant de fois dans la guerre éprouvé,
S'alarme d'un péril qu'une femme a rêvé !

Le mot de *rêver* est devenu trop familier : peut-être ne l'était-il pas du temps de Corneille. Il faut observer qu'il avoit déjà l'art de varier son style; il nous avertit même dans ses examens qu'il l'a proportionné à ses sujets. Toutes les pièces des autres auteurs paraissent jetées dans le même moule. Il faut convenir pourtant qu'un connaisseur reconnaîtra toujours le même fonds de style dans les pièces de Corneille qui paraissent le plus diversement écrites : c'est en effet le même tour dans les phrases, toujours un peu de raisonnement dans la passion, toujours des maximes détachées, toujours des pensées retournées en plus d'une manière. C'est le style de Rotrou, avec plus de force, d'élégance et de richesse. La manière du peintre est visible, quelque sujet que traite son pinceau. *a*

3   Je sais ce qu'est un songe, et le peu de croyance
    Qu'un homme doit donner à son extravagance ;

termes de la haute comédie. De plus, *donner de la croyance* n'est pas d'un français pur. *b*

☞ 4 Mais vous ne savez pas ce que c'est qu'une femme,

est du style bourgeois de la comédie. *c*

5 Vous ignorez quels droits elle a sur toute l'âme.

Ce mot *toute* est inutile, et fait languir le vers :

a Après avoir dit qu'*il faut observer que Corneille avoit déjà l'art de varier son style,* Voltaire ajoute : *Il faut convenir pourtant qu'un connoisseur reconnoîtra toujours le même fonds de style dans les pièces de ce poëte, qui paroissent le plus diversement écrites.* N'est-ce pas une sorte de contradiction de la part du commentateur? Des différents reproches que cette remarque adresse à Corneille, un seul nous paroît fondé : c'est d'avoir souvent retourné ses pensées.

b Des termes de haute comédie ne sont pas déplacés dans certains passages de tragédie, sur-tout dans une scène d'exposition. Il n'y a pas dans le texte : *donner de la croyance,* mais *peu de croyance.*
   Racine a dit, dans Britannicus, acte 3, scène 7 :
      Seigneur, à vos soupçons donnez moins de *créance.*
Voltaire a fait dire à Vendôme, dans Adélaïde Duguesclin :
      A sa perte, en un mot, donnons moins de *créance.*

c Le sens d'un mot est souvent ce qui en relève l'expression. *Ce qu'est une femme,* signifiant ici quel est le pouvoir d'une femme, cette expression semble n'avoir rien de trop bourgeois.

une vaine épithète affaiblit toujours la diction et la pensée. *a*

6 Pauline, sans raison dans la douleur plongée,
   Craint et croit déjà voir ma mort qu'elle a songée.

On ne peut dire que dans le burlesque *songer une mort.* *b*

7 Et mon cœur, attendri sans être intimidé,
   N'ose déplaire aux yeux dont il est possédé ;

expression impropre, vicieuse : on ne peut dire, *être possédé des yeux.*

8 Par un peu de remise épargnons son ennui
   Pour faire en plein repos ce qu'il trouble aujourd'hui.

Cela est à peine intelligible. Ce style est trop à la fois négligé et forcé. Pour juger si des vers sont mauvais, mettez-les en prose ; si cette prose est incorrecte, les vers le sont. *Épargnons son ennui par un peu de remise, pour faire en plein repos ce qu'il trouble.* Vous voyez combien une telle phrase révolte. Les vers doivent avoir la clarté, la pureté de la prose la plus correcte, et l'élégance, la force, la hardiesse, l'harmonie de la poésie.

Ce qui est assez singulier, c'est que Corneille, dans la première édition de Polyeucte, avait mis :

Remettons ce dessein qui l'accable d'ennui ;
Nous le pourrons demain aussi bien qu'aujourd'hui ;

et dans toutes les autres éditions qu'il fit faire, il

---

a Le mot *toute* sert à peindre plus fortement les droits d'une épouse sur l'âme de son mari.

b *Qu'elle a songée,* pour qu'elle a vue en songe, n'a rien de burlesque, mais ne doit pas être imité.

corrigea ces deux vers de la manière dont nous les imprimons dans le texte. Apparemment on avait critiqué *remettre un dessein,* parce qu'on remet à un autre jour l'accomplissement, l'exécution, et non pas le dessein. On avait pu aussi blâmer, *nous le pourrons demain,* parce que ce *le* se rapporte à *dessein,* et que *pouvoir un dessein* n'est pas français. Mais en général il vaut mieux pécher un peu contre l'exactitude de la syntaxe, que de faire des vers obscurs et mal tournés. La première manière était, à la vérité, un peu fautive, mais elle vaut beaucoup mieux que la seconde. Tout cela prouve que la versification française est d'une difficulté presque insurmontable *a*

9   Et Dieu, qui tient votre âme et vos jours dans sa main,
Promet-il à vos vœux de le vouloir demain?

Est-ce Dieu qui *promet de vouloir demain,* ou qui promet que Polyeucte voudra? Un écrivain ne doit jamais tomber dans ces amphibologies; on ne les permet plus. *b*

a On conviendra que les deux vers de Corneille ne sont pas bons, et que pour les entendre il faut expliquer *ce qu'il trouble aujourd'hui* par *ce qu'il empêche de faire aujourd'hui;* mais le principe établi par Voltaire n'en est pas moins faux. Voyez les observations générales, titre *Des bons Vers.*

b Cette tournure est embarrassée, mais n'est point amphibologique, puisqu'on ne peut admettre que Dieu ne veuille pas le lendemain que Polyeucte reçoive le baptême.

ACTE I, SCÈNE I.

10 Il est toujours tout juste et tout bon ; mais sa grâce
Ne descend pas toujours avec même efficace ;
Après certains moments que perdent nos longueurs,
Elle quitte ces traits qui pénètrent les cœurs.

Tous ces vers sont rampants, trop négligés, trop du style familier des livres de dévotion. *Après certains moments*, etc. cela sent plus le style comique que le tragique.

11 Le bras qui la versoit en devient plus avare.

Il y avait dans les premières éditions :

Le bras qui la versoit s'arrête et se courrouce :
Notre cœur s'endurcit, et sa pointe s'émousse.

Il faut avouer qu'aujourd'hui on ne souffriroit pas *un bras qui verse une grâce*. *a*

12 Et, pour quelques soupirs qu'on vous a fait ouïr,
Sa flamme se dissipe, et va s'évanouir.

Ce mot *ouïr* ne peut guère convenir à des *soupirs*. Quand Racine, dans son style châtié, toujours élégant, toujours noble, et d'autant plus hardi qu'il le paraît moins, fait dire à Andromaque,

. . . . Ah ! seigneur, vous entendiez assez
Des soupirs qui craignoient de se voir repoussés ;

le mot d'*entendre* signifie là *comprendre, connaître ; vous connaissez mon cœur par mes soupirs*. *b*

a Cette métaphore est hardie, mais elle n'est pas pas plus vicieuse que celle de J. B. Rousseau, *verser un regard*, qu'on trouve fort belle, dans son ode au comte Du Luc.

b Le mot *ouïr* s'emploie rarement, mais nous ne voyons pas de raison pour le condamner dans ce vers.

13 Ainsi du genre humain l'ennemi vous abuse.

Ce langage familier de la dévotion parut d'abord extraordinaire : on venait de jouer sainte Agnès, d'un Puget de la Serre ; elle était tombée : sa chute donna mauvaise opinion de saint Polyeucte à l'hôtel de Rambouillet. Le cardinal de Richelieu le condamna comme le Cid. C'est ce que nous apprend l'abbé Hédelin d'Aubignac, ennemi de Corneille, et qui croyait être son maître.

Remarquez que cette périphrase, *l'ennemi du genre humain,* est noble, et que le nom propre eût été ridicule. Le vulgaire se représente le diable avec des cornes et une longue queue; *l'ennemi du genre humain* donne l'idée d'un être terrible qui combat contre Dieu même. Toutes les fois qu'un mot présente une image ou basse, ou dégoûtante, ou comique, ennoblissez-la par des images accessoires; mais aussi ne vous piquez pas de vouloir ajouter une grandeur vaine à ce qui est imposant par soi-même. Si vous voulez exprimer que le roi vient, dites *le roi vient;* et n'imitez pas le poëte qui, trouvant ces mots trop communs, dit :

Ce grand roi roule ici ses pas impérieux.

14 Ce qu'il ne peut de force, il l'entreprend de ruse.

De force, de ruse, cela est lâche, et n'est pas d'un français pur. On n'entreprend point de ruse. *a*

---

a Un des priviléges de la poésie est d'employer une préposition à la place d'une autre : le *de* évite ici la rudesse de *peut par.* Ne seroit-il pas ridicule de dire :

Ce qu'il ne *peut par* force, il l'entreprend *par* ruse?

16 Jaloux des bons desseins qu'il ne peut ébranler,
 Quand il ne les peut rompre, il pousse à reculer.

Les rompre, demi-rompu, rompez. Ce mot *rompre,* si souvent répété, est d'autant plus vicieux, qu'on ne dit ni *rompre un dessein,* ni *rompre un coup.*

16 D'obstacle sur obstacle il va troubler le vôtre,
 Aujourd'hui par des pleurs, chaque jour par quelque autre.

Après *par des pleurs* il fallait spécifier un autre obstacle. *Chaque jour par quelque autre :* il semble que ce soit par quelque autre pleur. Le sens est clair, à la vérité, mais la phrase ne l'est pas.

Ici le sens me choque, et plus loin c'est la phrase.
BOILEAU.

Ces petites négligences multipliées se font plus sentir à la lecture qu'au théâtre : rien ne doit échapper aux lecteurs qui veulent s'instruire. Quand Virgile eut appris aux Romains à faire des vers toujours nobles et élégants, il ne fut plus permis d'écrire comme Ennius.

17 Sur mes pareils, Néarque, un bel œil est bien fort.

On ne dirait plus aujourd'hui, *sur mes pareils,* ni *un bel œil.* Ce terme de *pareil* dont Rotrou et Corneille se sont toujours servis, et que Racine n'employa jamais, semble caractériser une petite vanité bourgeoise. *Un bel œil* est toujours ridicule, et beaucoup plus dans un mari que dans un amant. *Fâcher un bel œil* est encore pis. [a]

[a] Si Voltaire s'étoit borné à critiquer l'expression *un bel œil,* on pourroit partager son opinion ; mais *sur mes pareils* au lieu de

18 . . . . Apaisez donc sa crainte.

On apaise la colère, et non la crainte.

19 Fuyez un ennemi qui sait votre défaut,
Qui le trouve aisément, qui blesse par la vue,
Et dont le coup mortel vous plaît quand il vous tue.

Plusieurs personnages ont cru que Néarque ne devait pas parler ainsi d'une épouse : que dirait-il de plus si c'était une maîtresse? Le mot *tue* semble ici un peu trop fort; car, après tout, une complaisance de quelques heures pour sa femme tuerait-elle l'âme de Polyeucte? *a*

SCÈNE II.

1 Mais enfin il le faut.

Voilà trois fois de suite *il le faut*. Cette inadvertance n'ôte rien à l'intérêt qui commence à naître dès la première scène; et quoique le style soit souvent incorrect et négligé, il est toujours au-dessus de son siècle.

sur ceux qui sentent comme moi, pourra se dire en tous temps; et certes, cette même expression ne caractérise point une petite vanité bourgeoise : par exemple, dans la bouche de Rodrigue,

Mes pareils à deux fois ne se font pas connoître;

mais elle peint à-la-fois l'importement de la jeunesse et l'orgueil castillan.

a Le mot *tue* n'est pas trop fort dans la bouche de Néarque; il convient parfaitement à son opinion, et vient naturellement après ce qu'il a dit : *Ce qu'on diffère est à moitié rompu.*

ACTE I, SCÈNE III.

☛ ² Ne craignez rien de mal pour une heure d'absence,

est encore du style comique. *a*

SCÈNE III.

¹ Tu vois, ma Stratonice, en quel siècle nous sommes :
Voilà notre pouvoir sur les esprits des hommes.

Ces deux vers sentent la comédie. Le peu de rimes de notre langue fait que pour rimer à *hommes* on fait venir comme on peut le *siècle où nous sommes*, *l'état où nous sommes*, *tous tant que nous sommes*.

Cette gêne ne se fait que trop sentir en mille occasions ; et c'est une preuve de la prodigieuse supériorité des langues grecque et latine sur les langues modernes. La seule ressource est d'éviter, si l'on peut, ces malheureuses rimes, et de chercher un autre tour ; la difficulté est prodigieuse, mais il la faut vaincre. *b*

² Mais après l'hyménée ils sont rois à leur tour.

Ce vers a passé en proverbe. Il n'est pas, à la vérité, de la haute tragédie, mais cette naïveté ne peut déplaire.

Et tragicus plerumque dolet sermone pedestri.

a Substituez de l'élégance à la naïveté et à la simplicité qui règnent dans ces deux scènes, et les personnages parleront un langage contraire à leur situation.

b Ces deux vers ne sont sûrement pas déplacés ici. Le premier n'offre point ce qu'on appelle communément une cheville ; Corneille n'a point couru après la rime ; c'est le sens des vers qui l'a amenée, comme les vers ont été amenés par la situation où se trouve Pauline.

Il y a ici une remarque bien plus importante à faire. Il s'agit de la vie de Polyeucte. Pauline croit que le fanatique Néarque va livrer son mari aux mains des assassins, et elle s'amuse à dire : *Voilà notre pouvoir sur les hommes dans le siècle où nous sommes, etc.* Si elle est réellement si effrayée, si elle craint pour la vie de Polyeucte, c'est de cette crainte qu'elle devait d'abord parler ; elle devait même la confier à son mari, et ne pas attendre son départ pour raconter son rêve à une confidente. *a*

---

a Cette remarque n'est vraiment importante que par le nombre d'erreurs que Voltaire y a accumulées ; 1.º *Pauline* CROIT *que le fanatique Néarque va livrer son mari*, etc. Pauline *craint* seulement : voici ses expressions : *Qui* PEUT-ÊTRE *te livre aux mains des assassins*. Elle ignore où va son mari ; elle lui dit :

Quel sujet si pressant à sortir vous convie ?
Y va-t-il de l'honneur, y va-t-il de la vie ?

2.º *C'est de cette crainte qu'elle devoit d'abord parler*. C'est aussi ce qu'elle a fait en voyant sortir Polyeucte :

Va, néglige mes pleurs ; cours et te précipite, etc.

3.º *Elle devoit même la confier à son mari, et ne pas attendre son départ pour raconter son rêve à une confidente*. Mais elle a fait part de son rêve à son mari ; elle lui a témoigné toutes ses craintes. C'est son rêve qui troubloit Polyeucte, quand Néarque lui a dit :

Quoi ! vous vous arrêtez au songe d'une femme ?

La crainte que la sortie de Polyeucte avec Néarque inspire à Pauline n'a point de motif particulier. Néarque est l'ami de Polyeucte ; il y auroit donc une marque de défiance déplacée, une inconvenance frappante à témoigner, en sa présence, quelque crainte de lui, sur-tout lorsque cette crainte est si légère, *qui peut-être te livre*.

3 Polyeucte pour vous ne manque point d'amour.

Manquer d'amour est d'une prose trop faible. *a*

4 S'il ne vous traite ici d'entière confidence....

Cela n'est pas français; c'est un barbarisme de phrase.

5 S'il part malgré vos pleurs, c'est un trait de prudence.

Expression de la haute comédie, mais que la tragédie ne peut souffrir. *b*

6 Sans vous en affliger, présumez avec moi
Qu'il est plus à propos qu'il vous cèle pourquoi.

Ce dernier vers ou cette ligne tient trop du bourgeois. C'est une règle assez générale qu'un vers héroïque ne doit guère finir par un adverbe, à moins que cet adverbe ne se fasse à peine remarquer comme adverbe; je ne le verrai *plus*, je ne l'aimerai *jamais*. *Pourquoi* pourrait être employé à la fin d'un vers quand le sens est suspendu :

> Eh! comment et pourquoi
> Voulez-vous que je vive,
> Quand vous ne vivez pas pour moi?
> QUINAULT.

Mais alors ce *pourquoi* lie la phrase. Vous ne trouverez jamais dans le style noble, *Il m'a dit pourquoi; je sais pourquoi* : la nuance du simple et du familier est délicate, il faut la saisir.

a Nous ne croyons pas qu'il y ait d'autre expression convenable au personnage et à la situation.

b Nous pensons qu'à l'exception des scènes les plus imposantes d'une tragédie, le style de la haute comédie ne peut y être déplacé.

7 Il est bon qu'un mari nous cache quelque chose.

Ce vers est absolument comique et même burlesque. *a*

8 On n'a tous deux qu'un cœur qui sent mêmes traverses.

Cette expression ne paraît pas d'abord française, elle l'est cependant : *Est-on allé là ? on y est allé deux.* Mais c'est un gallicisme qui ne s'emploie que dans le style très-familier. *Mêmes traverses, fonctions diverses;* cela n'est pas assez élégamment écrit, et l'idée est un peu subtile. Rien n'est véritablement beau que ce qui est écrit naturellement, avec élégance et pureté : on ne saurait trop avoir ces règles devant les yeux. *b*

9 Et la loi de l'hymen qui vous tient assemblés
N'ordonne pas qu'il tremble alors que vous tremblez.

Le mot propre est *unis;* on ne peut se servir de celui d'*assembler* que pour plusieurs personnes.

10 Un songe en notre esprit passe pour ridicule. . . .
Mais il passe dans Rome avec autorité
Pour fidèle miroir de la fatalité.

Les mots de *ridicule* et de *miroir* doivent être bannis des vers héroïques; cependant on pourrait

---

a Le ton naïf qui règne dans cette scène a empêché Corneille de s'apercevoir qu'il sortoit des bornes de la tragédie. Ce vers ne nous paroît pas plus burlesque que celui employé par Voltaire dans sa tragédie de Zulime, à qui l'on dit :

Dans ce moment, madame, on vient vous assiéger.

b On conçoit facilement pourquoi Voltaire préfère l'élégance du style à la naïveté ; mais nous croyons que les vers qui sont l'objet de cette remarque manquent de clarté.

se servir du terme *ridicule* pour jeter de l'opprobre sur quelque chose que d'autres respectent. Tout dépend de l'art avec lequel les mots sont placés.

Il est à remarquer que, du temps de l'empereur Décie, les Romains n'avaient nulle foi aux songes; les honnêtes gens ne connaissaient plus de superstitions. On dit bien *miroir de l'avenir*, parce qu'on est supposé voir l'avenir comme dans un miroir; mais on ne peut dire *miroir de la fatalité*, parce que ce n'est pas cette fatalité qu'on voit, mais les événements qu'elle amène. *a*

11 Quelque peu de crédit que chez vous il obtienne, etc.

Le mot de *crédit* est impropre. Un songe n'obtient point de crédit. *b*

12 A raconter ses maux souvent on les soulage.

Ce vers est un peu familier; et il faut *en racontant*, et non *à raconter*. *c*

a Les mots *ridicule* et *miroir* ne doivent pas plus que d'autres être bannis de la poésie héroïque, puisque le critique convient que *tout dépend de l'art avec lequel les mots sont placés*. Il en résulte seulement que le mot *ridicule* n'est pas bien placé dans le vers critiqué.

Voltaire finit sa remarque par une mauvaise chicane, en faisant observer que, du temps de l'empereur Décie, les Romains n'avoient nulle foi aux songes. Il suffit, pour justifier Corneille, que cette superstition soit reconnue avoir long-temps subsisté à Rome.

b *Obtenir du crédit* veut dire inspirer de la confiance. Pourquoi ne pourroit-on pas dire qu'un songe obtenoit du crédit chez les Romains, puisqu'il leur inspiroit de la confiance?

c Ce vers n'est pas plus familier que celui de Racine :

Que croira-t-on de vous à voir ce que vous faites?

13. Ce n'est qu'en ces assauts qu'éclate la vertu,
　Et l'on doute d'un cœur qui n'a point combattu.

Plusieurs personnes ont trouvé que Pauline ne devait pas débuter par dire un peu crûment qu'elle a eu *d'autres amours*, et qu'une coquette ne s'exprimerait pas autrement; d'autres disent que Corneille avait la simplicité d'un grand homme, et qu'il la donne à Pauline.

On peut remarquer ici que Corneille étale presque toujours en maxime ce que Racine mettait en sentiment. Il y a peut-être une espèce d'appareil, une petite affectation dans une nouvelle mariée, à dire ainsi qu'une femme d'honneur peut raconter ses amours. On sent que c'est le poëte qui débite ses pensées et qui prépare une excuse pour Pauline. Si Pauline n'avait pas combattu, voudrait-elle qu'on doutât de sa conduite? Une femme est-elle moins estimée pour n'avoir aimé que son mari? faut-il absolument qu'elle ait un autre amour pour qu'on ne doute pas de sa vertu? *a*

et que cet autre de Corneille :

　A vaincre sans péril, on triomphe sans gloire.

Le seul défaut de ces trois vers est de ne pouvoir pas être mis en prose correcte, suivant le principe établi par Voltaire, principe combattu dans les observations générales.

a Pauline a dit elle-même, en commençant, et Corneille le répète dans l'examen de Polyeucte, qu'elle ne s'ouvre à Stratonice que pour lui faire comprendre le songe qui la trouble et les sujets qu'elle a de s'alarmer : en effet, le songe de Pauline ne voudroit rien dire pour quelqu'un qui ignoreroit les premières amours de cette jeune épouse.

14 Dans Rome, où je naquis, ce malheureux visage
   D'un chevalier romain captiva le courage.

Ce malheureux visage..... cette expression est condamnée comme burlesque.

15 Est-ce lui.. ; . . . .
   Qui leur tira mourant la victoire des mains ? . . .

Tirer la victoire des mains, expression impropre et un peu basse aujourd'hui; peut-être ne l'était-elle pas alors.

16 Et fit tourner le sort des Perses aux Romains.

Le sort ne peut être employé pour *la victoire;* mais le sens est si clair, qu'il ne peut y avoir d'équivoque. *Tourner le sort,* n'est pas heureux. *a*

17 La digne occasion d'une rare constance !

Stratonice pourrait parler ainsi avant le mariage, mais non après. Ce vers est trop d'une soubrette.

18 Dis plutôt d'une indigne et folle résistance.
   Quelque fruit qu'une fille en puisse recueillir,
   Ce n'est une vertu que pour qui veut faillir.

Le fruit recueilli par une fille ne présente pas un sens clair; et si par ce fruit Pauline entend la possession d'un amant, ce discours paraît peu convenable à une nouvelle mariée. Racine a employé cette expression dans Phèdre :

Hélas ! du crime affreux dont la honte me suit
Jamais mon triste cœur n'a recueilli le fruit.

a Le mot *sort* est employé ici pour *la fortune,* et non pour *la victoire;* or, on ne voit pas pourquoi il n'est pas heureux de dire *fit tourner la fortune.*

Mais cela veut dire, *Je n'ai jamais goûté de douceur dans ma passion criminelle.* ᵃ

19 Parmi ce grand amour que j'avois pour Sévère,
  J'attendois un époux de la main de mon père.

Parmi ce grand amour est un solécisme. *Parmi* demande toujours un pluriel ou un nom collectif.

20 Et lui, désespéré, s'en alla dans l'armée
  Chercher d'un beau trépas l'illustre renommée.

La renommée ne convient point à *trépas* : ce mot ne regarde jamais que la personne, parce que *renommée* vient de *nom*; la renommée d'un guerrier; la gloire d'un *trépas* : mais la poésie permet ces licences.

21 Je donnai par devoir à son affection
  Tout ce que l'autre avoit par inclination.

Rien ne paraît plus neuf, plus singulier, et d'une nuance plus délicate. Quoi qu'on en dise, ce sentiment peut être très-naturel dans une femme sensible et honnête. Ceux qui ont dit qu'ils ne voudraient de Pauline ni pour femme ni pour maîtresse, ont dit un bon mot qui ne dérobe rien à la beauté extraordinaire du caractère de Pauline. Il serait à souhaiter que ces vers fussent aussi délicats par

---

ᵃ Voltaire a voulu absolument voir une coquette dans Pauline. C'est d'après cette opinion qu'il interprète tout ce qu'elle dit. Il prétend qu'elle ne s'exprime pas clairement ; cependant, après le mot *résistance*, la phrase *quelque fruit qu'une fille en puisse recueillir*, offre un sens très-clair. Il est impossible de ne pas entendre : quelque avantage qu'une fille puisse recueillir de sa résistance.

ACTE I, SCÈNE III.

l'expression que par le sentiment. *Affection, inclination,* ne terminent pas un vers heureusement.

22 Si tu peux en douter, juge-le par la crainte
Dont en ce triste jour tu me vois l'âme atteinte.

Il faut éviter ces *le* après les verbes. *Juges-en* ne serait pas moins dur.

Fuyez des mauvais sons le concours odieux.
BOILEAU.

23 Hélas! c'est de tout point ce qui me désespère....
Là ma douleur trop forte a brouillé ces images;
Le sang de Polyeucte a satisfait leurs rages.

De tout point, brouiller des images, sont des termes bannis du tragique. *Rages* ne se dit plus au pluriel, je ne sais pourquoi, car il faisait un très-bel effet dans Malherbe et dans Corneille. Craignons d'appauvrir notre langue.

Plusieurs personnes ont entendu dire au marquis de Saint-Aulaire, mort à l'âge de cent ans, que l'hôtel de Rambouillet avait condamné ce songe de Pauline. On disait que, dans une pièce chrétienne, ce songe est envoyé par Dieu même, et que dans ce cas Dieu, qui a en vue la conversion de Pauline, doit faire servir ce songe à cette même conversion; mais qu'au contraire il semble uniquement fait pour inspirer à Pauline de la haine contre les chrétiens; qu'elle voit des chrétiens qui assassinent son mari, et qu'elle devait voir tout le contraire.

...... Des chrétiens une impie assemblée....
A jeté Polyeucte aux pieds de son rival.

Ce qu'on pourrait encore reprocher peut-être à

ce songe, c'est qu'il ne sert de rien dans la pièce; ce n'est qu'un morceau de déclamation. Il n'en est pas ainsi du songe d'Athalie, envoyé exprès par le Dieu des Juifs; il fait entrer Athalie dans le temple pour lui faire rencontrer ce même enfant qui lui est apparu pendant la nuit, et pour amener l'enfant même, le nœud et le dénoûment de la pièce : un pareil songe est à-la-fois sublime, vraisemblable, intéressant et nécessaire; celui de Pauline est à la vérité un peu hors d'œuvre; la pièce peut s'en passer. L'ouvrage serait sans doute meilleur s'il y avait le même art que dans Athalie; mais si ce songe de Pauline est une moindre beauté, ce n'est point du tout un défaut choquant; il y a de l'intérêt et du pathétique. On fait souvent des critiques judicieuses qui subsistent, mais l'ouvrage qu'elles attaquent subsiste aussi. *a*

24 Voilà quel est mon songe.

STRATONICE.
Il est vrai qu'il est triste.

Cette naïveté fait toujours rire le parterre; je

---

a La critique de l'hôtel Rambouillet n'est pas judicieuse, quoi qu'en dise Voltaire ; elle n'est que subtile. Le songe qu'a eu Pauline doit en effet lui faire détester les chrétiens ; dès-lors il ne peut lui être envoyé par Dieu, mais bien par le démon, et c'est ce qu'a dit Néarque. Après avoir parlé de l'ennemi du genre humain, il ajoute :

Et ce songe, rempli de noires visions,
N'est que le coup d'essai de ses illusions.

Ainsi, en supposant que l'on ait fait à l'hôtel Rambouillet la critique dont parle Voltaire, c'est faute d'avoir entendu ce que Néarque a dit.

ACTE I, SCÈNE IV.

n'en ai jamais trop connu la raison : on pouvait s'exprimer avec un tour plus noble ; mais la simplicité n'est-elle pas permise dans une confidente? ses expressions ici ne sont point comiques.

À l'égard du songe, s'il n'a pas l'extrême mérite de celui d'Athalie, qui fait le nœud de la pièce ; il a le mérite de celui de Camille ; il prépare.

25 La vision de soi peut faire quelque horreur.

La vision est bannie du genre noble, et *de soi* l'est de tous les genres.

SCÈNE IV.

1 Sévère n'est point mort.
PAULINE.
Quel mal nous fait sa vie !

Sévère n'est point mort..... Ce mot seul fait un beau coup de théâtre. Et combien la réponse de Pauline est intéressante ! Que le lecteur me pardonne de remarquer quelquefois ces beautés, qu'il sent assez sans qu'on les lui indique.

2 Le destin, aux grands cœurs si souvent mal propice,
Se résout quelquefois à leur faire justice.

Il n'y a que ce mot *mal propice* qui gâte cette belle et naturelle réflexion de Pauline. *Mal* détruit *propice* : il faut *peu propice*.

3 Il vient ici lui-même. — Il vient ! — Tu vas le voir. —
C'en est trop. Mais comment le pouvez-vous savoir ?

Il n'est pas naturel qu'un gouverneur d'Arménie ne sache pas de si grands événements arrivés dans la Perse, qui touche à l'Arménie, et qu'il ne les apprenne que par l'arrivée de Sévère : il ne paraît pas convenable qu'il ne soit instruit que par un subalterne à qui les gens de Sévère ont parlé. Il est encore assez extraordinaire que Sévère, devenu tout d'un coup favori sans que le gouverneur d'Arménie en ait rien su, quitte la cour et l'armée pour aller faire sans raison un sacrifice qu'il pouvait mieux faire sur les lieux. Qu'eût-on dit de Turenne, s'il eût quitté l'Alsace pour aller faire chanter un *Te Deum* en Champagne? Mais Sévère vient pour épouser Pauline. L'Arménie est frontière de Perse; il a dû savoir que Pauline était mariée; il a dû s'informer d'elle tous les jours; Félix n'a point marié sa fille sans en avertir l'empereur. Il fallait inventer une fable qui fût plus vraisemblable : toutefois le défaut de vraisemblance laisse souvent subsister l'intérêt. Le spectateur est entraîné par les objets présents, et on pardonne presque toujours ce qui amène de grandes beautés. *a*

4 Un gros de courtisans en foule l'accompagne.

Ce vers convient moins à un gouverneur de province qu'à un homme du commun, que cette foule de suivants éblouit. Le récit de toutes ces aventures, arrivées dans le voisinage de Félix, fait trop voir

a Félix n'a pu savoir la cure de Sévère, puisqu'elle a été faite secrètement. Ce général est venu en Arménie, non sans raison, comme dit Voltaire, mais par un ordre de l'empereur. Sévère n'a pu apprendre en Perse le mariage de Pauline, puisqu'il étoit à Rome quand ce mariage s'est fait, quinze jours auparavant. La fable imaginée par Corneille n'est donc pas invraisemblable.

ACTE I, SCÈNE IV.

que Félix devait en être instruit. Cette cure secrète de Sévère est un mauvais artifice, qui n'empêche pas que la cure ne soit publique. L'auteur, en voulant ménager une surprise, a oublié toute la vraisemblance.

☞ 5 Vous savez les honneurs qu'on fit faire à son ombre.

Il faudrait, *qu'on rendit.*

6 Après qu'entre les morts on ne le put trouver :
Le roi de Perse aussi l'avoit fait enlever.

Ces vers sont trop négligés; la syntaxe y est violée. *Le roi de Perse l'avait fait enlever ; qu'on ne put le trouver*: c'est un solécisme ; ce *que* ne se rapporte à rien. Ce récit d'ailleurs est trop dans la forme d'une relation ; c'est dans ces détails qu'il faut déployer ses richesses et les ressources de la langue. *a*

☞ 7 Il en fit prendre soin, la cure en fut secrète.

Pourquoi la cure en fut-elle secrète ? cela n'est point du tout vraisemblable ; on ne fait point guérir secrètement un guerrier dont on honore la valeur publiquement. *b*

---

a Souvent Voltaire, pour les soumettre à sa critique, sépare des vers qui doivent être lus de suite ; c'est ce qu'il a fait ici, et de plus, il en a réuni deux qui sont séparés par la ponctuation :

Vous savez les honneurs qu'on fit faire à son ombre,
Après qu'entre les morts on ne le put trouver.

Ce sens est clair, *que* se rapporte à *après* : le vers suivant explique la raison pour laquelle on ne trouva point le corps de Sévère.

Le roi de Perse aussi l'avoit fait enlever.

b La cure de Sévère fut secrète, parce que le roi de Perse, qui désiroit l'attacher à sa personne, vouloit, jusqu'à ce qu'il y fût parvenu, que l'empereur Décie restât dans la conviction que Sévère avoit été tué. Rien ne paroît plus vraisemblable.

☞ 8 L'empereur, qui lui montre une amour infinie,
Après ce grand succès l'envoie en Arménie.

Il n'est point du tout naturel que l'empereur envoie son libérateur et son favori en Arménie porter une nouvelle. *a*

9 Et j'ai couru, seigneur, pour vous y disposer.

Ce *disposer* ne se rapporte à rien ; il veut dire, *pour vous disposer à le recevoir.*

10 Ah! sans doute, ma fille, il vient pour t'épouser.

Cette idée de Félix, que Sévère vient pour épouser sa fille, condamne encore son ignorance. Sévère ne devait-il pas lui expédier un exprès de la frontière, lui écrire, l'instruire de tout, et lui demander Pauline? N'était-il pas infiniment plus raisonnable que Félix dît à sa fille : Sévère n'est point mort; il arrive, il m'écrit, il vous demande pour épouse? En ce cas, Pauline ne lui aurait pas répondu par ce vers comique: *Cela pourroit bien être.* Mais ici elle doit répondre : « *Cela ne doit pas être* ; il fait trop peu de cas de vous, il ne vous écrit point; vous ne savez sa victoire que par ses valets ; s'il voulait m'épouser, il ne vous traiterait pas avec tant de mépris. » *b*

a Il n'est pas dit pourquoi l'empereur a envoyé Sévère en Arménie, et ce seroit une puérilité que de supposer que c'est pour y apporter une nouvelle.

b Sévère ne devoit pas écrire à Félix pour lui demander Pauline, puisqu'il vouloit, avant tout, savoir s'il étoit encore aimé d'elle. Il devoit d'autant moins écrire, qu'il avoit essuyé un refus du père

11 Ton courage étoit bon, ton devoir l'a trahi.

On dit bien dans le style familier, *tu as bon courage*, mais non pas *ton courage est bon*. L'auteur veut dire, *tu pensais mieux que moi.... le ciel t'inspirait... ton cœur ne se trompait pas.*

12 Ménage en ma faveur l'amour qui le possède,
Et d'où provient le mal fais sortir le remède.

Félix n'annonce-t-il pas par ce vers le caractère le plus bas et le plus lâche? Ces expressions bourgeoises, *fais sortir le remède*, ne portent-elles pas dans l'esprit l'idée que sa fille doit faire des caresses à Sévère pour l'apaiser? Devait-il craindre qu'un courtisan poli d'un empereur juste vînt persécuter le père et la fille parce qu'il n'a pas épousé Pauline? Ne serait-ce pas en partie la raison pour laquelle l'hôtel de Rambouillet et le cardinal de Richelieu refusèrent leur suffrage à Polyeucte? *a*

13 Il est toujours aimable, et je suis toujours femme.

Ce combat de Pauline, qui dit deux fois qu'elle est femme; et de Félix, qui, malgré ce danger, veut absolument que Pauline voie son ancien amant, n'aurait-il pas quelque chose de comique plus que

de sa maîtresse, et qu'il n'avoit plus besoin de son consentement, au moyen des lettres que l'empereur lui avoit données.
La marche que Voltaire voudroit que Sévère eût tenue, est absolument contraire aux intentions qu'il manifeste à son arrivée, scène première du second acte, où il déploie l'un des plus beaux caractères que nous ayons au théâtre.

a Les caractères doivent s'annoncer tels qu'ils sont. Corneille n'a pas eu l'intention de donner un caractère noble à Félix.

de tragique? *Je suis toujours femme* est une expression bourgeoise.

14 Je n'ose m'assurer de toute ma vertu.

Cela contredit ce bel hémistiche, *elle vaincra sans doute*. Il n'est point du tout convenable qu'une femme dise, *je ne réponds pas de ma vertu*; mais qu'elle le dise après quinze jours de mariage, cela paraît bien peu décent. *a*

15 Je ne le verrai point. — Il faut le voir, ma fille,
Ou tu trahis ton père et toute ta famille.

Malheureuse preuve de l'esclavage de la rime! *toute ta famille* pour rimer à *fille* ; toute la *province* pour rimer avec *prince*. On ne tombe plus guère aujourd'hui dans ces fautes; mais la rime gêne toujours, et met souvent de la langueur dans le style. *b*

16 Jusqu'au-devant des murs je vais le recevoir.

On va au-devant de quelqu'un, mais non au-de-

---

a Comment pourroit-on ne pas croire que Voltaire a eu l'intention de décrier Corneille, lorsqu'on le voit sans cesse changer les expressions du texte, pour en substituer qui prêtent davantage à la critique? Certes, ces mots, *Je ne réponds pas de ma vertu,* ne seroient pas décents; mais ceux que prononce Pauline, *Je n'ose m'assurer de toute ma vertu*, ne présentent pas la même idée. D'ailleurs, toute la scène peut-elle laisser aucun doute sur la vertu de l'épouse de Polyeucte? Ne voit-on pas qu'elle craint seulement, comme elle le dit, *ce combat, ces troubles* que la femme la plus vertueuse éprouvera en revoyant un homme qu'elle auroit désiré épouser?

b Les mots *toute ta famille*, ne me paroissent point là pour la rime, mais pour exprimer que Sévère, qui a sujet d'en vouloir à Félix, peut le perdre et toute sa famille.

vant des murs; on va recevoir hors des murs, au-delà des murs. *a*

17 Rappelle cependant tes forces étonnées.

On n'a jamais dit *les forces* d'une femme en pareil cas.

ACTE SECOND.

SCÈNE I.ère

1 Cependant que Félix donne ordre au sacrifice,
Pourrai-je prendre un temps à mes vœux si propice?

Il est bien peu décent, bien peu naturel que Sévère n'ait pas encore vu le gouverneur, et que ce gouverneur aille faire l'office de prêtre, au lieu de recevoir Sévère. Mais si Félix est allé le recevoir *hors des murs,* comment Polyeucte ne l'a-t-il pas accompagné? comment n'a-t-on point parlé de Pauline? Il est inconcevable que Sévère ignore que Pauline est mariée, et qu'il l'apprenne par son écuyer Fabian. Où parle ici Sévère? dans la maison du gouverneur, dans un appartement où Pauline va bientôt le trouver; et il n'a point vu ce gouverneur! et il ignore que ce gouverneur a marié sa fille! ☞ Tout cela, encore une fois, justifierait le cardinal de Richelieu et l'hôtel de Rambouillet, si leur jugement n'était condamné par les beautés de cette pièce. Il y a sur-tout de l'intérêt, et l'intérêt fait tout passer:

a Jusqu'au-devant des murs, veut dire *au-delà des murs.* Ce n'étoit sûrement pas là la matière d'une remarque.

le cœur oublie toutes les inconséquences quand il est touché. *a*

> *a* Pourrai-je voir Pauline, et rendre à ses beaux yeux,
> L'hommage souverain que l'on va rendre aux dieux?

sont-elles des expressions convenables? tout cela ne justifie-t-il pas l'hôtel de Rambouillet? Il a des lettres *de faveur* pour épouser Pauline, et il ne les a pas montrées! Il vient pourtant *immoler toutes ses volontés aux beautés* de sa maîtresse. *b*

> 3 Portez en lieu plus haut l'honneur de vos caresses:
> Vous trouverez à Rome assez d'autres maîtresses.

Cela est-il de la dignité de la tragédie? Corneille retourne ici ce vers du vieil Horace :

> .... Vous ne perdez qu'un homme,
> Dont la perte est aisée à réparer dans Rome ;

et cet autre de don Diègue, *Il est tant de maîtresses!* Mais *porter l'honneur de ses caresses en lieu plus haut* est intolérable.

---

a Le cœur n'a point d'inconséquence à oublier. Sévère a vu le gouverneur, puisque ce dernier a été au-devant de lui hors des murs, et qu'il ne l'a quitté que pour donner ordre au sacrifice, ce qu'il devoit faire en sa qualité de gouverneur. Pourquoi auroit-il parlé du mariage de sa fille, la cause de toutes ses craintes? Polyeucte ne l'a point accompagné, parce que, sorti pour aller au baptême, avant qu'on eût connoissance de l'arrivée de Sévère, il ne l'a apprise qu'à son retour.

b Étoit-ce hors des murs ou en route qu'il devoit montrer ses lettres de faveur, dont il ne veut faire usage, comme il le dit, qu'après s'être assuré que Pauline n'a pas changé de sentiments à son égard ?

4 Ainsi, ce rang est sien, cette faveur est sienne.

Comment ce rang peut-il être le sien, c'est-à-dire appartenir à Pauline? C'est, dit-il, parce qu'il a voulu mourir quand on n'a pas voulu de lui. Est-ce ainsi que Didon parle dans Virgile? Un homme passionné épuise-t-il ainsi son esprit à chercher de si fausses raisons? Les Italiens, à qui on reproche les *concetti,* en ont-ils de plus condamnables? *Rang sien, faveur sienne,* expressions de comédie. Voyez avec quelle noble élégance Titus, dans Racine, dit qu'il doit tout à Bérénice :

> Bérénice me plut. Que ne fait point un cœur
> Pour plaire à ce qu'il aime et gagner son vainqueur!
> Je prodiguai mon sang : tout fit place à mes armes :
> Je revins triomphant. Mais le sang et les larmes
> Ne me suffisoient pas pour mériter ses vœux;
> J'entrepris le bonheur de mille malheureux ;
> On vit de toutes parts mes bontés se répandre ;
> Heureux et plus heureux que tu ne peux comprendre
> Quand je pouvois paroître à ses yeux satisfaits
> Chargé de mille cœurs conquis par mes bienfaits!
> Je lui dois tout, Paulin..................

Cette élégance est absolument nécessaire pour constituer un ouvrage parfait. Je ne prétends pas dépriser Corneille ; mon commentaire n'est ni un panégyrique, ni une censure, mais un examen impartial. La perfection de l'art est mon seul objet. *a*

---

a Quand on ne veut que la perfection de l'art, on explique ce qui n'est pas clair, et l'on n'embrouille pas ce qui l'est, comme fait souvent Voltaire : le ton injurieux qu'il prend avec Corneille tend-il à perfectionner l'art? *Ce rang est sien, cette faveur est*

5 As-tu vu des froideurs quand tu l'en as priée ?

Ce petit artifice, de ne pas apprendre tout d'un coup à Sévère que Pauline est mariée, est peut-être un ressort indigne de la tragédie : on voit trop que l'auteur prend ses avantages pour ménager une surprise : et encore la surprise n'est pas naturelle, car il n'est pas possible qu'on ignore un moment, dans la maison de Félix, le mariage de sa fille; il a dû le savoir en mettant le pied dans l'Arménie. *a*

6 Je tremble à vous le dire; elle est.... — Quoi? — Mariée.

Comment s'exprimerait-on autrement dans la comédie? Quelle idée peut avoir Sévère en disant *quoi?* que peut-il soupçonner? Il sait que Pauline est vivante, qu'elle est honorée. Ce *quoi* n'est là que pour faire dire à Fabian, *mariée;* et Sévère devait le savoir tout aussi-bien que Fabian. Remarquez toutefois que, malgré tous ces défauts contre la vraisemblance, il règne dans cette scène un très-grand intérêt; et c'est là ce qui fait le succès des tragédies. Ce mouvement d'intérêt diminuerait beaucoup si les spectateurs étaient tous des cen-

sienne, ne se diroit plus ; mais on entend bien que Sévère a voulu dire : Elle a droit à ce rang et à cette faveur que j'ai obtenus en cherchant dans les combats une mort digne de son amant.

a L'auteur ne veut point ménager de surprise ; mais Fabian hésite à dire à son maître une nouvelle qu'il sait devoir l'affliger. N'est-ce pas le même motif qui, dans *Tancrède*, empêche *Aldamon* d'informer tout de suite son maître du mariage d'*Aménaïde?* La scène paroît tout-à-fait la même; et Voltaire critique ce qu'il a imité !

seurs éclairés ; mais le public est composé d'hommes qui se laissent entraîner au sentiment. *a*

7 Soutiens-moi, Fabian; ce coup de foudre est grand,
Et frappe d'autant plus, que plus il me surprend.

Ce coup de foudre est d'un héros de roman. Quand l'expression est trop forte pour la situation, elle devient comique. Et comment un coup de foudre *frappe-t-il d'autant plus qu'il surprend?* Il faut que la métaphore soit juste.

☞ 8 De pareils déplaisirs accablent un grand cœur ;
La vertu la plus mâle en perd toute vigueur ;
Et quand d'un feu si beau les âmes sont éprises,
La mort les trouble moins que de telles surprises.

Ces quatre vers refroidissent. C'est l'auteur qui parle, et non pas le personnage. On ne débite pas des lieux communs quand on est profondément affligé. Corneille tombe trop souvent dans ce défaut.

☞ 9 Pauline est mariée ! — Oui, depuis quinze jours.

Quoi ! elle est mariée depuis quinze jours, et Sévère n'en a rien su en venant en Arménie ! Plus j'y réfléchis, plus cela me paraît absurde ; et cependant on se sent remué, attendri à la représentation :

---

a Sévère n'a peut-être pas une idée bien claire en prononçant ce *quoi* dans un moment d'inquiétude ; mais sa démarche prouve qu'il est loin de s'attendre au mariage de Pauline. Il ne doit pas le savoir, puisque Félix a dû craindre de le lui apprendre. C'est donc en vain que Voltaire s'est efforcé de faire trouver dans cette belle tragédie des invraisemblances qui en détruiroient le mérite ; car sans vraisemblance il n'y a point de bonne tragédie.

grande preuve qu'il ne s'agit pas au théâtre d'avoir raison, mais d'émouvoir! *a*

10 Vous vous échapperez sans doute en sa présence.

Expression bourgeoise.

11 Dans un tel entretien il suit sa passion,
Et ne pousse qu'injure et qu'imprécation.

Cela n'est ni noble ni français.

12 Son devoir m'a trahi, mon malheur, et son père.

Voilà où il est beau de s'élever au-dessus des règles de la grammaire. L'exactitude demanderait, *son devoir, et son père, et mon malheur, m'ont trahi;* mais la passion rend ce désordre de paroles très-beau : on peut dire seulement que *trahi* n'est pas le mot propre.

13 Mais son devoir fut juste, et son père eut raison ;
J'impute à mon malheur toute la trahison.

Un devoir ne peut être ni juste ni injuste ; mais

---

a Cette assertion, *Il ne s'agit pas au théâtre d'avoir raison, mais d'émouvoir*, est une des plus destructives de l'art dramatique. Voltaire pouvoit avoir intérêt de la soutenir ; mais c'est à tort qu'il en cherche la preuve dans les tragédies de Corneille ; jamais auteur s'écarta moins de la raison : c'est toujours d'accord avec elle qu'il produisit les plus vives émotions. Pour ne parler ici que de la remarque du commentateur, où Sévère auroit-il appris le mariage de Pauline ? Ce n'est point à Rome, car il ne pouvoit encore y être su quand il en est parti. Seroit-ce à son arrivée à Mitilène, capitale de l'Arménie ? Félix, père de Pauline, qui a été le recevoir hors des murs, et qui est le premier à qui il ait pu parler de sa maîtresse, avoit ses raisons pour ne lui point faire connoître ce mariage. Il n'est donc point absurde qu'il l'ait ignoré jusqu'au retour de Fabian.

la justice consiste à faire son devoir. Il n'y a point eu là de trahison.

14 Un peu moins de fortune, et plus tôt arrivée,
  Eût gagné l'un par l'autre, et me l'eût conservée.

L'un par l'autre ne se rapporte à rien : on devine seulement qu'il eût gagné Félix par Pauline. Il faut éviter en poésie ces termes, *celui-ci, celui-là, l'un, l'autre, le premier, le second,* tous termes de discussion, tous d'une prose rampante, qui ne peuvent être employés qu'avec une extrême circonspection. *a*

15 Laisse-la-moi donc voir, soupirer, et mourir.

Un général d'armée qui vient en Arménie *soupirer et mourir,* en rondeau, paraît très-ridicule aux gens sensés de l'Europe. Cette imitation des héros de la chevalerie infectait déjà notre théâtre dans sa naissance : c'est ce que Boileau appelle *mourir par métaphore.* L'écuyer Fabian, qui parle *des vrais amants,* est encore un écuyer de roman. Tout cela est vrai; et il n'est pas moins vrai que l'amour de Sévère intéresse, parce que tous ses sentiments sont nobles.

On n'insiste pas ici sur *la douceur infinie de l'hymen,* sur ces expressions, *Éclaircis-moi ce point; vous vous échapperez; ne pousse qu'injure;* et *les premiers mouvements des vrais amants.* Il est peut-être un peu étrange que Pauline ait parlé

---

a Voltaire a deviné très-juste; nous en concluons que l'un se rapporte fort bien à Félix, et l'autre à Pauline.

de ces premiers mouvements à l'écuyer Fabian; mais enfin tout cela n'ôte rien à l'intérêt théâtral.

SCÈNE II.

1 Pauline a l'âme noble, et parle à cœur ouvert.

Plus on a l'âme noble, moins on doit le dire; l'art consiste à faire voir cette noblesse sans l'annoncer. Racine n'a jamais manqué à cette règle. Corneille fait toujours dire à ses héros qu'ils sont grands; ce serait les avilir s'ils pouvaient l'être. L'opposé de la magnanimité est de se dire magnanime. Ce n'est guère que dans un excès de passion, dans un moment où l'on craint d'être avili, qu'il est permis de parler ainsi de soi-même. *a*

2 Le bruit de votre mort n'est point ce qui vous perd.

Ce qui vous perd n'est pas tout-à-fait le mot propre. Une femme qui a manqué un mariage si avantageux ne doit pas dire à un homme tel que Sévère : *Vous êtes perdu,* parce que vous n'êtes pas à moi.

3 Je découvrois en vous d'assez illustres marques
  Pour vous préférer même aux plus heureux monarques.

Ces *marques* pour rimer à *monarques* reviennent souvent, et ne doivent jamais paraître dans la poésie, à moins que ces *marques* ne signifient quelque chose. La plus grande de toutes les difficultés

---

a Voilà ce qu'on peut appeler multiplier les remarques. Si Voltaire a raison dans celle-ci, il a eu tort de faire dire à Ériphyle :

Mon cœur, vous le savez, n'est point fait pour les crimes;
Il est né vertueux

est de faire tellement ses vers, que le lecteur n'aperçoive pas qu'on a été occupé de la rime. Dirait-on en prose : Le prince Eugène avait des marques qui l'égalaient aux monarques? *a*

4 De quelque amant pour moi que mon père eût fait choix,
   Quand à ce grand pouvoir que la valeur vous donne,
   Vous auriez ajouté l'éclat d'une couronne ;
   Quand je vous aurois vu, quand je l'aurois haï,
   J'en aurois soupiré, mais j'aurois obéi.

Pauline, Romaine, parle peut-être trop de monarque et de couronne à un Romain ; il semble qu'elle parle à un Perse : elle vivait, à la vérité, sous un empereur ; mais jamais empereur ne donna un royaume à un Romain. C'est un discours ordinaire que l'auteur met ici dans la bouche de Pauline ; mais c'est précisément à Pauline qu'il ne convient pas. *b*

5 Que vous êtes heureuse! et qu'un peu de soupirs
   Fait un aisé remède à tous vos déplaisirs!

   On ne peut dire correctement *un peu de soupirs,*

a Nous n'entreprendrons pas de défendre cette rime *d'illustres marques* avec *monarques;* nous supposerons seulement que lorsque Voltaire l'a proscrite si sévèrement, il ne s'est point rappelé l'avoir employée dans un de ses meilleurs ouvrages :

   Je connois Philoctète à ces *illustres marques;*
   Des guerriers comme vous sont égaux aux *monarques.*
                                    OEDIPE, acte 2, scène 4.

b Cette entrée de Pauline et sa réponse à l'exclamation de Sévère, *Elle aime un autre !* sont de la plus grande beauté. Un commentateur devoit sans doute en faire la matière d'un éloge ; Voltaire n'y trouve que le sujet d'une critique, fondée sur ce que les empereurs ne donnoient point de royaumes à des Romains. C'est bien là ne perdre aucune occasion d'instruire la jeunesse.

un peu de larmes, un peu de sanglots, comme on dit *un peu d'eau, un peu de pain :* on dira bien *elle a versé peu de larmes,* mais non pas *un peu de larmes ;* elle *a peu de douleur, peu d'amour,* non *un peu de douleur, un peu d'amour ;* elle a *peu de chagrin,* et non *un peu de chagrin,* etc.

Fait un aisé remède à n'est pas français : on remédie à des maux, on les répare, on les adoucit, on en console. *Remède* n'est admis dans la poésie noble qu'avec une épithète qui l'ennoblit :

D'un incurable amour remèdes impuissants. *a*

6 Qu'un peu de votre humeur ou de votre vertu
Soulageroit les maux de ce cœur abattu !

On voit assez qu'*un peu de votre humeur* tient du style comique. *b*

7 Et, quoique le dehors soit sans émotion,
Le dedans n'est que trouble et que sédition.

Le dehors et *le dedans* ne sont pas du style noble.

3 . . . . Il n'a point déçu
Le généreux espoir que j'en avois conçu ;
Mais ce même devoir qui le vainquit dans Rome, etc.

On cherche à quoi se rapporte ce *le,* et on trouve

---

a Voltaire a tant voulu avoir raison dans cette remarque, que nous dirions presque, *il a eu un peu de tort.* Ce qu'il y a de certain, c'est que l'on dit fort bien, *elle a un peu de chagrin.*

S'il est vrai que le mot *remède* ne puisse être admis dans la poésie noble qu'avec une épithète qui l'ennoblisse, pourquoi Voltaire l'a-t-il employé sans épithète dans ces vers :

Dans ce péril pressant qui croît et nous obsède,
Vous montrez tous nos maux ; montrez-vous le *remède ?*
ROME SAUVÉE.

b Même aujourd'hui, *humeur* s'emploie pour *caractère.*

que c'est à *espoir* : c'est donc le devoir qui a vaincu un *espoir*. Ces phrases obscures, ces expressions impropres et forcées, ne seraient pas pardonnées aujourd'hui dans de bons ouvrages, c'est-à-dire dans des ouvrages dignes de la critique. On a substitué *me* à *le* dans quelques éditions. *a*

9 C'est cette vertu même, à nos désirs cruelle,
Que vous louiez alors en blasphémant contre elle.

Louiez, louer, blasphémer, termes qu'on eût dû corriger; car *louiez* est désagréable à l'oreille; *blasphémer* n'est point convenable. *Vous blasphémiez contre ma vertu!* cela ne peut se dire ni en vers ni en prose. Une femme doit faire sentir qu'elle est vertueuse, et ne jamais dire *ma vertu*. Voyez si Monime, dont Mithridate voulut faire sa concubine, et qui est attaquée par les deux enfants de ce prince, dit jamais *ma vertu*. *b*

a Voltaire ne nous paroît pas avoir deviné juste cette fois, en faisant rapporter *le* à *devoir*. Nous trouvons que *le* convient mieux au *mérite* de Sévère, mérite *qui* alluma les feux de Pauline dans Rome, *qui* est environné de puissance, *qui* traîne la victoire après ce guerrier, et *qui* n'a point déçu le généreux espoir que sa vertueuse amante en avoit conçu. Ces phrases n'ont aucune obscurité.

b J'ai tellement appris à me défier de tout ce que Voltaire annonce dans ses remarques sur Corneille, que j'ai contracté l'habitude de recourir aux autorités qu'il cite : j'ouvre Racine, et je vois dans *Mithridate*, acte 2, scène 6, que Monime, après avoir commandé à Xipharès de fuir sa présence, répond à ce prince, qui lui oppose l'ordre de Mithridate :

N'importe, il me faut obéir.
. . . .
Enfin, je me connois, il y va de ma vie;
De mes foibles efforts *ma vertu* se défie.

Ainsi Monime, appelée en témoignage par Voltaire, dépose contre

10 Et voyez qu'un devoir moins ferme et moins sincère
N'auroit pas mérité l'amour du grand Sévère.

Un devoir ne peut être ni *ferme* ni *faible* ; c'est le cœur qui l'est ; mais le sens est si clair, que le sentiment ne peut être affaibli.

☞ 11 Faites voir des défauts qui puissent à leur tour
Affoiblir ma douleur avecque mon amour.

Des critiques sévères, mais justes, peuvent dire que cela est d'une galanterie un peu comique. *Madame, faites-moi voir des défauts, afin que je vous aime moins.* De plus, le seul défaut que Pauline montre serait trop d'amour pour Sévère ; cer-

le commentateur de Corneille, que Racine n'a point jugé qu'une femme ne dût jamais dire *ma vertu*.

On peut de plus observer que Monime se sert de ces mots avec beaucoup moins de réserve que Pauline. Celle-ci s'est contentée de dire : *Je n'ose m'assurer de toute ma vertu*. Et encore à qui s'adressoit-elle ? A son père, tandis que Monime parle à son amant.

Ce n'est pas la seule fois que Monime se sert de ces mots *ma vertu;* elle les emploie encore, quoi qu'en dise Voltaire, à la 4.⁰ scène du 1.ᵉʳ acte :

Tu verrois ton devoir, je verrois *ma vertu*.

Atalide, 1.ʳᵉ scène du 3.ᵉ acte de *Bajazet*, ne craint pas de dire : Respectez *ma vertu*. Et il paroît que Voltaire n'a pas toujours proscrit ces mots dans la bouche d'une femme, car on les trouve dans celle d'*Alzire*, acte 3, scène 5 : *Mais j'en crois* MA VERTU, etc.

Que dis-je ? on les trouveroit peut-être dans la bouche de toutes les femmes que Voltaire a mises en scène ; du moins puis-je garantir que Tullie, Mariamne, Eriphyle s'en sont servies : il n'y a pas jusqu'à la vieille Jocaste qui n'ait dit :

Et c'est *cette vertu* qui me trouble aujourd'hui....
Dans ce cœur malheureux son image est tracée ;
La vertu ni le temps ne l'ont point effacée.

ACTE II, SCÈNE II.

tainement il n'en aimerait pas moins sa maîtresse. La pensée est donc fausse, recherchée, alambiquée. *a*

12 Ces pleurs en sont témoins.............

Ils en sont la preuve. Sévère est témoin; mais *témoin* peut signifier *preuve*.

13 Trop rigoureux effets d'une aimable présence!...

D'une aimable présence est une expression d'idylle. Monime, en exprimant le même sentiment, dit :

> Je verrois en secret mon âme déchirée
> Revoler vers le bien dont elle est séparée.

Plus une situation est délicate, plus l'expression doit l'être.

14 Est-il rien que sur moi cette gloire n'obtienne?
   Elle me rend les soins que je dois à la mienne.
   .... Je vais.... remplir.... par une mort pompeuse,
   De mes premiers exploits l'attente avantageuse.

Rend les soins, mort pompeuse, etc., tous mots impropres.

15 Si toutefois, après ce coup mortel du sort,
   J'ai de la vie assez pour chercher une mort.

Ces pensées affectées, ces idées plus recherchées que naturelles, étaient les vices du temps.

16 Puisse trouver Sévère, après tant de malheur,
   Une félicité digne de sa valeur! —
   Il la trouvoit en vous. — Je dépendois d'un père.

Ces sentiments sont touchants : ce dernier vers

---

a La pensée ne nous paroît ni fausse ni alambiquée; nous la croyons plus facile à entendre que la phrase du commentateur : *De plus, le seul défaut que Pauline* MONTRE, SEROIT *trop d'amour pour Sévère.*

convient aussi bien à la tragédie qu'à la comédie, parce qu'il est noble autant que simple ; il y a tendresse et précision.

17 Adieu, trop vertueux objet, et trop charmant. —
Adieu, trop malheureux et trop parfait amant.

Ces vers-ci sont un peu de l'églogue : quand les malheurs de l'amour ne consistent qu'à aller dans sa chambre, et à vivre avec son mari, ce sont des malheurs de comédie ; nulle pitié, nulle terreur, rien de tragique. Cette scène ne contribue en rien au nœud de la pièce ; mais elle est intéressante par elle-même. Corneille sentait bien que l'entrevue de deux personnes qui s'aiment et qui ne doivent pas s'aimer, ferait un très-grand effet ; et l'hôtel de Rambouillet ne sentit pas ce mérite.

Jusqu'ici on ne voit, à la vérité, dans Pauline qu'une femme qui n'a point épousé son amant, qui l'aime encore, et qui le lui dit quinze jours après ses noces ; mais c'est une préparation à ce qui doit suivre, au péril de son mari, à la fermeté que montrera Pauline en parlant à Sévère pour ce mari même, à la grandeur d'âme de Sévère : voilà ce qui rend l'amour de Pauline infiniment théâtral, et digne de la tragédie. *a*

a Ces vers ne valent rien, mais la remarque de Voltaire n'en paroît pas plus juste. Le premier vers, adressé par Sévère à Pauline, ne dit point qu'elle soit malheureuse, elle qui reste avec son mari ; mais Pauline peut, dans le second, appeler malheureux son amant, qui perd celle qu'il aime, et dont le désespoir est tel, qu'il va chercher la mort dans les combats.

SCÈNE III.

1 .... Votre esprit est hors de ses alarmes.

On dit *hors d'alarmes, hors de crainte, hors de danger;* mais non *hors de ses alarmes, de sa crainte, de son danger,* parce qu'on n'est pas hors de quelque chose qu'on a : il est *hors de mesure*, et non *hors de sa mesure;* ce mot *hors* bien employé peut devenir noble :

Mais le cœur d'Émilie est hors de son pouvoir.

2 Mais soit cette croyance ou fausse ou véritable,
Son séjour en ce lieu m'est toujours redoutable.

Soit cette croyance n'est pas français : il faut *soit que cette croyance soit fausse ou véritable.*

Je ne sais, au reste, si ce passage subit de la tendresse pour Sévère à la crainte pour son mari est bien naturel, si cela n'est point ce qu'on appelle ajusté au théâtre : le spectateur n'est point du tout ému de ce renouvellement de crainte pour Polyeucte. Ne sent-on pas qu'une femme qui sort d'une conversation tendre avec son amant ne s'afflige que par bienséance pour son mari ? [a]

SCÈNE IV.

1 C'est trop verser de pleurs; il est temps qu'ils tarissent.

Si Pauline verse des pleurs, c'est son amour pour Sévère, et le combat de cet amour et de son devoir

---

[a] La précision autorise, dans la poésie, la tournure que blâme le commentateur.

D'après l'attachement que Pauline a fait voir pour son mari, on ne peut attribuer à la seule bienséance la crainte qu'elle témoigne.

qui la font pleurer : il est clair qu'elle ne peut pleurer de ce que Polyeucte est sorti pendant une heure. Cette méprise de Polyeucte peut jeter un peu d'avilissement sur le rôle d'un mari qui croit qu'on a pleuré son absence, tandis qu'on a entretenu un amant. *a*

2 Malgré les faux avis par vos dieux envoyés,
Je suis vivant, madame, et vous me revoyez.

Il faut sous-entendre *que vous croyez envoyés par vos dieux;* car Polyeucte, chrétien, ne doit pas croire que les dieux des Romains envoient des songes. *b*

3 On m'avoit assuré qu'il vous faisoit visite.

Discours trop familier. Polyeucte, à la vérité, joue un rôle un peu désagréable, et n'intéresse encore en rien : revenir pour dire qu'*il n'est pas mort,* cela n'est pas tragique ; et il est bien étrange que Polyeucte ait appris que Sévère faisait visite à sa femme avant d'avoir vu ni Polyeucte ni Félix : cela n'est ni décent ni vraisemblable ; une telle conduite est révoltante dans un homme comme Sévère; Félix aurait dû aller au-devant de lui, ou Sévère au-

---

a Il n'y a point de méprise de la part de Polyeucte, ni de pleurs en ce moment de la part de Pauline. Si son mari lui dit en entrant : *C'est trop verser de pleurs,* c'est qu'elle en répandoit lorsqu'il l'a quittée, et qu'il lui a dit : *Adieu ; vos pleurs sur moi prennent trop de puissance.* Il n'ignore pas qu'elle a reçu la visite de Sévère. Cette remarque étoit donc inutile, comme tant d'autres, et n'annonce que l'envie de nuire.

b N'est-ce pas là une véritable chicane ?

rait dû rendre visite à Félix, et demander du moins à voir Polyeucte. *a*

4 Je ferois à tous trois un trop sensible outrage,

est admirable. Le reste n'affaiblit-il pas ce beau vers? Pauline doit-elle dire en face à son époux que le vrai mérite de Sévère a dû l'enflammer, qu'il a droit de la *charmer*? Quel mari ne serait très-offensé de ce discours outrageant et très-indécent? Il répond à cette insulte : *O vertu trop parfaite!* Cette vertu aurait été bien plus parfaite si elle n'avait pas dit à son mari qu'il lui est pénible de résister à son amant. *b.*

5 O vertu trop parfaite! et devoir trop sincère!

Un devoir n'est ni *sincère* ni *dissimulé;* et Polyeucte ne doit pas dire que sa femme doit coûter des regrets à Sévère ; c'est l'encourager à l'aimer. Qui jamais a parlé à sa femme *du beau feu de l'amant* de sa femme? Pauline a un étrange beau-père et un étrange mari. Sans l'amour et le caractère de Sévère, la pièce était très-hasardée ; et l'hôtel de Rambouillet pouvait avoir pleinement raison. Jus-

a Sévère avoit vu Félix, ne connoissoit pas Polyeucte, et savoit encore moins qu'il eût épousé Pauline : il n'y a donc ni indécence ni invraisemblance à ce que Sévère ait fait visite à la fille du gouverneur.

b Le discours de Pauline, loin d'être indécent, est celui d'une femme vertueuse qui sait que *la vertu la plus ferme évite les hasards.* Pourquoi seroit-il outrageant pour Polyeucte qu'avant de l'avoir épousée, elle se fût laissé enflammer par le mérite de Sévère, lorsqu'elle s'impose la loi de ne plus le voir?

qu'ici il n'y a encore rien de tragique : c'est une femme qui veut que son mari ménage son amant, et qui se ménage elle-même entre l'un et l'autre.*a*

6 Qu'aux dépens d'un beau feu vous me rendez heureux !

Les *dépens d'un beau feu* ne devaient avoir place que dans les romans de Scudéri.

SCÈNE V.

1 Et ressouvenez-vous que sa faveur est grande.

Le sens est, *songez, mon mari, que mon amant est un grand seigneur qu'il ne faut pas choquer :* cela semble avilir son mari.

2 Nous ne nous combattrons que de civilité ;

vers de comédie.

SCÈNE VI.

1 Fuyez donc leurs autels. — Je les veux renverser.

C'est une tradition que tout l'hôtel de Rambouillet, et particulièrement l'évêque de Vence, Godeau, condamnèrent cette entreprise de Polyeucte : on disait que c'est un zèle imprudent ; que plusieurs évêques et plusieurs synodes avaient expressément défendu ces attentats contre l'ordre et contre les lois ; qu'on refusait même la communion aux chrétiens qui, par des témérités pareilles, avaient ex-

---

a Polyeucte parle comme il doit parler à une épouse véritablement estimable. Nous serions tentés de croire que cette remarque est une de celles avec lesquelles Voltaire se proposoit d'amuser le comte d'Argental. (*Voir la lettre citée dans la préface.*)

posé l'Église entière aux persécutions : on ajoutait que Polyeucte et même Pauline auraient intéressé bien davantage si Polyeucte avait simplement refusé d'assister à un sacrifice idolâtre fait en l'honneur de la victoire de Sévère. Ces réflexions me paraissent judicieuses ; mais il me paraît aussi que le spectateur pardonne à Polyeucte son imprudence, comme celle d'un jeune homme pénétré d'un zèle ardent que le baptême fortifie en lui : il n'examine pas si ce zèle est selon la science. Au théâtre on se prête toujours aux sentiments naturels des personnages ; on devient enthousiaste avec Polyeucte, inflexible avec Horace, tendre avec Chimène : le dialogue est vif, et il entraîne. ☞ Il est vrai que les esprits philosophes, dont le nombre est fort augmenté, méprisent beaucoup l'action de Polyeucte et de Néarque ; ils ne regardent ce Néarque que comme un convulsionnaire qui a ensorcelé un jeune imprudent. Mais le parterre entier ne sera jamais philosophe ; les idées populaires seront toujours admises au théâtre.[a]

2 Je suis chrétien, Néarque, et le suis tout-à-fait ;
La foi que j'ai reçue aspire à son effet.

Tout-à-fait ne doit jamais entrer dans la poésie, et *une foi qui aspire à son effet* n'est pas un vers correct et élégant.

3 Mais Dieu, dont on ne doit jamais se défier,
Me donne votre exemple à me fortifier.

Il fallait *pour me fortifier*. J'ai cru apercevoir

[a] La fin de cette remarque ne se trouve pas dans l'édition de 1764.

dans le public, aux représentations, une secrète joie que Polyeucte allât commettre cette action, parce qu'on espérait qu'il en serait puni, et que Sévère épouserait sa femme. En effet, c'est à Sévère qu'on s'intéresse; et le public prend toujours, sans qu'il s'en aperçoive, le parti du héros amant contre le mari qui n'est pas héros.

4 Allons fouler aux pieds ce foudre *ridicule.*

Voilà un exemple d'un mot bas noblement employé.

☞ 5 Allons en éclairer l'aveuglement fatal.

En éclairer est dur à l'oreille. Il faut éviter ces cacophonies : de plus, on éclaire des yeux; on n'éclaire point un aveuglement; on le dissipe, on le guérit.

☞ 6 Allons briser ces dieux de pierre et de métal.

C'est sans doute une action très-ridicule et très-coupable. Un seigneur turc qui, dans Constantinople, irait briser les statues de l'église chrétienne pendant la grand'messe, passerait pour un fou, et serait sévèrement puni par les Turcs mêmes.

Nous renvoyons le lecteur aux notes précédentes.

☞ 7 Allons faire éclater sa gloire aux yeux de tous,
Et répondre avec zèle à ce qu'il veut de nous.

Néarque ne fait ici que répéter en deux vers languissants ce qu'a dit Polyeucte; aussi j'ai vu souvent supprimer ces vers à la représentation. *a*

---

a Cette scène a donné lieu à plusieurs remarques qui, ainsi que 'indiquent les ☞, ne se trouvent pas dans l'édition de 1764 : c'est

ACTE TROISIÈME,

SCÈNE I.ère

1 Sévère incessamment brouille ma fantaisie.

Cette fantaisie devrait-elle être *brouillée* après les assurances de *civilités* réciproques ? Pauline doit-elle craindre que Sévère et Polyeucte se querellent au temple ? Ce monologue, qui n'est qu'une répétition de ses terreurs, et même des terreurs qu'elle ne peut avoir qu'en vertu de son rêve, languit un peu à la représentation : non-seulement il est long et sans chaleur ; mais si Pauline est encore effrayée par son rêve, elle ne doit craindre qu'une assemblée de chrétiens, puisque c'est *de chrétiens une impie assemblée* qui a tué son mari en songe, et qu'elle ne doit pas présumer que cette impie assemblée soit dans le temple de Jupiter. Je crois que si elle avait craint un assassinat de la part des chrétiens, cela produirait un coup de théâtre quand on vient lui dire que son mari est chrétien lui-même.

2 L'un voit aux mains d'autrui ce qu'il croit mériter,
L'autre un désespéré qui peut trop attenter, etc.

Cette dissertation paraît bien froide. Le grand défaut de Corneille est de faire des raisonnements quand il faut du sentiment. Le public ne s'aperçut

sans doute parce que l'Académie ne les avoit point approuvées, que Voltaire s'est plaint que cette compagnie ne vouloit pas paroître philosophe.

pas d'abord de ce défaut qui était caché par tant de beautés; mais il augmenta avec l'âge, et jeta dans toutes ses dernières pièces une langueur insupportable. Ici cette faute est un peu couverte par l'intérêt qu'on prend au rôle si neuf et si singulier de Pauline. *a*

3 Leurs âmes à tous deux, d'elles-mêmes maîtresses,
Sont d'un ordre trop haut pour de telles bassesses.

Leurs âmes à tous deux : cette expression n'est pas française.

4 Mais, las! ils se verront, et c'est beaucoup pour eux.

On dirait bien de deux rivaux ennemis, c'est beaucoup pour eux de se voir, c'est-à-dire ils ont fait un grand effort, ils ont surmonté leur aversion, ils ont pris sur eux de se voir : ici l'auteur veut dire, *il est dangereux qu'ils se voient;* mais il ne le dit pas.

☞ 5 (Il) se repent déjà du choix de mon mari;

vers de comédie. *b*

6 Si peu que j'ai d'espoir ne luit qu'avec contrainte,

n'est pas français; il faut *le peu.*

7 Dieux! faites que ma peur puisse enfin se tromper!
Mais sachons-en l'issue.

Cette *issue* se rapporte à *peur* : une peur n'a pas d'issue.

a Voltaire ne veut pas convenir que le rôle de Pauline est admirable; il ne le trouve que singulier.

b Il n'y a pas dans le texte, *il se repent;* il y a, *et se repent.* Cette expression nous paroît n'avoir rien de comique.

SCÈNE II.

1 Un méchant, un infâme, un rebelle, un perfide, etc., etc.

Ce couplet fait toujours un peu rire ; mais la réponse de Pauline est belle, et répare incontinent le ridicule produit par cet entassement d'injures.

2 Et si de tant d'amour tu peux être ébahie,
Apprends que mon devoir ne dépend point du sien.

Ébahie ne s'emploie que dans le bas comique : je crois qu'on a mis à la place :

Je l'aimerois encor, m'eût-il abandonnée ;
Et si de tant d'amour tu parois étonnée....

3 Quoi! s'il aimoit ailleurs, serois-je dispensée
A suivre, à son exemple, une ardeur insensée?

Ce qu'elle dit ici d'amour n'est-il pas un peu déplacé ? Elle doit trembler pour les jours de son mari, et elle demande s'il serait permis de lui faire une infidélité. D'ailleurs, *dispensée à* n'est pas français ; elle veut dire *serois-je autorisée à. A suivre une ardeur* est un barbarisme ; on ne suit point une ardeur. *a*

---

a C'est presque toujours en altérant le sens d'une phrase que Voltaire se fournit un sujet de critique. Loin de demander s'il lui seroit permis de faire une infidélité à son mari, Pauline dit :

Apprends que mon devoir ne dépend pas du sien ;
Qu'il y manque s'il veut, je dois faire le mien.

Dispensée à se disoit autrefois pour *autorisée à*. Corneille a encore employé ce mot dans Rodogune.

Ardeur s'emploie pour penchant. On suit un penchant. Il n'y a donc point de barbarisme.

4 Il ne veut point sur lui faire agir sa justice.

Cela n'est pas français; il faut *agir contre lui*, ou *déployer sur lui*.

5 Il me faut essayer la force de mes pleurs.

Il faut *le pouvoir;* mais un autre tour serait beaucoup mieux : de plus, doit-elle se préparer ainsi à pleurer? Les pleurs sont involontaires ; elle aurait dû dire, *il aura peut-être pitié de mes pleurs.*

6 Je ne puis y penser sans frémir à l'instant.

On ne peut remarquer avec trop d'attention ces mots inutiles que la rime arrache. *Sans frémir* dit tout ; *à l'instant* est ce qu'on appelle *cheville.* [a]

7 Ici dispensez-moi du récit des blasphèmes...

Je ne répondrai point à cette fausse opinion où l'on est que les Romains adoraient du bois et de la pierre. Il est bien sûr que le *Deus optimus, maximus,* que *Deûm sator atque hominum rex,* n'était point une statue, et que Polyeucte avait très-grand tort de leur reprocher une sottise dont ils n'étaient point coupables ; mais c'est une opinion commune. Polyeucte était dans cette erreur; il parle comme il doit parler, conformément aux préjugés. La poésie n'est pas de la philosophie; ou plutôt la philo-

---

[a] *A l'instant* peut, il est vrai, être retranché sans rien ôter au sens de la phrase; mais il semble y ajouter quelque chose : *Sans frémir* A L'INSTANT, c'est-à-dire *aussitôt*. Il ne doit donc pas être réputé cheville.

sophie consiste à faire dire ce que les caractères des personnages comportent. *a*

8 Qu'ils ont vomis tous deux contre Jupiter mêmes.

Corneille emploie indifféremment cet adverbe *même* avec une *s* et sans *s*. Les poëtes, tant gênés d'ailleurs, peuvent avoir la liberté d'ôter et d'ajouter une *s* à ce mot. *b*

9 Oyez, dit-il ensuite, oyez, peuple ; oyez tous.

Oyez n'est plus employé qu'au barreau : on a conservé ce mot en Angleterre. Les huissiers disent *ois* sans savoir ce qu'ils disent. Nous n'avons gardé de ce verbe que l'infinitif *ouïr;* et nous disions autrefois *oyer*. Les sessions de l'échiquier de Normandie s'appelaient *oyer et terminer.*

10 Nous voyons.... les clameurs d'un peuple mutiné....

Voir des clameurs; c'est une inadvertance qui n'empêche pas que ce récit ne soit animé et bien fait. *c*

a Puisque Polyeucte parle comme il doit parler, cette remarque est inutile.

b Une *s* ajoutée au mot *même,* pris adverbialement, est une faute véritable. L'indulgence que Voltaire montre ici seroit donc dangereuse.

c Il n'y a point là d'inadvertance ; c'est une licence généralement admise. Le mot de *clameurs* est si éloigné de *nous voyons,* qu'on oublie qu'il est régi par ce verbe que suivent plusieurs autres régimes.

« Félix.... Mais le voici qui vous dira le reste.

Il y a là un grand intérêt : c'est là, encore une fois, ce qui fait le succès des pièces de théâtre.

SCÈNE III.

1 Au spectacle sanglant d'un ami qu'il faut suivre,
La crainte de mourir et le désir de vivre
Ressaisissent une âme avec tant de pouvoir,
Que qui voit le trépas cesse de le vouloir, etc.

Voilà où les maximes générales sont bien placées : elles ne sont point ici dans la bouche d'un homme passionné qui doit parler avec sentiment, et éviter les sentences et les lieux communs; c'est un juge qui parle, et qui dit des raisons prises dans la connaissance du cœur humain.

2 Je devois même peine à des crimes semblables;
Et, mettant différence entre ces deux coupables,
J'ai trahi la justice à l'amour paternel.

Cette suppression des articles n'est permise que dans le style burlesque, qu'on nomme *marotique;* et *trahir la justice à l'amour paternel* n'est pas français.

3 Qu'il fasse autant pour soi comme je fais pour lui.

Ce vers est un barbarisme : on dit *autant que*, et non pas *autant comme*. *Soi* ne se dit qu'à l'indéfini; il faut faire quelque chose pour *soi*; il travaille pour *lui*. *a*

---

a Autant comme ne vaut rien; il faut *autant que*. Qu'il fasse autant *pour soi*, peut se dire en vers. *Voyez* les observations générales, titre du pronom *soi*.

ACTE III, SCÈNE IV.

4 Ils écoutent nos vœux. — Eh bien, qu'il leur en fasse, etc.

☞ Le lecteur voit sans doute combien tout ce dialogue est vif, pressé, naturel, intéressant; c'est un chef-d'œuvre. *a*

5 Outre que les chrétiens ont plus de dureté,
Vous attendez de lui trop de légèreté.

Outre que, expression qui ne doit jamais entrer dans la poésie. *Plus de dureté,* ce *plus* ne se rapporte à rien. On peut demander pourquoi elle dit que Polyeucte sera inébranlable, quand elle espère le fléchir par ses pleurs. Peut-être que si elle espérait un retour de Polyeucte à la religion de ses pères, la situation en deviendrait plus touchante quand elle verrait ensuite son espérance trompée. Cette scène d'ailleurs est supérieurement dialoguée.

SCÈNE IV.

> Vous aimez trop, Pauline, un indigne mari. —
Je l'ai de votre main : mon amour est sans crime.

On est toujours un peu étonné que Pauline prononce le mot d'amour en parlant de son mari, elle qui a avoué à ce mari qu'elle en aimait un autre; mais *je l'ai de votre main* est admirable.

a Il est aisé d'apercevoir que le commentateur ne loue ici le dialogue entre Pauline et Félix, que parce que ce dernier parle dans le sens de ce philosophe. Aussi cette remarque n'est-elle pas dans l'édition de 1764. Vraisemblablement elle avoit été pour l'Académie la matière d'une de ces observations que Voltaire a trouvées SI PAUVRES.

Dans le vers qui suit, *la glorieuse estime de votre choix* est un barbarisme. *a*

2 Par ces beaux sentiments qu'il m'a fallu contraindre,
Ne m'ôtez pas vos dons; ils sont chers à mes yeux.

Il ne paraît guère convenable que Pauline demande la grâce de son mari au nom de l'amour qu'elle a eu pour un autre que son mari. *b*

3 Je n'aime la pitié qu'au prix que j'en veux prendre.

Que veut dire *aimer la pitié au prix qu'on en veut prendre?* qu'est-ce que ce prix? Cette phrase était autrefois triviale, et jamais noble ni exacte.

SCÈNE V.

☛ 1 Albin, comme est-il mort!

Il faut *comment*.

Ibid. . . . . En brutal. . . .

Mauvaise expression.

---

a Pauline aimoit Sévère avant son mariage. Son père lui a fait épouser Polyeucte ; elle suit son devoir. Pourquoi seroit-on étonné qu'elle prononce le mot d'amour en parlant de son mari, elle qui, dans la première scène, a dit à sa suivante, en parlant de Polyeucte :

Je donnai, par devoir, à son affection
Tout ce que l'autre avoit par inclination.
Si tu peux en douter, juge-le par la crainte
Dont en ce triste jour tu vois mon âme atteinte?

b Pauline ne demande pas grâce pour son mari au nom de l'amour qu'elle a eu pour Sévère, mais au nom du sacrifice qu'il lui a fallu faire pour éteindre cet amour.

ACTE III, SCÈNE V.

☞ 2 De pensers sur pensers mon âme est agitée ;
De soucis sur soucis elle est inquiétée.

Il n'y a pas là d'élégance, mais il y a de la vivacité de sentiment.

Je sens l'amour, la haine, et la crainte, et l'espoir,
La joie, et la douleur, tour-à-tour l'émouvoir.

La joie : ce mot ne découvre-t-il pas trop la bassesse de Félix ? Quel moment pour sentir de la joie !

4 A punir les chrétiens son ordre est rigoureux.

Un *ordre à punir* est un solécisme.

5 Et de tant de mépris son esprit indigné....
Du courroux de Décie obtiendroit ma ruine.

Cette crainte n'est-elle pas aussi frivole que celle où était Pauline que son mari et son amant ne se querellassent au temple ? Personne ne craint pour Félix ; il n'a rien à redouter en demandant l'ordre de l'empereur : il affecte une terreur qui paraît peu naturelle. *a*

6 Mais si, par son trépas, l'autre épousoit ma fille,
J'acquerrois bien par-là de plus puissants appuis, etc.

Voici le sentiment le plus bas qu'on puisse jamais développer ; mais il est ménagé avec art.

Ces expressions, *si l'autre épousait ma fille, j'acquerrais par-là, cent fois plus haut*, sont aussi

---

a Un homme du caractère de Félix a peine à concevoir dans un autre une grandeur d'âme qu'il n'auroit pas lui-même. La crainte que lui inspire Sévère n'est donc pas déplacée.

basses que le sentiment de Félix. Cependant j'ai toujours remarqué qu'on n'écoutait pas sans plaisir l'aveu de ces sentiments, tout condamnables qu'ils sont ; on aimait en secret ce développement honteux du cœur humain ; on sentait qu'il n'est que trop vrai que souvent les hommes sacrifient tout à leur propre intérêt. Enfin Félix dit au moins qu'il déteste ces pensers si lâches ; on lui pardonne un peu : mais pardonne-t-on à Albin, qui lui dit qu'il a *l'âme trop haute ?*

C'est ici le lieu d'examiner si on peut mettre sur la scène tragique des caractères bas et lâches. Le public en général ne les aime pas : le parterre murmure quand Narcisse dit, dans Britannicus, *et pour nous rendre heureux perdons les misérables.* On n'aime point le prêtre Mathan, qui veut, *à force d'attentats, perdre tous ses remords.* Cependant, puisque ces caractères sont dans la nature, il semble qu'il est permis de les peindre ; et l'art de les faire contraster avec les personnages héroïques peut quelquefois produire des beautés.

7 Je dois vous avertir, en serviteur fidèle,
Qu'en sa faveur déjà la ville se rebelle.

Rebeller ne se dit plus, et devrait se dire, puisqu'il vient de *rebelle, rebellion.* Mais comment cette ville païenne peut-elle se révolter en faveur d'un chrétien, après que l'on a dit que ce même peuple a été indigné de son sacrilége, et qu'il s'est enfui du temple si épouvanté, qu'il a craint d'être écrasé par la foudre? Il eût donc fallu expliquer comment on a passé sitôt de l'exécration pour l'action de Polyeucte à l'amour pour sa personne. *a*

ACTE QUATRIÈME.

SCÈNE I.ère

1 L'autre m'obligeroit d'aller querir Sévère.

Querir ne se dit plus.

2 Si vous me l'ordonnez, j'y cours en diligence.

Il n'est pas naturel que Polyeucte envoie prier Sévère de venir lui parler : il ne doit rien avoir à lui dire ; mais le public est dans l'attente qu'il dira quelque chose d'important. On ne se doute pas que Polyeucte envoie chercher Sévère pour lui donner sa femme.

SCÈNE II. 1

Quatre ans après Polyeucte, Rotrou donna *Saint Genêt* comme une tragédie sainte. On sait que ce Genêt était un comédien qui se convertit sur le

---

a Se rebeller ne se dit pas, mais *se rebelle* peut se dire. Boileau l'a employé dans l'Art poétique :

Si contre cet arrêt le siècle *se rebelle*.

Polyeucte est un seigneur arménien considéré, aimé ; de plus, gendre du gouverneur. Son action a paru abominable, elle a révolté contre lui ; mais elle n'a pu détruire en un moment l'amour qu'on avoit pour sa personne.

théâtre en jouant dans une farce contre les chrétiens. Rotrou, dans cette pièce, a imité ces stances de Polyeucte :

2
>   Toute votre félicité,
>   Sujette à l'instabilité,
>   En moins de rien tombe par terre.

Tombe par terre est toujours mauvais ; la raison en est que *par terre* est inutile, et n'est pas noble. Cette manière de parler est de la conversation familière : *il est tombé par terre.*

3
>   Et comme elle a l'éclat du verre,
>   Elle en a la fragilité.

C'est là un de ces *concetti*, un de ces faux brillants qui étaient tant à la mode. Ce n'est pas l'éclat qui fait la fragilité ; les diamants, qui éclatent bien davantage, sont très-solides. On remarqua, dès les premières représentations de Polyeucte, que ces trois vers étaient pris entièrement de la trente-deuxième strophe d'une ode de l'évêque Godeau à Louis XIII :

>   Mais leur gloire tombe par terre ;
>   Et comme elle a l'éclat du verre,
>   Elle en a la fragilité.

Cette ode était oubliée, comme le sont toutes les odes aux rois, sur-tout quand elles sont trop longues ; mais on la déterra pour accuser Corneille de ce petit plagiat. Sa mémoire pouvait l'avoir trompé ; ces trois vers purent se présenter à lui dans la foule de ses autres enfants : il eût été mieux de ne les pas employer ; il était assez riche de son propre fonds. C'est peut-être une plus grande faute de les avoir crus bons que de se les être appropriés. *a*

4   Et les glaives qu'il tient pendus
      Sur les plus fortunés coupables
      Sont d'autant plus inévitables,
      Que leurs coups sont moins attendus.

Qu'il tient suspendus serait mieux. *Pendus* n'est pas agréable.

5 Et mes yeux, éclairés des célestes lumières,
  Ne trouvent plus aux siens leurs grâces coutumières.

C'est dommage que ce dernier mot ne soit plus d'usage que dans le burlesque.

SCÈNE III.

1 Vient-il à mon secours, vient-il à ma défaite ?

Cela n'est pas français.

2 Vous n'avez point ici d'ennemi que vous-même.

Point est ici une faute contre la langue ; il faut, *vous n'avez d'ennemi que vous-même.*

3 Seul vous exécutez tout ce que j'ai rêvé.

On a déjà dit que les mots *rêver, songer, faire un rêve, un songe,* ne sont pas du style de la tragédie.

a Il paroît que Voltaire s'est trompé sur le sens de ces vers :

   Et comme elle a l'éclat du verre,
   Elle en a la fragilité.

Cela ne veut pas dire que l'éclat du verre en fait la fragilité ; mais que la félicité qu'on éprouve dans le monde a la fragilité du verre de même qu'elle en a l'éclat. Il n'y a donc pas là de faux brillant, mais une idée très-juste.

4 Gendre du gouverneur de toute la province.

Ce *toute* gâte le vers, parce qu'il est à la fois inutile et emphatique.

☞ 5 Mais après vos exploits, après votre naissance,
Après votre pouvoir, voyez notre espérance.

On ne peut dire *après votre naissance, après votre pouvoir,* comme on dit *après vos exploits. Voyez notre espérance* est le contraire de ce qu'elle entend; car elle entend, voyez la juste terreur qui nous reste, voyez où vous nous réduisez, vous d'une si grande naissance, vous qui avez tant de pouvoir. *a*

☞ 6 . . . . Je sais mes avantages,
Et l'espoir que sur eux forment les grands courages.

L'espoir que les *grands courages forment sur des*

---

a Voltaire nous paroît avoir donné une fausse interprétation à ces deux vers de Pauline; elle ne veut pas dire : *Voyez la juste terreur qui nous reste;* sa pensée est : Après vos exploits, avec votre naissance et votre pouvoir, voyez quelle est notre espérance; c'est-à-dire, à quoi nous pouvons parvenir. Ce sens s'accorde parfaitement avec les deux vers qui suivent :

Et n'abandonnez pas à la main du bourreau
Ce qu'à nos justes vœux promet un sort si beau.

Polyeucte entend bien ainsi ce qu'a dit Pauline, et sa réponse le prouve :

Je considère plus : je sais mes avantages,
Et l'espoir que sur eux forment les grands courages.
Ils n'aspirent enfin qu'à des biens passagers.
. . . .
J'ai de l'ambition, mais plus noble et plus belle :
Cette grandeur périt; j'en veux une immortelle.

Il peut paroître étonnant que Voltaire se soit trompé si souvent; mais n'est-il pas évident qu'il a donné une fausse interprétation aux vers dont il s'agit?

avantages n'est pas une faute contre la syntaxe ; mais cela n'est pas bien écrit : la raison en est qu'il ne faut pas un grand courage pour espérer une grande fortune quand on est gendre du gouverneur de *toute la province*, et estimé chez le prince. *a*

☞ 7 Est-ce trop l'acheter que d'une triste vie,
Qui tantôt, qui soudain me peut être ravie?

Tantôt est ici pour *bientôt*. J'ai vu des gens traiter de capucinade ce discours de Polyeucte. Mais il faut toujours se mettre à la place du personnage qui parle. Polyeucte ne dit que ce qu'il doit dire. *b*

8 Voilà de vos chrétiens les ridicules songes.

C'est ici que le mot de *ridicule* est bien placé dans la bouche de Pauline. Les termes les plus bas, employés à propos, s'ennoblissent. Racine, dans Athalie, se sert des mots de *bouc* et *chien* avec succès.

9 Quel dieu! — Tout beau, Pauline ; il entend vos paroles.

Tout beau ne peut jamais être ennobli, parce qu'il ne peut être accompagné de rien qui le relève ;

---

a Les grands courages veut dire les âmes élevées. On ne conçoit pas que Voltaire ait cherché une interprétation à des phrases si claires.

b Voilà la seconde fois que Voltaire convient que Polyeucte dit ce qu'il doit dire. Le commentateur ne devroit pas alors avoir de remarques à faire ; mais il est évident qu'il attaque moins ici l'ouvrage de Corneille, que la religion chrétienne. Observez que ses trois dernières remarques ont été ajoutées, ou, si l'on veut, rétablies dans l'édition de 1774 : on les chercheroit en vain dans celle de 1764.

mais presque tout ce que dit Polyeucte dans cette scène est d'un genre sublime.

☞ 10 Il m'ôte des périls que j'aurois pu courir.

On n'ôte point des *périls;* on vous sauve d'un péril; on détourne un péril; on vous arrache à un péril.

☞ 11 Et, sans me laisser lieu de tourner en arrière, etc.

Sans me laisser lieu, expression de prose rampante.

12 Sa faveur me couronne entrant dans la carrière:
Du premier coup de vent il me conduit au port,
Et, sortant du baptême, il m'envoie à la mort.

Observez que voilà quatre vers qui disent tous la même chose; c'est une *carrière,* c'est un *port,* c'est la *mort.* Cette superfluité fait quelquefois languir une idée; une seule image la fortifierait : une seule métaphore se présente naturellement à un esprit rempli de son objet, mais deux ou trois métaphores accumulées sentent le rhéteur. Que dirait-on d'un homme qui, en revenant dans sa patrie, dirait: *Je rentre dans mon nid, j'arrive au port à pleines voiles, je reviens à bride abattue?* C'est une règle de la vraie éloquence, qu'une seule métaphore convient à la passion. [a]

---

[a] Peut-on faire une pareille comparaison ? Les vers attaqués par le commentateur n'ont rien de répréhensible. Voilà, je le répète, une de ces remarques avec lesquelles Voltaire se flattoit d'amuser M. d'Argental.

☞ 13 Cruel! car il est temps que ma douleur éclate....
Est-ce là ce beau feu ? sont-ce là tes serments ? etc.

Il me semble que ce couplet est tendre, animé, douloureux, naturel, et très à sa place.

14 Hélas ! — Que cet hélas a de peine à sortir !

Cet hélas est un peu familier, mais il est attendrissant, quoique le mot *sortir* ne soit pas noble.

☞ 15 Seigneur, de vos bontés il faut que je l'obtienne.

Je me souviens qu'autrefois l'acteur qui jouait Polyeucte avec des gants blancs et un grand chapeau, ôtait ses gants et son chapeau pour faire sa prière à Dieu. Je ne sais pas si ce ridicule subsiste encore.

☞ 16 Elle a trop de vertu pour n'être pas chrétienne,

est un vers admirable. On a beau dire qu'un mahométan en dirait autant à Constantinople de sa femme si elle était chrétienne, *Elle a trop de vertu pour n'être pas musulmane* : c'est par cela même que cette idée est très-belle, parce qu'elle est dans la nature. C'est ce qu'Horace appelle *benè morata fabula*.

17 Va, cruel, va mourir; tu ne m'aimas jamais.

Pauline doit-elle tant insister sur l'amour qu'elle exige d'un mari pour lequel elle n'a point d'amour ? Peut-être ce dépit ne sied qu'à une amante qu'on dédaigne, et non à une épouse dont le mari va être exécuté. Tout sentiment qui n'est pas à sa place sèche les larmes qu'une situation attendrissante faisait couler. Il ne s'agit pas ici que Pauline soit aimée, il s'agit qu'on ne tranche pas la tête à son mari. *a* ☞ Cependant, comme les femmes veulent toujours être aimées, ce vers est dans la nature, et il doit plaire.

SCÈNE IV.

1 A ma seule prière il rend cette visite.
Je vous ai fait, seigneur, une incivilité.

Rendre visite et *incivilité* ne doivent jamais être employés dans la tragédie.

2 Possesseur d'un trésor dont je n'étois pas digne,
Souffrez, avant ma mort, que je vous le résigne.

Cette étrange idée de prier Sévère de venir pour lui céder sa femme, ne serait pas tolérable en toute autre occasion; on ne peut l'approuver que dans un chrétien qui n'aime que le martyre. Cette cession, ailleurs lâche et ridicule, peut devenir héroïque par le motif. Le philosophe même peut être touché; car le philosophe sait que chacun doit parler suivant son caractère. Cependant on peut dire que cette cession n'a rien d'attendrissant, parce qu'elle n'a rien de nécessaire; que c'est une chose que Polyeucte peut également faire ou ne faire pas, qui n'est point fondée dans l'intrigue de la pièce, un hors-d'œuvre qui ne va point au cœur. Il semble qu'il cède sa femme pour avoir le plaisir de la céder. Mais cela produit de très-grandes beautés dans la scène suivante.

a Sur quoi Voltaire juge-t-il que Pauline n'aime point son mari? Voyez la réponse à la première remarque sur la 4.e scène du 3.e acte.

SCÈNE V.

1 Je suis confus pour lui de son aveuglement.

Cette résignation de Polyeucte fait naître une des plus belles scènes qui soient au théâtre : c'est là surtout ce qui soutient cette tragédie. Remarquez que si l'acte finissait par la proposition étrange de Polyeucte de laisser sa femme à son rival par testament, rien ne serait plus ridicule et plus froid ; mais le grand art de relever cette espèce de bassesse par la scène entre Sévère et Pauline, est d'un génie plein de ressources.

2 . . . . Mais quel cœur assez bas
Auroit pu vous connoître et ne vous chérir pas ?

Assez bas n'est pas le mot propre. *Assez* ne se rapporte à rien.

☞ 3 Et comme si vos feux étoient un don fatal,
Il en fait un présent lui-même à son rival !

C'est dommage qu'*un présent de vos feux* gâte un peu ces vers excellents.

4 On m'auroit mis en poudre, on m'auroit mis en cendre,
Avant que... — Brisons là.

En poudre, en cendre, c'est une petite négligence qui n'affaiblit point les sublimes et pathétiques beautés de cette scène.

5 ... Brisons là ; je crains de trop entendre,
Et que cette chaleur, qui sent vos premiers feux,
Ne pousse quelque suite indigne de tous deux.

Une chaleur qui sent des premiers feux et qui pousse une suite ; cela est mal écrit, d'accord, mais le sentiment l'emporte ici sur les termes, et le reste est d'une beauté dont il n'y eut jamais d'exemple. Les Grecs étaient des déclamateurs froids en comparaison de cet endroit de Corneille.

> 6 Qu'il n'est point aux enfers d'horreurs que je n'endure,
> Plutôt que de souiller une gloire si pure,
> Que d'épouser un homme, après son triste sort,
> Qui de quelque façon soit cause de sa mort.

Par la construction, c'est le triste sort de cet homme qu'elle épouserait en secondes noces; et par le sens, c'est le triste sort de Polyeucte dont il s'agit. *a*

> ☞ 7 Et, si vous me croyiez d'une âme si peu saine,
> L'amour que j'eus pour vous tourneroit tout en haine.

Si peu saine n'est pas le mot propre, il s'en faut beaucoup.

> ☞ 8 Pour vous priser encor je le veux ignorer.

Il n'est point du tout naturel que Pauline sorte sans recevoir une réponse qu'elle attend avec tant d'empressement. Mais le dernier vers est si beau, et en même temps si adroit, qu'il fait tout pardonner.

SCÈNE VI.

> 1 Qu'est-ce ci, Fabian? quel nouveau coup de foudre
> Tombe sur mon bonheur et le réduit en poudre?

Si on ôtait ce *qu'est-ce ci*, et ce *coup de foudre* qui réduit un espoir en poudre, et les deux vers

---

a Les deux derniers vers présentent évidemment une mauvaise construction; mais c'est aller un peu loin, de prétendre que le sens en soit tout-à-fait changé.

faibles qui suivent, et si on commençait la scène par ces mots : *Quoi! toujours la fortune*, etc., elle en serait plus vive.

☞ ² Je te dirai bien plus, mais avec confidence ;
La secte des chrétiens n'est pas ce que l'on pense, etc.

On sait assez que c'est là un des plus beaux endroits de la pièce; jamais on n'a mieux parlé de la tolérance; c'est la condamnation de tous les persécuteurs.

3 Peut-être qu'après tout ces croyances publiques
Ne sont qu'inventions de sages politiques,
Pour contenir un peuple, ou bien pour l'émouvoir,
Et dessus sa foiblesse affermir leur pouvoir.

Ces quatre vers sont retranchés dans l'édition de 1664 et dans les suivantes. *a*

4 Ils font des vœux pour nous qui les persécutons.

Remarquez ici que Racine, dans *Esther*, exprime la même chose en cinq vers :

Tandis que votre main sur eux appesantie
A leurs persécuteurs les livroit sans secours,
Ils conjuroient ce Dieu de veiller sur vos jours,
De rompre des méchants les trames criminelles,
De mettre votre trône à l'ombre de ses ailes.

Sévère, qui parle en homme d'état, ne dit qu'un mot, et ce mot est plein d'énergie; Esther, qui veut

---

a Cette remarque n'est pas indiquée dans le texte, parce qu'il y a long-temps que ces vers, qu'on ne dit plus au théâtre, ont disparu des éditions. Voltaire ne les a rétablis dans la sienne que parce qu'ils favorisent son système antireligieux; il n'a fait de remarque dessus, que pour avoir le plaisir de les faire imprimer deux fois.

toucher Assuérus, étend davantage cette idée. Sévère ne fait qu'une réflexion ; Esther fait une prière. Ainsi l'un doit être concis, et l'autre déployer une éloquence attendrissante. Ce sont des beautés différentes, et toutes deux à leur place. On peut souvent faire de ces comparaisons ; et rien ne contribue davantage à épurer le goût.

ACTE CINQUIÈME.

SCÈNE I.ère

1. Albin, as-tu bien vu la fourbe de Sévère ?

JE ne doute pas que Corneille n'ait voulu faire contraster la bassesse de Félix avec la grandeur de Sévère. Les oppositions sont belles en peinture, en poésie, en éloquence : Homère a son Thersite ; l'Arioste a son Brunel. Il n'en est pas ainsi au théâtre ; les caractères lâches ne sont presque jamais tolérés : on ne veut pas voir ce qu'on méprise.

Non-seulement Félix est méprisable, mais il se trompe toujours dans ses raisonnements. Il prétend que Sévère méprise dans Pauline les restes de Polyeucte. Cependant Sévère aime passionnément *ces restes*. Il a beau dire que Sévère *tempête*, qu'il tranche du *généreux*, et qu'au fond c'est *un fourbe*; il devrait bien voir que Sévère n'a pas besoin de l'être. En général tout ce qui n'est que politique est froid au théâtre ; et la politique de Félix est aussi fausse que lâche. S'il croit que Sévère se soucie peu de Pauline, il ne doit pas croire qu'il veuille se venger. Pourquoi ne pas donner à Félix un grand zèle pour sa religion? cela ferait un bien meilleur contraste avec le zèle de Polyeucte pour la sienne. *a*

2 As-tu bien vu sa haine, et vois-tu ma misère?

Le mot *misère*, qu'on emploie souvent en vers pour *malheur*, peut n'être pas convenable ici, parce qu'il peut être entendu de la misère, c'est-à-dire de la bassesse des sentiments. *b*

3 Que tu discernes mal le cœur d'avec la mine!

est trop du ton de la comédie.

4 Et s'il l'aima jadis, il estime aujourd'hui
Les restes d'un rival trop indignes de lui.

Les restes d'un rival, expression toujours déshonnête et du discours familier.

5 Tranchant du généreux, il croit m'épouvanter.
L'artifice est trop lourd pour ne pas l'éventer.
Je sais des gens de cour quelle est la politique;
J'en connois mieux que lui la plus fine pratique.

Tranchant du généreux.... l'artifice est trop lourd.... la plus fine pratique; tout cela est bourgeois et comique.

a La haine de Voltaire pour la religion chrétienne l'a aveuglé au point de ne pas lui laisser voir qu'une scène de controverse seroit très-déplacée au théâtre. Ce qu'il dit ici des caractères lâches ne s'accorde point avec ce qu'il en dit dans sa sixième remarque sur la scène 5.e du 3.e acte.

b On ne peut pas supposer que Félix veuille dire *la bassesse de mes sentiments*. Ainsi les mots *ma misère* ne doivent s'entendre que pour ceux-ci, *mon malheur*.

6 C'est en vain qu'il tempête....

Ce mot n'est que burlesque.

7 Et s'il avoit affaire à quelque maladroit,
Le piége est bien tendu, sans doute il le perdroit.

Toute cette tirade et ces expressions bourgeoises, *j'en ai tant vu de toutes les façons, et j'en ferais des leçons au besoin, et s'il avait affaire à un maladroit,* sont absolument mauvaises. Il faut savoir avouer les fautes, comme admirer les beautés.

8 Pour subsister en cour c'est la haute science.

Pour subsister en cour est une expression bourgeoise. La haute science pour subsister en cour n'est pas de faire couper le cou à son gendre avant de demander l'ordre de l'empereur; il faut des raisons plus fortes. Le zèle de la religion suffisait, et pouvait fournir des choses sublimes.

ALBIN.

9 Grâce, grâce, seigneur; que Pauline l'obtienne!

FÉLIX.

Celle de l'empereur ne suivroit pas la mienne.

Qui lui a dit que la grâce de l'empereur ne suivrait pas la sienne? Au contraire, il doit présumer que l'empereur trouvera fort bon qu'il n'ait pas fait couper le cou à son gendre, et qu'il attende des ordres positifs. *a*

10 Je vois le peuple ému pour prendre son parti.

Cette raison ne paraît guère meilleure que les

---

a Les ordres de faire périr les chrétiens sont donnés. Félix doit penser que la mort de son gendre sera une preuve de sa fidélité pour l'empereur, dont il craint de perdre la faveur.

autres. Il est difficile, comme on l'a déjà remarqué, que le peuple, qui a eu tant d'horreur pour le fanatisme punissable de Polyeucte, se révolte sur-le-champ en sa faveur. Ce qu'il y a de triste, c'est que les défauts du rôle de Félix ne sont rachetés par aucune beauté; il parle presque toujours aussi bassement qu'il pense. On ne dit point *ému pour*; cela n'est pas français.

¹ Et Sévère aussitôt courant à sa vengeance,
M'iroit calomnier de quelque intelligence....

Calomnier de n'est pas français.

SCÈNE II.

¹ Je ne hais point la vie, et j'en aime l'usage,
Mais sans attachement qui sente l'esclavage.

L'esclavage n'est pas le mot propre, parce qu'on n'est pas esclave de la vie.

² Te suivre dans l'abîme où tu veux te jeter?
POLYEUCTE.
Mais plutôt dans la gloire où je m'en vais monter.

Ce dernier vers fait un mauvais effet, parce qu'il affaiblit le beau vers de la scène suivante, *Où le conduisez-vous? — A la mort. — A la gloire.* Voyez comme ces mots *où je m'en vais monter* gâtent, énervent ce sentiment, comme ce qui est superflu est toujours mauvais. *a*

a Ce vers ne peut aucunement affoiblir celui de la scène suivante, parce que ce dernier sera beaucoup plus beau. Le superflu ne se fait apercevoir et n'existe réellement que lorsqu'une expres-

3 Mais ces secrets pour vous sont fâcheux à comprendre.

Ce mot *fâcheux* n'est pas le mot propre ; c'est *difficile*.

4 Pour lui seul contre toi j'ai feint tant de colère.

Cet artifice est de *mauvaise grâce*, comme le dit très-bien Polyeucte. *a*

5 Portez à vos païens, portez à vos idoles
Le sucre empoisonné que sèment vos paroles.

Ce mot de *sucre* n'est admis que dans le discours très-familier.

☞ 6 En vous ôtant un gendre, on vous en donne un autre,
Dont la condition répond mieux à la vôtre.

La condition est du style de la comédie.

7 Cesse de me tenir ce discours outrageux.

Outrageux n'est pas un mot usité ; mais plusieurs auteurs s'en sont heureusement servis. Nous ne sommes pas assez riches pour devoir nous priver de ce que nous avons.

sion foible vient après une plus forte. Mais ici la gradation étant *crescendo*, il s'en suit que les deux expressions sont fort belles. Je n'assurerai point que l'Académie ait condamné cette remarque du commentateur, mais on ne la trouve pas dans son édition de 1764.

a Il n'y a pas là d'artifice. Félix, en effet, ne montre tant de colère contre Polyeucte qu'à cause de Sévère, dont il craint la vengeance. Ce n'est pas dans cette scène, mais dans la suivante, que Polyeucte dit que *tout cet artifice est de mauvaise grâce*. Il y a lieu de croire que le commentateur s'est trompé de note. Une pareille méprise peut-elle être excusée chez celui qui critique Corneille ?

ACTE V, SCÈNE III.

☞ 8 Je voulois gagner temps pour ménager ta vie
Après l'éloignement d'un flatteur de Décie.

Gagner temps, style de comédie. *Flatteur de Décie;* ce n'est pas ainsi qu'il doit caractériser Sévère.

SCÈNE III.

☞ 1 Parlez à votre époux. — Vivez avec Sévère.

On est un peu révolté que Polyeucte ne parle à sa femme que de l'amour qu'elle a pour Sévère. Cette répétition peut déplaire. Le christianisme n'ordonne point qu'on cède sa femme ; mais ici Polyeucte semble lui reprocher qu'elle en aime un autre.

2 Il voit quelle douleur dans l'âme vous possède,
Et sait qu'un autre amour en est le seul remède.

Ces maximes d'amour sont ici un peu révoltantes. Il n'est pas convenable que Polyeucte l'encourage à aimer un autre amant, et ce n'est pas à un homme uniquement occupé du bonheur du martyre, à dire qu'il n'y a qu'un autre amour qui puisse remédier à l'amour. Un martyr enthousiaste doit-il débiter ces fades maximes de comédie?

☞ 3 Puisqu'un si grand mérite a pu vous enflammer,
Sa présence toujours a droit de vous charmer.

Un si grand mérite, style de comédie.

☞ 4 Que t'ai-je fait, cruel, pour être ainsi traitée,
Et pour me reprocher, au mépris de ma foi,
Un amour si puissant que j'ai vaincu pour toi?

Elle l'a déjà dit bien souvent.

5 Quels efforts à moi-même il a fallu me faire....

On dit bien *se faire des efforts,* mais non pas *faire des efforts à soi ;* il faut *sur soi.*

☞ 6 Quels combats j'ai donnés pour te donner un cœur
Si justement acquis à son premier vainqueur !

Donnés pour te donner, répétition vicieuse.

☞ 7 Apprends d'elle à forcer ton propre sentiment.

Le mot propre est *dompter.*

8 Ne désespère pas une âme qui t'adore.

Comment Pauline peut-elle dire qu'elle adore Polyeucte ? Elle lui donne, *par devoir* et *par affection,* tout ce que l'autre avait par *inclination :* mais *l'adorer* c'est trop ; certainement elle ne l'adore pas.

9 Vivez avec Sévère, ou mourez avec moi.

Cette troisième apostrophe, cet empressement extrême de lui donner un mari, ne paraissent pas naturels. Tout cela n'empêche pas que cette scène ne soit écoutée avec un grand plaisir. L'obstination de Polyeucte, sa résignation, son transport divin, plaisent beaucoup. Ceux qui assistent au spectacle, étant persuadés, pour la plupart, des vérités qui enflamment Polyeucte, sont saisis de son transport : ils ne sont pas fort attendris, mais ils s'intéressent à la situation.

☞ 10 Mais, de quoi que pour vous notre amour m'entretienne,
Je ne vous connois plus si vous n'êtes chrétienne.

De quoi que notre amour m'entretienne pour vous. Ce vers est un barbarisme. *Un amour qui*

ACTE V, SCENE III.

entretient, et qui entretient pour! et de quoi qu'il entretienne! Il n'est pas permis de parler ainsi.

11 Mais s'il est insensé, vous êtes raisonnable.

Ce vers est du style de la comédie.

☞ 12 .... Elle changera, par ce redoublement,
En injuste rigueur un juste châtiment.

Il est triste que *redoublement* ne puisse se dire en cette occasion. Le sens est beau; mais on n'a jamais appelé *redoublement* la mort d'un mari et d'une femme.

13 Un cœur à l'autre uni jamais ne se retire.

Ces maximes générales conviennent peu à la douleur : c'est là parler de sentiments; ce n'est pas en avoir. Comment se peut-il faire que cette scène ne fasse jamais verser de larmes? N'est-ce point qu'on sent que Pauline n'agit que par devoir, et qu'elle s'efforce d'aimer un homme pour lequel elle n'a point d'amour?

☞ 14 Peux-tu voir tant de pleurs d'un œil si détaché?

Le cœur peut être détaché, mais l'œil ne l'est pas.

☞ 15 Que tout cet artifice est de mauvaise grâce!

est du style de la comédie.

☞ 16 Après avoir tenté l'amour et son effort.

Cela n'est ni d'un français exact, ni d'un français agréable.

17 Vous vous joignez ensemble! ah! ruses de l'enfer!
Faut-il tant de fois vaincre avant que triompher!

Ruses de l'enfer, expression pardonnable au personnage qui parle, mais qui n'est pas d'un style noble. *Enfer* ne rime avec *triompher* qu'à l'aide d'une prononciation vicieuse : grande preuve que l'on ne doit rimer que pour les oreilles ! *a*

18 Vos résolutions usent trop de remise.

Phrase qui n'a point d'élégance. *User de remise,* expression prosaïque : *user* d'ailleurs suppose *usage;* une résolution n'a point d'usage.

☞ 19 Je le ferois encor, si j'avois à le faire.

Ce vers est dans le Cid, et est à sa place dans les deux pièces.

☞ 20 Adore-les, ou meurs. — Je suis chrétien. — Impie !
Adore-les, te dis-je, ou renonce à la vie.

Renonce à la vie n'enchérit point sur *mourir :* quand on répète la pensée, il faut fortifier l'expression.

21 Où le conduisez-vous ? — A la mort. — A la gloire.

Dialogue admirable et toujours applaudi.

---

a Nous avons laissé sans réponse un grand nombre de remarques peu importantes ; celle-ci nous a paru trop dangereuse pour ne la point combattre. Voltaire y cherche plutôt à justifier ses propres rimes, qu'à critiquer celle de Corneille, qui est généralement reçue. Nous opposerons au commentateur le Père Mourgues. Ce savant jésuite, dans son *Traité de la Poésie française,* dit, en parlant des rimes de l'espèce dont il s'agit : « L'oreille condamne ces « rimes dans la bouche de ceux qui ne sont point accoutumés à « lire des vers, parce qu'ils n'y font pas sentir l'*r* à la fin des in- « finitifs, comme en effet elle y est muette suivant la prononcia- « tion ordinaire. » Il suit de là que, de même qu'on doit faire sentir l'*r* des infinitifs quand le mot suivant commence par une voyelle, de même il faut faire sentir cette *r* à la fin d'un vers qui doit rimer avec un autre finissant par un *e* ouvert.

SCÈNE IV.

☞ 1 Vois-tu comme le sien des cœurs impénétrables?

Impénétrable n'est pas le mot propre ; il signifie caché, dissimulé, qu'on ne peut découvrir, qu'on ne peut pénétrer, et ne peut jamais être mis à la place d'*inflexible*.

2 Répandant votre sang par votre propre main.

FÉLIX.
Ainsi l'ont autrefois versé Brute et Manlie.

On est un peu surpris que cet homme se compare aux Brutus et aux Manlius, après avoir avoué les sentiments les plus lâches.

3, Et quand nos vieux héros avoient de mauvais sang,
Ils eussent, pour le perdre, ouvert leur propre flanc.

C'est une vieille erreur qu'en se faisant saigner on se délivrait de son mauvais sang : cette fausse métaphore a été souvent employée, et on la retrouve dans la tragédie de don Carlos, sous le nom d'Andronic :

Quand j'ai de mauvais sang, je me le fais tirer.

On a dit que Philippe II fit cette abominable plaisanterie à son fils en le condamnant. *a*

4 Quand vous verrez Pauline, et que son désespoir
Par ses pleurs et ses cris *saura* vous émouvoir.

Remarquez que nous employons souvent ce mot

---

a N'est-ce pas à-peu-près la même idée que Voltaire a rendue par ces vers de Polyphonte dans *Mérope :*

Je n'ai plus rien du sang qui m'a donné la vie ;
Ce sang s'est épuisé, versé pour la patrie?

savoir en poésie assez mal-à-propos : *j'ai su le satisfaire*, pour *je l'ai satisfait; j'ai su lui plaire*, au lieu de *je lui ai plu*. Il ne faut employer ce mot que quand il marque quelque dessein.

5 Romps ce que ces douleurs y donneroient d'obstacle ;
Tire-la, si tu peux, de ce triste spectacle.

Romps et *tire-la*, mauvaises expressions : *des douleurs qui donnent obstacle* est un barbarisme; et *ce qu'ils donneraient d'obstacle* est un barbarisme encore plus grand.

SCÈNE V.

1 Cette seconde hostie est digne de ta rage.

Ce mot *hostie* signifiait alors *victime*.

2 Ta barbarie en elle a les mêmes matières.

Ce vers est trop négligé, et n'est pas français : *une barbarie qui a des matières*, et *matières en elle*, cela est un peu barbare.

☞ 3 Son sang, dont tes bourreaux viennent de me couvrir,
M'a dessillé les yeux, et me les vient d'ouvrir.

Pléonasme.

☞ 4 Redoute l'empereur, appréhende Sévère.

D'où sait-elle que Félix a sacrifié Polyeucte à la crainte qu'il a de Sévère ? est-ce une révélation ? *a*

---

a Remarque ajoutée dans l'édition de 1774, mais qui n'en est pas plus juste. Félix, en annonçant à sa fille l'arrivée de Sévère, a témoigné combien il regrettoit de lui avoir préféré Polyeucte. *Que ne permettra-t-il à son ressentiment ? Il nous perdra*, s'est-il écrié plusieurs fois. Pauline ne peut donc pas douter que son père a sacrifié Polyeucte à la crainte qu'il a de Sévère.

ACTE V, SCÈNE VI.

5 Le faut-il dire encor? Félix, je suis chrétienne.

Ce miracle soudain a révolté beaucoup de gens. *Quodcumque ostendis mihi sic incredulus odi.* Mais le parterre aimera long-temps ce prodige ; il est la récompense de la vertu de Pauline ; et s'il n'est pas dans l'histoire, il convient parfaitement au théâtre dans une tragédie chrétienne.

6 Le coup à l'un et l'autre en sera précieux,
Puisqu'il t'assure en terre en m'élevant aux cieux.

T'assure en terre n'est pas français : il veut dire, *affermit ton pouvoir sur la terre.*

SCÈNE VI.¹

La pièce semble finie quand Polyeucte est mort. Autrefois, quand les acteurs représentaient les Romains avec le chapeau et une cravate, Sévère arrivait le chapeau sur la tête, et Félix l'écoutait chapeau bas ; ce qui faisait un effet ridicule.

2 Esclave ambitieux d'une peur chimérique,
Polyeucte est donc mort, et par vos cruautés
Vous pensez conserver vos tristes dignités.

D'où sait-il que Félix a immolé son gendre à la peur méprisable qu'il avait de Sévère ? Ce Sévère ne pouvait le savoir, à moins que Polyeucte, par un second miracle, ne le lui eût révélé. Le reste est fort juste et fort beau ; il doit être irrité que Félix n'ait pas déféré à sa noble prière. *a*

a Sévère sait que c'est à la crainte qu'il a inspirée à Félix, que

³ Je cède à des transports que je ne connois pas.

Ce nouveau miracle n'est pas si bien reçu du parterre que les deux autres; il ne faut pas sur-tout prodiguer coup sur coup les prodiges de même espèce. Quand on pardonnerait la conversion incroyable de ce lâche Félix, on n'en serait pas touché, parce qu'on ne s'intéresse pas à lui comme à Pauline, et qu'il est même odieux.

☞ 4 Et, par un mouvement que je ne puis entendre,
De ma fureur je passe au zèle de mon gendre.

Comprendre semblerait plus juste qu'*entendre*.

⁵ Son amour épandu sur toute la famille
Tire après lui le père aussi bien que la fille.

Tirer après soi est devenu bas avec le temps.

⁶ De pareils changements ne vont point sans miracle.

Des changements ne *vont* point : on mène une vie innocente, et non pas *avec innocence* : mais *j'approuve que chacun ait ses dieux;* et *servez votre monarque,* reçoivent toujours des applaudissements. La manière dont le fameux Baron récitait ces vers, en appuyant sur *servez votre monarque,* était reçue avec transport. Plusieurs n'approuvent

celui-ci a immolé Polyeucte; Sévère le sait de la bouche de Pauline, qui lui a dit, acte 4, scène 5 :

Mon père est en état de vous accorder tout.
Il vous craint; et, j'avance encor cette parole,
Que, s'il perd mon époux, c'est à vous qu'il l'immole.

Si le premier devoir d'un critique est de lire attentivement l'ouvrage qu'il examine, que penser des commentaires de Voltaire, dans lesquels on trouve si souvent des preuves de la négligence la plus condamnable ?

pas que Sévère dise à Félix : *Gardez votre pouvoir, reprenez-en la marque*, parce que ce n'est pas lui qui donne les gouvernements, et que Félix n'a pas quitté le sien : il n'appartient qu'à l'empereur de parler ainsi.

☞ 7 Ils mènent une vie avec tant d'innocence,
   Que le ciel leur en doit quelque reconnoissance,

est trop du style familier ; et d'ailleurs cela n'est pas français, comme on l'a déjà dit.

8 Se relever plus forts, plus ils sont abattus,
  N'est pas aussi l'effet des communes vertus.

Se relever n'est pas l'effet, cela n'est pas exact, mais c'est une licence que je crois permise.

☞ 9 J'approuve cependant que chacun ait ses dieux. *a*

Ce vers est toujours très-bien reçu du parterre : c'est la voix de la nature.

10   Qu'il les serve à sa mode,

est du style comique ; *à son choix* eût peut-être été mieux placé.

11 Je n'en veux pas sur vous faire un persécuteur.

Il y avait auparavant *en vous* : cela paraissait un contre-sens ; il semblait que ce fût Félix chrétien qui pût être persécuteur. Corneille corrigea *sur vous* : mais c'est une faute de langage ; on persécute un homme, et non *sur* un homme.

12 Nous autres, bénissons notre heureuse aventure.

Notre heureuse aventure, immédiatement après

---

a Cette remarque avoit-elle été blâmée par l'Académie ? On est fondé à le croire, car on ne la trouve pas dans l'édition de 1764.

avoir coupé le cou à son gendre, fait un péu rire; et *nous autres* y contribue.

L'extrême beauté du rôle de Sévère, la situation piquante de Pauline, sa scène admirable avec Sévère au quatrième acte, assurent à cette pièce un succès éternel : non-seulement elle enseigne la vertu la plus pure, mais la dévotion, et la perfection du christianisme. Polyeucte et Athalie sont la condamnation éternelle de ceux qui, par une jalousie secrète, voudraient proscrire un art sublime dont les beautés n'effacent que trop leurs ouvrages : ils sentent combien cet art est au-dessus du leur; ne pouvant y atteindre, ils le veulent proscrire, et, par une injustice aussi absurde que barbare, ils confondent Tabarin et Guillot Gorju avec saint Polyeucte et le grand-prêtre Joad.

Dacier, dans ses remarques sur la poétique d'Aristote, prétend que Polyeucte n'est pas propre au théâtre, parce que ce personnage n'excite ni la pitié ni la crainte : il attribue tout le succès à Sévère et à Pauline. Cette opinion est assez générale; mais il faut avouer aussi qu'il y a de très-beaux traits dans le rôle de Polyeucte, et qu'il a fallu un très-grand génie pour manier un sujet si difficile.

RÉCAPITULATION.

Voltaire s'est attaché à trouver des invraisemblances et de l'indécence dans cette pièce. *L'Arménie,* dit-il, *est frontière de la Perse: Sévère a dû savoir que Pauline est mariée.* Qu'importe la proximité de ces deux pays, puisque Sévère étoit à Rome, fort loin de l'Arménie, quand Pauline s'est mariée, quinze jours auparavant ? *Pourquoi la cure de Sévère a-t-elle été secrète ?* Parce que le roi de Perse, qui vouloit l'attacher à sa cour, avoit intérêt de laisser croire la nouvelle qui avoit été répandue de sa mort. *Comment Polyeucte n'a-t-il pas accompagné le gouverneur au-devant de Sévère ?* Parce que Polyeucte ignoroit l'arrivée de Sévère, qu'il n'a apprise qu'à son retour du baptême.

Rappellerons-nous la hardiesse téméraire avec laquelle Voltaire, reprochant à Pauline de parler de *sa vertu*, dit : *Voyez si Monime dit jamais* MA VERTU, tandis que cette princesse se sert plusieurs fois de cette expression ?

Citerons-nous, comme preuves de mauvaise foi, la fausse interprétation donnée par le commentateur aux vers que dit Pauline dans la 2.ᵉ scène du 3.ᵉ acte ; à ceux qu'elle adresse à Polyeucte, scène 3 du 4.ᵉ ; à ceux de Polyeucte dans la scène 2.ᵉ du même acte ?

Ces rapprochements suffisent sans doute pour démontrer que Voltaire a eu l'intention de déprécier la tragédie qui a eu le plus de succès au théâtre. *

* On voit, par les anciens registres de la Comédie Française, que Polyeucte a été, pendant plus de trente ans, choisi pour la représentation le jour de clôture, parce que c'étoit la tragédie qui procuroit la plus forte recette.

FIN DES REMARQUES ET DES OBSERVATIONS
SUR POLYEUCTE.

POMPÉE,

TRAGÉDIE

REPRÉSENTÉE EN 1641.

OBSERVATION DE L'ÉDITEUR.

VOLTAIRE, dans son édition de 1764, a placé *Pompée* avant le *Menteur*; mais il a mis la tragédie sous la date de 1644, et la comédie sous celle de 1642. Pour rectifier cette erreur dans les dates, on en a commis une autre dans l'édition de 1774, en y plaçant le *Menteur* avant *Pompée*. Cette dernière pièce parut au théâtre à la fin de 1641, et le Menteur fut joué au commencement de 1642. La préface du Menteur ne laisse aucun doute à cet égard. Nous avons remis ces pièces dans l'ordre et sous la date où elles ont été représentées.

A MONSEIGNEUR

L'ÉMINENTISSIME

CARDINAL MAZARIN.

Monseigneur,

Je présente le grand Pompée à votre éminence, c'est-à-dire le plus grand personnage de l'ancienne Rome au plus illustre de la nouvelle; je mets sous la protection du premier ministre de notre jeune roi un héros qui, dans sa bonne fortune, fut le protecteur de beaucoup de rois, et qui, dans sa mauvaise, eut encore des rois pour ses ministres. Il espère de la générosité de V. E. qu'elle ne dédaignera pas de lui conserver cette seconde vie que j'ai tâché de lui redonner, et que, lui rendant cette justice qu'elle fait rendre par tout le royaume, elle le vengera pleinement de la mauvaise politique de la cour d'Égypte. Il l'espère, et avec raison, puisque, dans le peu de séjour qu'il a fait en France, il a déjà su, de la voix publique, que les maximes dont vous vous servez pour la conduite de cet état ne sont point fondées sur d'autres principes que ceux de la vertu. Il a su d'elle les obligations que vous a la France de l'avoir choisie pour votre seconde mère, qui vous est d'autant plus redevable, que les grands services que vous lui rendez sont de purs effets de votre inclination et de votre zèle, et non pas des devoirs de votre naissance. Il a su que Rome s'est acquittée envers notre jeune monarque de ce qu'elle devoit à ses prédécesseurs par le présent qu'elle lui a fait de votre personne. Il a su d'elle enfin que la solidité de votre prudence et la netteté de vos lumières enfantent des conseils si avantageux pour le gouvernement, qu'il semble que ce soit vous à qui, par un esprit de prophétie, notre Virgile ait adressé ce vers il y a plus de seize siècles :

Tu regere imperio populos, Romane, memento.

Voilà, monseigneur, ce que ce grand homme a appris en apprenant à parler françois :

Pauca, sed a pleno venientia pectore veri.

Et comme la gloire de V. E. est assez assurée sur la fidélité de cette voix publique, je n'y mêlerai point la foiblesse de mes pensées, ni la rudesse de mes expressions, qui pourroient diminuer quelque chose de son éclat; et je n'ajouterai rien aux célèbres témoignages qu'elle vous rend, qu'une profonde vénération pour les hautes qualités qui vous les ont acquis, avec une protestation très-sincère et très-inviolable d'être toute ma vie,

MONSEIGNEUR,

DE VOTRE ÉMINENCE

Le très-humble, très-obéissant
et très-fidèle serviteur,

P. Corneille.

REMERCÎMENT

A MONSIEUR

LE CARDINAL MAZARIN.

Non, tu n'es point ingrate, ô maîtresse du monde,
Qui de ce grand pouvoir sur la terre et sur l'onde,
Malgré l'effort des temps, retiens sur nos autels
Le souverain empire et des droits immortels.
Si de tes vieux héros j'aime encor la mémoire,
Tu relèves mon nom sur l'aile de leur gloire;
Et ton noble génie, en mes vers mal tracé,
Par ton nouveau héros m'en a récompensé.
C'est toi, grand cardinal, homme au-dessus de l'homme,
Rare don qu'à la France ont fait le ciel et Rome;
C'est toi, dis-je, ô héros, ô cœur vraiment romain,
Dont Rome en ma faveur vient d'emprunter la main.
Mon honneur n'a point eu de douteuse apparence;
Tes dons ont devancé même mon espérance;
Et ton cœur généreux m'a surpris d'un bienfait
Qui ne m'a pas coûté seulement un souhait.
La grâce s'affoiblit quand il faut qu'on l'attende :
Tel pense l'acheter alors qu'il la demande;
Et c'est je ne sais quoi d'abaissement secret
Où quiconque a du cœur ne consent qu'à regret.
C'est un terme honteux que celui de prière;
Tu me l'as épargné, tu m'as fait grâce entière.

Ainsi l'honneur se mêle au bien que je reçois.
Qui donne comme toi donne plus d'une fois :
Son don marque une estime et plus pure et plus pleine ;
Il attache les cœurs d'une plus forte chaîne ;
Et, prenant nouveau prix de la main qui le fait,
Sa façon de bien faire est un second bienfait.
Ainsi le grand Auguste autrefois dans ta ville
Aimoit à prévenir l'attente de Virgile :
Lui que j'ai fait revivre, et qui revit en toi,
En usoit envers lui comme tu fais vers moi.

Certes, dans la chaleur que le ciel nous inspire,
Nos vers disent souvent plus qu'ils ne pensent dire ;
Et ce feu qui sans nous pousse les plus heureux,
Ne nous explique pas tout ce qu'il fait par eux.
Quand j'ai peint un Horace, un Auguste, un Pompée,
Assez heureusement ma muse s'est trompée,
Puisque, sans le savoir, avecque leur portrait
Elle tiroit du tien un admirable trait.
Leurs plus hautes vertus qu'étale mon ouvrage
N'y font que prendre un rang pour former ton image.
Quand j'aurai peint encor tous ces vieux conquérants,
Les Scipions vainqueurs, et les Catons mourants,
Les Pauls, les Fabiens ; alors de tous ensemble
On en verra sortir un tout qui te ressemble ;
Et l'on rassemblera de leurs pompeux débris
Ton âme et ton courage épars dans mes écrits.
Souffre donc que, pour guide au travail qui me reste,
J'ajoute ton exemple à cette ardeur céleste,
Et que de tes vertus le portrait sans égal
S'achève de ma main sur son original.

Quand j'étudie en toi ces sentiments illustres
Qu'a conservés ton sang à travers tant de lustres,
Et que le ciel propice et les destins amis
De tes fameux Romains en ton âme ont transmis;
Alors, de tes couleurs peignant les aventures,
J'en porterai si haut les brillantes peintures,
Que ta Rome elle-même, admirant mes travaux,
N'en reconnoîtra plus les vieux originaux;
Et se plaindra de moi de voir sur eux gravées
Les vertus qu'à toi seul elle avoit réservées;
Cependant qu'à l'éclat de tes propres clartés
Tu te reconnoîtras sous des noms empruntés.

 Mais ne te lasse point d'illuminer mon âme,
Ni de prêter ta vie à conduire ma flamme;
Et, de ces grands soucis que tu prends pour mon roi,
Daigne encor quelquefois descendre jusqu'à moi.
Délasse en mes écrits ta noble inquiétude;
Et tandis que, sur elle appliquant mon étude,
J'emploîrai pour te plaire et pour te divertir
Les talents que le ciel m'a voulu départir,
Reçois, avec les vœux de mon obéissance,
Ces vers précipités par ma reconnoissance;
L'impatient transport de mon ressentiment
N'a pu pour les polir m'accorder un moment:
S'ils ont moins de douceur, ils en ont plus de zèle;
Leur rudesse est le sceau d'une ardeur plus fidèle;
Et ta bonté verra dans leur témérité,
Avec moins d'ornement, plus de sincérité.

PRÉFACE
DE CORNEILLE
AU LECTEUR.

Si je voulois faire ici ce que j'ai fait en mes derniers ouvrages, et te donner le texte ou l'abrégé des auteurs dont cette histoire est tirée, afin que tu pusses remarquer en quoi je m'en serois écarté pour l'accommoder au théâtre, je ferois un avant-propos dix fois plus long que mon poëme, et j'aurois à rapporter des livres entiers de presque tous ceux qui ont écrit l'histoire romaine. Je me contenterai de t'avertir que celui dont je me suis le plus servi a été le poëte Lucain, dont la lecture m'a rendu si amoureux de la force de ses pensées et de la majesté de son raisonnement, qu'afin d'en enrichir notre langue, j'ai fait cet effort pour réduire en poëme dramatique ce qu'il a traité en épique. Tu trouveras ici cent ou deux cents vers traduits ou imités de lui, que tu reconnoîtras aux mêmes marques que tu as déjà reconnu ce que j'ai emprunté de D. Guilain de Castro dans le Cid.* J'ai tâché de suivre ce grand homme dans le reste, et de prendre son caractère quand son exemple m'a manqué : si je suis demeuré

* Nous avons cru devoir supprimer ici les citations latines, comme nous avons supprimé les citations espagnoles dans le Cid, et par les mêmes raisons.

bien loin derrière, tu en jugeras. Cependant j'ai cru ne te déplaire pas de te donner ici trois passages qui ne viennent pas mal à mon sujet. Le premier est une épitaphe de Pompée, prononcée par Caton dans Lucain. Les deux autres sont deux peintures de Pompée et de César, tirées de Velléius Paterculus. Je les laisse en latin, de peur que ma traduction n'ôte trop de leur grâce et de leur force. Les dames se les feront expliquer.

EPITAPHIUM

POMPEII MAGNI.

Cato, apud Lucanum, libro 9.

Civis obit, *inquit,* multum majoribus impar
Nosse modum juris, sed in hoc tamen utilis ævo,
Cui non ulla fuit justi reverentia : salvâ
Libertate potens, et solus plebe paratâ
Privatus servire sibi, rectorque senatûs,
Sed regnantis, erat. Nil belli jure poposcit :
Quæque dari voluit, voluit sibi posse negari.
Immodicas possedit opes, sed plura retentis
Intulit : invasit ferrum ; sed ponere norat.
Prætulit arma togæ ; sed pacem armatus amavit.
Juvit sumpta ducem, juvit dimissa potestas.
Casta domus, luxuque carens, corruptaque numquam
Fortuna domini. Clarum et venerabile nomen
Gentibus, et multùm nostræ quod proderat urbi.
Olim vera fides, Syllâ Marioque receptis,
Libertatis obit : Pompeio rebus adempto
Nunc et ficta perit. Non jam regnare pudebit :
Nec color imperii, nec frons erit ulla senatûs.
O felix, cui summa dies fuit obvia victo,
Et cui quærendos Pharium scelus obtulit enses !
Forsitan in soceri potuisset vivere regno.

Scire mori, sors prima viris, sed proxima, cogi.
Et mihi, si satis aliena in jura venimus,
Da talem, Fortuna, Jubam : non deprecor hosti
Servari, dum me servet cervice recisâ.

ICON POMPEII MAGNI.

VELLEIUS PATERCULUS, lib. 2.

Fuit hic genitus matre Luciliâ, stirpis senatoriæ, formâ excellens, non eâ quâ flos commendatur ætatis, sed dignitate et constantia : quæ in illam conveniens amplitudinem, fortunam quoque ejus ad ultimum vitæ comitata est diem : innocentiâ eximius, sanctitate præcipuus, eloquentiâ medius ; potentiæ quæ honoris causâ ad eum deferretur, non ut ab eo occuparetur, cupidissimus : dux bello peritissimus : civis in toga (nisi ubi vereretur ne quem haberet parem) modestissimus, amicitiarum tenax, in offensis exorabilis, in reconcilianda gratia fidelissimus, in accipienda satisfactione facillimus, potentiâ suâ nunquam aut rarò ad impotentiam usus, pene omnium votorum expers, nisi numeraretur inter maxima, in civitate libera dominaque gentium, indignari, cùm omnes cives jure haberet pares, quemquam æqualem dignitate conspicere.

ICON C. J. CAESARIS.

Idem, ibidem.

Hic, nobilissimâ Juliorum genitus familiâ, et, quod inter omnes antiquissimos constabat, ab Anchise ac Venere deducens genus, formâ omnium civium excellentissimus, vigore animi acerrimus, munificentiâ effusissimus, animo super humanam et naturam et fidem evectus, magnitudine cogitationum, celeritate bellandi, patientiâ periculorum, Magno illi Alexandro, sed sobrio, neque iracundo, simillimus: qui denique semper et somno et cibo in vitam, non in voluptatem uteretur.

PERSONNAGES.

JULES-CÉSAR.
MARC-ANTOINE.
LÉPIDE.
CORNÉLIE, femme de Pompée.
PTOLOMÉE, roi d'Égypte.
CLÉOPATRE, sœur de Ptolomée.
PHOTIN, chef du conseil d'Égypte.
ACHILLAS, lieutenant général des armées du roi d'Égypte.
SEPTIME, tribun romain, à la solde du roi d'Égypte.
CHARMION, dame d'honneur de Cléopâtre.
ACHORÉE, écuyer de Cléopâtre.
PHILIPPE, affranchi de Pompée.
TROUPE DE ROMAINS.
TROUPE D'ÉGYPTIENS.

La scène est à Alexandrie, dans le palais de Ptolomée.

POMPÉE,

TRAGÉDIE.

ACTE PREMIER.

SCÈNE I.ère

PTOLOMÉE, PHOTIN, ACHILLAS, SEPTIME.

PTOLOMÉE.

Le destin se déclare ; et nous venons d'entendre
Ce qu'il a résolu du beau-père et du gendre.
Quand les dieux étonnés sembloient se partager,
Pharsale a décidé ce qu'ils n'osoient juger.
Ses fleuves teints de sang, et rendus plus rapides
Par le débordement de tant de parricides,
Cet horrible débris d'aigles, d'armes, de chars,
Sur ces champs empestés confusément épars,
Ces montagnes de morts privés d'honneurs suprêmes,
Que la nature force à se venger eux-mêmes,
Et dont les troncs pourris exhalent dans les vents
De quoi faire la guerre au reste des vivants,
Sont les titres affreux dont le droit de l'épée,
Justifiant César, a condamné Pompée.

Ce déplorable chef du parti le meilleur,
Que sa fortune lasse abandonne au malheur,
Devient un grand exemple, et laisse à la mémoire
Des changements du sort une éclatante histoire.
« Il fuit, lui qui, toujours triomphant et vainqueur,
« Vit ses prospérités égaler son grand cœur ;
« Il fuit, et dans nos ports, dans nos murs, dans nos villes;
« Et, contre son beau-père ayant besoin d'asiles,
« Sa déroute orgueilleuse en cherche aux mêmes lieux [2]
« Où, contre les Titans, en trouvèrent les dieux :
« Il croit que ce climat, en dépit de la guerre, [3]
« Ayant sauvé le ciel, sauvera bien la terre ;
« Et, dans son désespoir à la fin se mêlant,
« Pourra prêter l'épaule au monde chancelant.
« Oui, Pompée avec lui porte le sort du monde, [a]
Et veut que notre Égypte, en miracles féconde, [4]
Serve à sa liberté de sépulcre ou d'appui,
Et relève sa chute, ou trébuche sous lui.

C'est de quoi, mes amis, nous avons à résoudre.
Il apporte en ces lieux les palmes, ou la foudre :
S'il couronna le père, il hasarde le fils ;
Et, nous l'ayant donnée, il expose Memphis.
Il faut le recevoir, ou hâter son supplice,
Le suivre, ou le pousser dedans le précipice.
« L'un me semble peu sûr, l'autre peu généreux ;
« Et je crains d'être injuste, ou d'être malheureux.
« Quoi que je fasse enfin, la fortune ennemie
« M'offre bien des périls, ou beaucoup d'infamie :

---

[a] Mais Pompée avec lui porte le sort du monde,

« C'est à moi de choisir, c'est à vous d'aviser
« A quel choix vos conseils doivent me disposer.
« Il s'agit de Pompée ; et nous aurons la gloire 5
« D'achever de César ou troubler la victoire ;
« Et je puis dire enfin que jamais potentat 6
« N'eut à délibérer d'un si grand coup d'état.

PHOTIN.

Seigneur, quand par le fer les choses sont vidées, 7
La justice et le droit sont de vaines idées ;
Et qui veut être juste en de telles saisons 8
Balance le pouvoir, et non pas les raisons.
Voyez donc votre force ; et regardez Pompée,
Sa fortune abattue, et sa valeur trompée.
César n'est pas le seul qu'il fuie en cet état :
Il fuit et le reproche et les yeux du sénat,
Dont plus de la moitié piteusement étale 9
Une indigne curée aux vautours de Pharsale ;
Il fuit Rome perdue ; il fuit tous les Romains, 10
A qui, par sa défaite, il met les fers aux mains ;
« Il fuit le désespoir des peuples et des princes
« Qui vengeroient sur lui le sang de leurs provinces,
« Leurs états et d'argent et d'hommes épuisés,
« Leurs trônes mis en cendre, et leurs sceptres brisés :
Auteur des maux de tous, il est à tous en butte, 11
Et fuit le monde entier écrasé sous sa chute.
Le défendrez-vous seul contre tant d'ennemis ?
L'espoir de son salut en lui seul étoit mis ;
Lui seul pouvoit pour soi : cédez alors qu'il tombe.
Soutiendrez-vous un faix sous qui Rome succombe,

Sous qui tout l'univers se trouve foudroyé, [12]
Sous qui le grand Pompée a lui-même ployé?
Quand on veut soutenir ceux que le sort accable,
A force d'être juste on est souvent coupable;
Et la fidélité qu'on garde imprudemment,
Après un peu d'éclat, traîne un long châtiment,
Trouve un noble revers, dont les coups invincibles, [13]
Pour être glorieux, ne sont pas moins sensibles.

Seigneur, n'attirez point le tonnerre en ces lieux;
Rangez-vous du parti des destins et des dieux;
Et sans les accuser d'injustice ou d'outrage, [14]
Puisqu'ils font les heureux, adorez leur ouvrage;
Quels que soient leurs décrets, déclarez-vous pour eux,
Et pour leur obéir perdez le malheureux.
Pressé de toutes parts des colères célestes, [15]
Il en vient dessus vous faire fondre les restes; [16]
Et sa tête, qu'à peine il a pu dérober,
Toute prête de choir, cherche avec qui tomber.
Sa retraite chez vous en effet n'est qu'un crime; [17]
Elle marque sa haine, et non pas son estime; [18]
Il ne vient que vous perdre en venant prendre port : [19]
Et vous pouvez douter s'il est digne de mort!
Il devoit mieux remplir nos vœux et notre attente,
Faire voir sur ses nefs la victoire flottante;
Il n'eût ici trouvé que joie et que festins : [20]
Mais puisqu'il est vaincu, qu'il s'en prenne aux destins.
J'en veux à sa disgrâce, et non à sa personne :
J'exécute à regret ce que le ciel ordonne;
Et du même poignard pour César destiné
Je perce en soupirant son cœur infortuné.

ACTE I, SCÈNE I.

Vous ne pouvez enfin qu'aux dépens de sa tête [21]
Mettre à l'abri la vôtre, et parer la tempête.
Laissez nommer sa mort un injuste attentat :
La justice n'est pas une vertu d'état.
Le choix des actions, ou mauvaises ou bonnes, [22]
Ne fait qu'anéantir la force des couronnes :
Le droit des rois consiste à ne rien épargner : [23]
La timide équité détruit l'art de régner.
Quand on craint d'être injuste, on a toujours à craindre;
Et qui veut tout pouvoir doit oser tout enfreindre, [24]
Fuir comme un déshonneur la vertu qui le perd,
Et voler sans scrupule au crime qui le sert.

C'est là mon sentiment. Achillas et Septime
S'attacheront peut-être à quelque autre maxime.
Chacun a son avis; mais, quel que soit le leur,
Qui punit le vaincu ne craint point le vainqueur.

ACHILLAS.

Seigneur, Photin dit vrai; mais, quoique de Pompée
Je voie et la fortune et la valeur trompée,
Je regarde son sang comme un sang précieux
Qu'au milieu de Pharsale ont respecté les dieux.
« Non qu'en un coup d'état je n'approuve le crime;
« Mais, s'il n'est nécessaire, il n'est point légitime.
« Et quel besoin ici d'une extrême rigueur?
« Qui n'est point au vaincu ne craint point le vainqueur.
« Neutre jusqu'à présent, vous pouvez l'être encore;
« Vous pouvez adorer César, si l'on l'adore : [25]
« Mais quoique vos encens le traitent d'immortel, [26]
« Cette grande victime est trop pour son autel;

« Et sa tête, immolée au dieu de la victoire,
« Imprime à votre nom une tache trop noire :
« Ne le pas secourir suffit, sans l'opprimer.
« En usant de la sorte on ne vous peut blâmer. 27
Vous lui devez beaucoup; par lui Rome animée
A fait rendre le sceptre au feu roi Ptolomée :
Mais la reconnoissance et l'hospitalité,
Sur les âmes des rois, n'ont qu'un droit limité.
« Quoi que doive un monarque, et dût-il sa couronne, 28
« Il doit à ses sujets encor plus qu'à personne,
« Et cesse de devoir quand la dette est d'un rang
« A ne point l'acquitter qu'aux dépens de leur sang.
S'il est juste d'ailleurs que tout se considère,
Que hasardoit Pompée en servant votre père?
Il se voulut par-là faire voir tout-puissant,
Et vit croître sa gloire en le rétablissant.
« Il le servit enfin, mais ce fut de la langue; 29
« La bourse de César fit plus que sa harangue :
« Sans ses mille talents, Pompée et ses discours, 30
« Pour rentrer en Égypte, étoient un froid secours.
Qu'il ne vante donc plus ses mérites frivoles ;
Les effets de César valent bien ses paroles :
Et, si c'est un bienfait qu'il faut rendre aujourd'hui,
Comme il parla pour vous, vous parlerez pour lui : 31
Ainsi vous le pouvez et devez reconnoître.
Le recevoir chez vous, c'est recevoir un maître,
Qui, tout vaincu qu'il est, bravant le nom de roi,
Dans vos propres états vous donneroit la loi.
Fermez-lui donc vos ports, mais épargnez sa tête.
S'il le faut toutefois, ma main est toute prête;

J'obéis avec joie, et je serois jaloux
Qu'autre bras que le mien portât les premiers coups.

SEPTIME.

Seigneur, je suis Romain; je connois l'un et l'autre. 32
Pompée a besoin d'aide, il vient chercher la vôtre :
Vous pouvez, comme maître absolu de son sort,
Le servir, le chasser, le livrer vif, ou mort.
Des quatre le premier vous seroit trop funeste :
Souffrez donc qu'en deux mots j'examine le reste.

Le chasser, c'est vous faire un puissant ennemi,
Sans obliger par-là le vainqueur qu'à demi,
Puisque c'est lui laisser et sur mer et sur terre 33
La suite d'une longue et difficile guerre,
Dont peut-être tous deux également lassés
Se vengeroient sur vous de tous les maux passés.
Le livrer à César n'est que la même chose : 34
Il lui pardonnera, s'il faut qu'il en dispose,
Et, s'armant à regret de générosité,
D'une fausse clémence il fera vanité ;
« Heureux de l'asservir en lui donnant la vie,
« Et de plaire par-là même à Rome asservie,
« Cependant que, forcé d'épargner son rival,
« Aussi bien que Pompée il vous voudra du mal. 35
Il faut le délivrer du péril et du crime, 36
Assurer sa puissance, et sauver son estime,
Et du parti contraire, en ce grand chef détruit,
Prendre sur vous la honte, et lui laisser le fruit.

C'est là mon sentiment; ce doit être le vôtre :
Par-là vous gagnez l'un, et ne craignez plus l'autre.

Mais suivant d'Achillas le conseil hasardeux,
Vous n'en gagnez aucun, et les perdez tous deux.

PTOLOMÉE.

N'examinons donc plus la justice des causes, [37]
Et cédons au torrent qui roule toutes choses.
Je passe au plus de voix, et de mon sentiment
Je veux bien avoir part à ce grand changement.
« Assez et trop long-temps l'arrogance de Rome
« A cru qu'être Romain c'étoit être plus qu'homme.
« Abattons sa superbe avec sa liberté; [38]
« Dans le sang de Pompée éteignons sa fierté;
« Tranchons l'unique espoir où tant d'orgueil se fonde,
« Et donnons un tyran à ces tyrans du monde :
« Secondons le destin qui les veut mettre aux fers,
« Et prêtons-lui la main pour venger l'univers.
« Rome, tu serviras; et ces rois que tu braves,
« Et que ton insolence ose traiter d'esclaves,
« Adoreront César avec moins de douleur,
« Puisqu'il sera ton maître aussi bien que le leur.
Allez donc, Achillas, allez avec Septime [39]
Nous immortaliser par cet illustre crime.
Qu'il plaise au ciel ou non, laissez-m'en le souci.
Je crois qu'il veut sa mort puisqu'il l'amène ici.

ACHILLAS.

« Seigneur, je crois tout juste alors qu'un roi l'ordonne.

PTOLOMÉE.

« Allez, et hâtez-vous d'assurer ma couronne;
« Et vous ressouvenez que je mets en vos mains
« Le destin de l'Egypte et celui des Romains.

SCÈNE II.

PTOLOMÉE, PHOTIN.

PTOLOMÉE.

Photin, ou je me trompe, ou ma sœur est déçue.
De l'abord de Pompée elle espère autre issue : 1
Sachant que de mon père il a le testament,
Elle ne doute point de son couronnement;
Elle se croit déjà souveraine maîtresse 2
D'un sceptre partagé que sa bonté lui laisse ;
« Et, se promettant tout de leur vieille amitié,
« De mon trône en son âme elle prend la moitié, 3
« Où de son vain orgueil les cendres rallumées 4
« Poussent déjà dans l'air de nouvelles fumées.

PHOTIN.

Seigneur, c'est un motif que je ne disois pas,
Qui devoit de Pompée avancer le trépas.
Sans doute il jugeroit de la sœur et du frère 5
Suivant le testament du feu roi votre père,
Son hôte et son ami, qui l'en daigna saisir :
Jugez après cela de votre déplaisir. 6
Ce n'est pas que je veuille, en vous parlant contre elle,
Rompre les sacrés nœuds d'une amour fraternelle;
Du trône et non du cœur je la veux éloigner :
Car c'est ne régner pas qu'être deux à régner. 7
Un roi qui s'y résout est mauvais politique;
Il détruit son pouvoir quand il le communique;
Et les raisons d'état.... Mais, seigneur, la voici.

SCÈNE III.

PTOLOMÉE, CLÉOPATRE, PHOTIN.

CLÉOPATRE.

Seigneur, Pompée arrive, et vous êtes ici!

PTOLOMÉE.

J'attends dans mon palais ce guerrier magnanime,
Et lui viens d'envoyer Achillas et Septime. 1

CLÉOPATRE.

Quoi! Septime à Pompée, à Pompée Achillas!

PTOLOMÉE.

Si ce n'est assez d'eux, allez, suivez leurs pas.

CLÉOPATRE.

Donc pour le recevoir c'est trop que de vous-même?

PTOLOMÉE.

« Ma sœur, je dois garder l'honneur du diadême. *a*

CLÉOPATRE.

Si vous en portez un, ne vous en souvenez
Que pour baiser la main de qui vous le tenez,
Que pour en faire hommage aux pieds d'un si grand homm

PTOLOMÉE.

Au sortir de Pharsale est-ce ainsi qu'on le nomme?

CLÉOPATRE.

Fût-il dans son malheur de tous abandonné,
Il est toujours Pompée, et vous a couronné. 2

PTOLOMÉE.

« Il n'en est plus que l'ombre, et couronna mon père,
« Dont l'ombre, et non pas moi, lui doit ce qu'il espère:

---

a Dois-je oublier pour lui l'honneur du diadême?

ACTE I, SCÈNE III.

« Il peut aller, s'il veut, dessus son monument
« Recevoir ses devoirs et son remercîment.

CLÉOPATRE.

Après un tel bienfait, c'est ainsi qu'on le traite !

PTOLOMÉE.

Je m'en souviens, ma sœur, et je vois sa défaite.

CLÉOPATRE.

Vous la voyez de vrai, mais d'un œil de mépris.

PTOLOMÉE.

Le temps de chaque chose ordonne et fait le prix.
Vous qui l'estimez tant, allez lui rendre hommage ;
Mais songez qu'au port même il peut faire naufrage. ³

CLÉOPATRE.

Il peut faire naufrage ! et même dans le port !
Quoi ! vous auriez osé lui préparer la mort ?

PTOLOMÉE.

J'ai fait ce que les dieux m'ont inspiré de faire,
Et que pour mon état j'ai jugé nécessaire.

CLÉOPATRE.

Je ne le vois que trop, Photin et ses pareils
Vous ont empoisonné de leurs lâches conseils :
Ces âmes que le ciel ne forma que de boue....

PHOTIN.

Ce sont de nos conseils, oui, madame ; et j'avoue...

CLÉOPATRE.

Photin, je parle au roi ; vous répondrez pour tous
Quand je m'abaisserai jusqu'à parler à vous.

PTOLOMÉE, à Photin.

« Il faut un peu souffrir de cette humeur hautaine ;
« Je sais votre innocence, et je connois sa haine ;

« Après tout, c'est ma sœur; oyez sans répartir. 4

CLÉOPATRE.

« Ah ! s'il est encor temps de vous en repentir,
« Affranchissez-vous d'eux et de leur tyrannie ;
« Rappelez la vertu par leurs conseils bannie,
« Cette haute vertu dont le ciel et le sang 5
« Enflent toujours les cœurs de ceux de notre rang.

PTOLOMÉE.

Quoi ! d'un frivole espoir déjà préoccupée,
Vous me parlez en reine, en parlant de Pompée;
Et d'un faux zèle ainsi votre orgueil revêtu
Fait agir l'intérêt sous le nom de vertu !
« Confessez-le, ma sœur, vous sauriez vous en taire, 6 *a*
N'étoit le testament du feu roi notre père;
Vous savez qu'il le garde.

CLÉOPATRE.

Et vous saurez aussi
Que la seule vertu me fait parler ainsi,
Et que, si l'intérêt m'avoit préoccupée,
J'agirois pour César, et non pas pour Pompée.
Apprenez un secret que je voulois cacher,
Et cessez désormais de me rien reprocher.
Quand ce peuple insolent qu'enferme Alexandrie
Fit quitter au feu roi son trône et sa patrie,
« Et que jusque dans Rome il alla du sénat
« Implorer sa pitié contre un tel attentat, *b*

---

a Avouez-le, ma sœur, vous sauriez vous en taire,

b Et que, par ces mutins, chassé de son état,
 Il fut jusques à Rome implorer le sénat,

ACTE I, SCÈNE III.

Il nous mena tous deux pour toucher son courage, 8
Vous assez jeune encor, moi déjà dans un âge
Où ce peu de beauté que m'ont donné les cieux 9
D'un assez vif éclat faisoit briller mes yeux.
César en fut épris; et du moins j'eus la gloire
De le voir hautement donner lieu de le croire;
Mais voyant contre lui le sénat irrité,
Il fit agir Pompée et son autorité.
Ce dernier nous servit à sa seule prière,
Qui de leur amitié fut la preuve dernière :
Vous en savez l'effet, et vous en jouissez.
Mais pour un tel amant ce ne fut pas assez;
Après avoir pour nous employé ce grand homme, 10
Qui nous gagna soudain toutes les voix de Rome,
Son amour en voulut seconder les efforts,
Et, nous ouvrant son cœur, nous ouvrit ses trésors : 11
« Nous eûmes de ses feux, encore en leur naissance, 12
« Et les nerfs de la guerre, et ceux de la puissance;
« Et les mille talents qui lui sont encor dus
« Remirent en nos mains tous nos états perdus.
Le roi, qui s'en souvint à son heure fatale,
Me laissa, comme à vous, la dignité royale,
« Et, par son testament, il vous fit cette loi,
« Pour me rendre une part de ce qu'il tint de moi.
« C'est ainsi qu'ignorant d'où vint ce bon office,
« Vous appelez faveur ce qui n'est que justice,
« Et l'osez accuser d'une aveugle amitié, *a*
Quand du tout qu'il me doit il me rend la moitié.

---

a Et vous, vous l'accusez d'une aveugle amitié,

PTOLOMÉE.

Certes, ma sœur, le conte est fait avec adresse. 13

CLÉOPATRE.

César viendra bientôt, et j'en ai lettre expresse ;
Et peut-être aujourd'hui vos yeux seront témoins
De ce que votre esprit s'imagine le moins.
Ce n'est pas sans sujet que je parlois en reine.
Je n'ai reçu de vous que mépris et que haine ; 14
Et, de ma part du sceptre indigne ravisseur, 15
Vous m'avez plus traitée en esclave qu'en sœur ;
Même, pour éviter des effets plus sinistres,
Il m'a fallu flatter vos insolents ministres,
Dont j'ai craint jusqu'ici le fer, ou le poison :
Mais Pompée, ou César, m'en va faire raison ;
Et, quoi qu'avec Photin Achillas en ordonne,
Ou l'une ou l'autre main me rendra ma couronne.
Cependant mon orgueil vous laisse à démêler 16
Quel étoit l'intérêt qui me faisoit parler.

SCÈNE IV.

PTOLOMÉE, PHOTIN.

PTOLOMÉE.

Que dites-vous, ami, de cette âme orgueilleuse ?

PHOTIN.

Seigneur, cette surprise est pour moi merveilleuse ; 1
Je n'en sais que penser ; et mon cœur, étonné 2
D'un secret que jamais il n'auroit soupçonné,

Inconstant et confus dans son incertitude, 3
Ne se résout à rien qu'avec inquiétude.

PTOLOMÉE.

Sauverons-nous Pompée? 4

PHOTIN.

Il faudroit faire effort,
Si nous l'avions sauvé, pour conclure sa mort.
Cléopâtre vous hait : elle est fière, elle est belle;
Et si l'heureux César a de l'amour pour elle,
La tête de Pompée est l'unique présent
Qui vous fasse contre elle un rempart suffisant.

PTOLOMÉE.

Ce dangereux esprit a beaucoup d'artifice.

PHOTIN.

Son artifice est peu contre un si grand service.

PTOLOMÉE.

Mais si, tout grand qu'il est, il cède à ses appas?

PHOTIN.

Il la faudra flatter. Mais ne m'en croyez pas,
Et, pour mieux empêcher qu'elle ne vous opprime,
Consultez-en encore Achillas et Septime. 5

PTOLOMÉE.

« Allons donc les voir faire, et montons à la tour; *a*
Et nous en résoudrons ensemble à leur retour.

a Observons-les ; suis-moi, viens, montons à la tour.

FIN DU PREMIER ACTE.

ACTE SECOND.

SCÈNE I.ère

CLÉOPATRE, CHARMION.

CLÉOPATRE.

JE l'aime ; mais l'éclat d'une si belle flamme, [1]
Quelque brillant qu'il soit, n'éblouit point mon âme;
Et toujours ma vertu retrace dans mon cœur [2]
Ce qu'il doit au vaincu, brûlant pour le vainqueur. [3]
Aussi qui l'ose aimer porte une âme trop haute
Pour souffrir seulement le soupçon d'une faute;
Et je le traiterois avec indignité, [4]
Si j'aspirois à lui par une lâcheté.

CHARMION.

« Quoi ! vous aimez César ! et, si vous étiez crue,
« L'Égypte pour Pompée armeroit à sa vue,
« En prendroit la défense, et par un prompt secours
« Du destin de Pharsale arrêteroit le cours !
L'amour, certes, sur vous a bien peu de puissance.

CLÉOPATRE.

Les princes ont cela de leur haute naissance ; [5]
Leur âme dans leur sang prend des impressions [6]
Qui dessous leur vertu rangent leurs passions.

Leur générosité soumet tout à leur gloire : 7
Tout est illustre en eux quand ils daignent se croire ; 8.
Et si le peuple y voit quelques déréglements,
C'est quand l'avis d'autrui corrompt leurs sentiments.
Ce malheur de Pompée achève la ruine.
Le roi l'eût secouru, mais Photin l'assassine :
Il croit cette âme basse, et se montre sans foi ; 9
Mais s'il croyoit la sienne, il agiroit en roi.

CHARMION.

Ainsi donc de César l'amante et l'ennemie....

CLÉOPATRE.

Je lui garde une flamme exempte d'infamie,
Un cœur digne de lui.

CHARMION.

    Vous possédez le sien ?

CÉOPATRE.

Je crois le posséder.

CHARMION.

    Mais le savez-vous bien ?

CLÉOPATRE.

Apprends qu'une princesse aimant sa renommée, 10
Quand elle dit qu'elle aime, est sûre d'être aimée ;
Et que les plus beaux feux dont son cœur soit épris 11
N'oseroient l'exposer aux hontes d'un mépris.
Notre séjour à Rome enflamma son courage :
Là j'eus de son amour le premier témoignage ;
Et depuis jusqu'ici chaque jour ses courriers
M'apportent en tributs ses vœux et ses lauriers.
« Par-tout, en Italie, aux Gaules, en Espagne,
« La fortune le suit, et l'amour l'accompagne :

« Son bras ne dompte point de peuple ni de lieux [12]
« Dont il ne rende hommage au pouvoir de mes yeux ;
« Et, de la même main dont il quitte l'épée
« Fumante encor du sang des amis de Pompée,
« Il trace des soupirs, et d'un style plaintif [13]
« Dans son champ de victoire il se dit mon captif.
Oui, tout victorieux il m'écrit de Pharsale ; [14]
Et si sa diligence à ses feux est égale, [15]
Ou plutôt si la mer ne s'oppose à ses feux,
L'Égypte le va voir me présenter ses vœux.
Il vient, ma Charmion, jusque dans nos murailles
Chercher auprès de moi le prix de ses batailles,
M'offrir toute sa gloire, et soumettre à mes lois
Ce cœur et cette main qui commandent aux rois :
Et ma rigueur, mêlée aux faveurs de la guerre,
Feroit un malheureux du maître de la terre.

CHARMION.

J'oserois bien jurer que vos charmants appas [16]
Se vantent d'un pouvoir dont ils n'useront pas,
Et que le grand César n'a rien qui l'importune [17]
Si vos seules rigueurs ont droit sur sa fortune.
Mais quelle est votre attente, et que prétendez-vous,
Puisque d'une autre femme il est déjà l'époux,
Et qu'avec Calpurnie un paisible hyménée,
Par des liens sacrés, tient son âme enchaînée ?

CLÉOPATRE.

Le divorce, aujourd'hui si commun aux Romains,
Peut rendre en ma faveur tous ces obstacles vains :
César en sait l'usage et la cérémonie ;
Un divorce chez lui fit place à Calpurnie.

CHARMION.

Par cette même voie il pourra vous quitter.

CLÉOPATRE.

Peut-être mon bonheur saura mieux l'arrêter ;
Peut-être mon amour aura quelque avantage [18]
Qui saura mieux que moi ménager son courage.
Mais laissons au hasard ce qui peut arriver ;
Achevons cet hymen, s'il se peut achever :
Ne durât-il qu'un jour, ma gloire est sans seconde
D'être du moins un jour la maîtresse du monde.
« J'ai de l'ambition ; et, soit vice ou vertu,
« Mon cœur sous son fardeau veut bien être abattu ;
« J'en aime la chaleur, et la nomme sans cesse
« La seule passion digne d'une princesse.
« Mais je veux que la gloire anime ses ardeurs,
« Qu'elle mène sans honte au faîte des grandeurs,
« Et je la désavoue alors que sa manie
« Nous présente le trône avec ignominie.
« Ne t'étonne donc plus, Charmion, de me voir
« Défendre encor Pompée et suivre mon devoir ;
« Ne pouvant rien de plus pour sa vertu séduite, [19]
« Dans mon âme en secret je l'exhorte à la fuite,
« Et voudrois qu'un orage, écartant ses vaisseaux,
« Malgré lui l'enlevât aux mains de ses bourreaux.
« Mais voici de retour le fidèle Achorée,
« Par qui j'en apprendrai la nouvelle assurée. [20]

SCÈNE II.[1]

CLÉOPATRE, ACHORÉE, CHARMION.

CLÉOPATRE.

En est-ce déjà fait ? et nos bords malheureux
Sont-ils déjà souillés d'un sang si généreux ?

ACHORÉE.

Madame, j'ai couru par votre ordre au rivage ;
J'ai vu la trahison, j'ai vu toute sa rage ; [2]
Du plus grand des mortels j'ai vu trancher le sort ; [3]
J'ai vu dans son malheur la gloire de sa mort : [4]
Et puisque vous voulez qu'ici je vous raconte
La gloire d'une mort qui nous couvre de honte,
Ecoutez, admirez, et plaignez son trépas. [5]

Ses trois vaisseaux en rade avoient mis voile bas ;
Et voyant dans le port préparer nos galères,
Il croyoit que le roi, touché de ses misères,
Par un beau sentiment d'honneur et de devoir,
Avec toute sa cour le venoit recevoir :
Mais voyant que ce prince, ingrat à ses mérites, [6]
N'envoyoit qu'un esquif rempli de satellites,
Il soupçonne aussitôt son manquement de foi, [7]
Et se laisse surprendre à quelque peu d'effroi.
« Enfin, voyant nos bords et notre flotte en armes,[a]
Il condamne en son cœur ces indignes alarmes,
Et réduit tous les soins d'un si pressant ennui
A ne hasarder pas Cornélie avec lui :

[a] Cependant, à l'aspect de notre flotte en armes,

ACTE II, SCÈNE II.

N'exposons, lui dit-il, que cette seule tête a
A la réception que l'Égypte m'apprête;
Et tandis que moi seul j'en courrai le danger,
Songe à prendre la fuite afin de me venger.
Le roi Juba nous garde une foi plus sincère;
Chez lui tu trouveras et mes fils et ton père;
Mais quand tu les verrois descendre chez Pluton, 8
Ne désespère point, du vivant de Caton.
Tandis que leur amour en cet adieu conteste,
Achillas à son bord joint son esquif funeste.
Septime se présente, et, lui tendant la main,
Le salue empereur en langage romain;
Et, comme député de ce jeune monarque,
Passez, seigneur, dit-il, passez dans cette barque;
Les sables et les bancs cachés dessous les eaux
Rendent l'accès mal sûr à de plus grands vaisseaux.
« Ce héros voit la fourbe, et s'en moque dans l'âme : 9 b
Il reçoit les adieux des siens et de sa femme,
Leur défend de le suivre, et s'avance au trépas
Avec le même front qu'il donnoit les états;
La même majesté sur son visage empreinte
Entre ses assassins montre un esprit sans crainte;
Sa vertu tout entière à la mort le conduit :
Son affranchi Philippe est le seul qui le suit.
C'est de lui que j'ai su ce que je viens de dire;
Mes yeux ont vu le reste, et mon cœur en soupire, 10
Et croit que César même à de si grands malheurs
Ne pourra refuser des soupirs et des pleurs.

a *Chère épouse, dit-il, n'exposons que ma tête*
b Le coup qu'il voit venir n'ébranle point son âme :

CLÉOPATRE.

N'épargnez pas les miens ; achevez, Achorée,
L'histoire d'une mort que j'ai déjà pleurée.

ACHORÉE.

On l'amène ; et du port nous le voyons venir,
Sans que pas un d'entre eux daigne l'entretenir.
Ce mépris lui fait voir ce qu'il en doit attendre.
Enfin l'esquif aborde, on l'invite à descendre :
Il se lève ; et soudain, pour signal, Achillas
« Derrière ce héros tirant son coutelas, *a*
Septime et trois des siens, lâches enfants de Rome,
Percent à coups pressés les flancs de ce grand homme,
« Tandis qu'Achillas même, épouvanté d'horreur, 11
« De ces quatre enragés admire la fureur. *b*

CLÉOPATRE.

Vous qui livrez la terre aux discordes civiles,
Si vous vengez sa mort, dieux, épargnez nos villes !
N'imputez rien aux lieux, reconnoissez les mains ;
Le crime de l'Égypte est fait par des Romains.
Mais que fait et que dit ce généreux courage ?

ACHORÉE.

D'un des pans de sa robe il couvre son visage,
« A son mauvais destin en aveugle obéit,
« Et dédaigne de voir le ciel qui le trahit, 12
« De peur que d'un coup d'œil contre une telle offense
« Il ne semble implorer son aide ou sa vengeance.

a Derrière ce héros lève un coupable bras.

b Tandis qu'Achillas même, animant leur fureur,
   Frémit à ce spectacle, et recule d'horreur.

Aucun gémissement à son cœur échappé
Ne le montre, en mourant, digne d'être frappé : 13
« Immobile à leurs coups, en lui-même il rappelle 14
« Ce qu'eut de beau sa vie, et ce qu'on dira d'elle,
« Et tient la trahison que le roi leur prescrit 15
« Trop au-dessous de lui pour y prêter l'esprit.
« Sa vertu dans leur crime augmente ainsi son lustre; *a*
Et son dernier soupir est un soupir illustre, 16
Qui, de cette grande âme achevant les destins,
Étale tout Pompée aux yeux des assassins.
Sur les bords de l'esquif sa tête enfin penchée,
Par le traître Septime indignement tranchée,
Passe au bout d'une lance en la main d'Achillas,
Ainsi qu'un grand trophée après de grands combats.
« On descend, et pour comble à sa noire aventure, *b*
On donne à ce héros la mer pour sépulture ;
« Et le tronc sous les flots roule dorénavant *c*
Au gré de la fortune, et de l'onde, et du vent.
La triste Cornélie à cet affreux spectacle,
Par de longs cris aigus tâche d'y mettre obstacle,
Défend ce cher époux de la voix et des yeux ;
Puis, n'espérant plus rien, lève les mains aux cieux ;
Et cédant tout-à-coup à la douleur plus forte,
Tombe, dans sa galère, évanouie ou morte.
Les siens en ce désastre, à force de ramer,
L'éloignent de la rive et regagnent la mer.

a Ce héros, de sa mort, reçoit un nouveau lustre ;

b On descend, et pour comble à cette horrible injure,

c Et son corps, sous les flots roule dorénavant

Mais sa fuite est mal sûre ; et l'infâme Septime,
Qui se voit dérober la moitié de son crime,
Afin de l'achever, prend six vaisseaux au port,
Et poursuit sur les eaux Pompée après sa mort.
Cependant Achillas porte au roi sa conquête :
Tout le peuple tremblant en détourne la tête.
Un effroi général offre à l'un sous ses pas
Des abîmes ouverts pour venger ce trépas;
L'autre entend le tonnerre ; et chacun se figure
Un désordre soudain de toute la nature ;
Tant l'excès du forfait, troublant leurs jugements,
Présente à leur terreur l'excès des châtiments !
Philippe, d'autre part, montrant sur le rivage
« Dans une âme servile un généreux courage, *a*
Examine d'un œil et d'un soin curieux
« Où les vagues rendront ce dépôt précieux, *b*
Pour lui rendre, s'il peut, ce qu'aux morts on doit rendr
Dans quelque urne chétive en ramasser la cendre, ¹⁹
Et d'un peu de poussière élever un tombeau
A celui qui du monde eut le sort le plus beau.
« Mais comme vers l'Afrique on poursuit Cornélie,
« On voit d'ailleurs César venir de Thessalie : *c*
Une flotte paroît, qu'on a peine à compter....

CLÉOPATRE.

C'est lui-même, Achorée, il n'en faut point douter.

---

a Dans un état servile un généreux courage,

b Où les flots porteront ce dépôt précieux,

c Tandis que vers l'Afrique on poursuit Cornélie,
 On aperçoit César venir de Thessalie :

ACTE II, SCÈNE III.

Tremblez, tremblez, méchants; voici venir la foudre;
Cléopâtre a de quoi vous mettre tous en poudre:
César vient; elle est reine, et Pompée est vengé;
La tyrannie est bas, et le sort a changé.
 Admirons cependant le destin des grands hommes;
Plaignons-les, et par eux jugeons ce que nous sommes.
Ce prince d'un sénat maître de l'univers,
Dont le bonheur sembloit au-dessus du revers,
Lui que sa Rome a vu plus craint que le tonnerre,
Triompher en trois fois des trois parts de la terre,
Et qui voyoit encore en ces derniers hasards
L'un et l'autre consul suivre ses étendards;
Sitôt que d'un malheur sa fortune est suivie,
Les monstres de l'Égypte ordonnent de sa vie:
On voit un Achillas, un Septime, un Photin
Arbitres souverains d'un si noble destin:
Un roi qui de ses mains a reçu la couronne
A ces pestes de cour lâchement l'abandonne.
Ainsi finit Pompée; et peut-être qu'un jour
César éprouvera même sort à son tour.
Rendez l'augure faux, dieux qui voyez mes larmes,
Et secondez par-tout et mes vœux et ses armes!

CHARMION.

Madame, le roi vient, qui pourra vous ouïr.

SCÈNE III.
PTOLOMÉE, CLÉOPATRE, CHARMION.
PTOLOMÉE.

Savez-vous le bonheur dont nous allons jouir,
Ma sœur?

CLÉOPATRE.
Oui, je le sais ; le grand César arrive :
Sous les lois de Photin je ne suis plus captive.
PTOLOMÉE.
Vous haïssez toujours ce fidèle sujet. [1]
CLÉOPATRE.
Non, mais en liberté je ris de son projet.
PTOLOMÉE.
Quel projet faisoit-il dont vous puissiez vous plaindre?
CLÉOPATRE.
J'en ai souffert beaucoup, et j'avois plus à craindre.
Un si grand politique est capable de tout ;
Et vous donnez les mains à tout ce qu'il résout.
PTOLOMÉE.
Si je suis ses conseils, j'en connois la prudence.
CLÉOPATRE.
Si j'en crains les effets, j'en vois la violence.
PTOLOMÉE.
Pour le bien de l'état tout est juste en un roi.
CLÉOPATRE.
Ce genre de justice est à craindre pour moi;
Après ma part du sceptre à ce titre usurpée,
Il en coûte la vie et la tête à Pompée. [2]
PTOLOMÉE.
Jamais un coup d'état ne fut mieux entrepris.
Le voulant secourir, César nous eût surpris;
Vous voyez sa vitesse ; et l'Égypte troublée,
Avant qu'être en défense, en seroit accablée.
Mais je puis maintenant à cet heureux vainqueur
Offrir en sûreté mon trône et votre cœur.

CLÉOPATRE.

Je ferai mes présents ; n'ayez soin que des vôtres, 3
Et dans vos intérêts n'en confondez point d'autres.

PTOLOMÉE.

Les vôtres sont les miens, étant de même sang.

CLÉOPATRE.

Vous pouvez dire encore, étant d'un même rang,
Étant rois l'un et l'autre ; et toutefois je pense
Que nos deux intérêts ont quelque différence.

PTOLOMÉE.

Oui, ma sœur ; car l'état dont mon cœur est content
Sur quelques bords du Nil à grand'peine s'étend :
Mais César, à vos lois soumettant son courage,
Va vous faire régner sur le Gange et le Tage.

CLÉOPATRE.

J'ai de l'ambition ; mais je la sais régler :
Elle peut m'éblouir, et non pas m'aveugler.
Ne parlons point ici du Tage ni du Gange ;
Je connois ma portée, et ne prends point le change. 4

PTOLOMÉE.

L'occasion vous rit, et vous en userez.

CLÉOPATRE.

Si je n'en use bien, vous m'en accuserez.

PTOLOMÉE.

J'en espère beaucoup, vu l'amour qui l'engage.

CLÉOPATRE.

Vous la craignez peut-être encore davantage ;
Mais, quelque occasion qui me rie aujourd'hui,
N'ayez aucune peur, je ne veux rien d'autrui ;

Je ne garde pour vous ni haine ni colère;
Et je suis bonne sœur, si vous n'êtes bon frère. 5

PTOLOMÉE.

Vous montrez cependant un peu bien du mépris.

CLÉOPATRE.

Le temps de chaque chose ordonne et fait le prix.

PTOLOMÉE.

Votre façon d'agir le fait assez connoître.

CLÉOPATRE.

Le grand César arrive, et vous avez un maître.

PTOLOMÉE.

Il l'est de tout le monde, et je l'ai fait le mien.

CLÉOPATRE.

Allez lui rendre hommage, et j'attendrai le sien.
Allez; ce n'est pas trop pour lui que de vous-même:
Je garderai pour vous l'honneur du diadême.
Photin vous vient aider à le bien recevoir;
Consultez avec lui quel est votre devoir.

SCÈNE IV.

PTOLOMÉE, PHOTIN.

PTOLOMÉE.

« J'ai suivi tes conseils; mais plus je l'ai flattée, 1
« Et plus dans l'insolence elle s'est emportée;
« Si bien qu'enfin, outré de tant d'indignités,
« Je m'allois emporter dans les extrémités: 2
« Mon bras, dont ses mépris forçoient la retenue,
« N'eût plus considéré César ni sa venue,
« Et l'eût mise en état, malgré tout son appui, 3
« De s'en plaindre à Pompée auparavant qu'à lui.

L'arrogante! à l'ouïr elle est déjà ma reine;
Et, si César en croit son orgueil et sa haine,
« Si, comme elle s'en vante, elle est son cher objet, *a*
De son frère et son roi je deviens son sujet.
Non, non, prévenons-la : c'est foiblesse d'attendre
Le mal qu'on voit venir sans vouloir s'en défendre :
« Otons-lui les moyens de nous plus dédaigner;
« Otons-lui les moyens de plaire et de régner;
« Et ne permettons pas qu'après tant de bravades 4
« Mon sceptre soit le prix d'une de ses œillades.

PHOTIN.

Seigneur, ne donnez point de prétexte à César 5
Pour attacher l'Egypte aux pompes de son char.
Ce cœur ambitieux, qui par toute la terre
Ne cherche qu'à porter l'esclavage et la guerre,
Enflé de sa victoire et des ressentiments 6
Qu'une perte pareille imprime aux vrais amants,
Quoique vous ne rendiez que justice à vous-même,
Prendroit l'occasion de venger ce qu'il aime;
Et, pour s'assujettir et vos états et vous,
Imputeroit à crime un si juste courroux.

PTOLOMÉE.

Si Cléopâtre vit, s'il la voit, elle est reine.

PHOTIN.

Si Cléopâtre meurt, votre perte est certaine. 7

PTOLOMÉE.

Je perdrai qui me perd, ne pouvant me sauver.

a Si, comme elle s'en vante, il l'adore en effet,

PHOTIN.

Pour la perdre avec joie il faut vous conserver.

PTOLOMÉE.

Quoi! pour voir sur sa tête éclater ma couronne?
Sceptre, s'il faut enfin que ma main t'abandonne, 8
Passe, passe plutôt en celle du vainqueur.

PHOTIN.

Vous l'arracherez mieux de celle d'une sœur.
Quelques feux que d'abord il lui fasse paroître,
Il partira bientôt, et vous serez le maître.
L'amour à ses pareils ne donne point d'ardeur 9
Qui ne cède aisément aux soins de la grandeur :
« Il voit encor l'Afrique et l'Espagne occupées
« Par Juba, Scipion, et les jeunes Pompées ;
« Et le monde à ses lois n'est point assujetti,
« Tant qu'il verra durer ces restes du parti.
« Au sortir de Pharsale un si grand capitaine
« Sauroit mal son métier s'il laissoit prendre haleine,
« Et s'il donnoit loisir à des cœurs si hardis 10
« De relever du coup dont ils sont étourdis :
« S'il les vainc, s'il parvient où son désir aspire, 11
« Il faut qu'il aille à Rome établir son empire,
« Jouir de sa fortune et de son attentat,
« Et changer à son gré la forme de l'état.
« Jugez durant ce temps ce que vous pourrez faire.
« Seigneur, voyez César, forcez-vous à lui plaire ;
« Et lui déférant tout, veuillez vous souvenir
« Que les événements régleront l'avenir.
Remettez en ses mains trône, sceptre, couronne ; 12
Et, sans en murmurer, souffrez qu'il en ordonne.

Il en croira sans doute ordonner justement,
En suivant du feu roi l'ordre et le testament :
L'importance d'ailleurs de ce dernier service
Ne permet pas d'en craindre une entière injustice.
Quoi qu'il en fasse enfin, feignez d'y consentir,
Louez son jugement, et laissez-le partir.
Après, quand nous verrons le temps propre aux vengeances,
Nous aurons et la force et les intelligences.
Jusque-là réprimez ces transports violents
Qu'excitent d'une sœur les mépris insolents :
Les bravades enfin sont des discours frivoles ;
Et qui songe aux effets néglige les paroles.

PTOLOMÉE.

Ah ! tu me rends la vie et le sceptre à la fois :
Un sage conseiller est le bonheur des rois.
Cher appui de mon trône, allons, sans plus attendre,
Offrir tout à César, afin de tout reprendre ;
Avec toute ma flotte allons le recevoir, 13
« Et, par ces vains honneurs, séduire son pouvoir. *a*

* Et, par de vains honneurs, désarmons son pouvoir.

FIN DU SECOND ACTE.

ACTE TROISIÈME.

SCÈNE I.ère [1]

CHARMION, ACHORÉE.

CHARMION.

Oui, tandis que le roi va lui-même en personne [2]
Jusqu'aux pieds de César prosterner sa couronne,
« Cléopâtre s'enferme en son appartement,
« Et, sans s'en émouvoir, attend son compliment.
« Comment nommerez-vous une humeur si hautaine ? [3]

ACHORÉE.

« Un orgueil noble et juste, et digne d'une reine
« Qui soutient avec cœur et magnanimité
« L'honneur de sa naissance et de sa dignité :
« Lui pourrai-je parler ?

CHARMION.

Non; mais elle m'envoie [4]
« Savoir à cet abord ce qu'on a vu de joie; [a]
Ce qu'à ce beau présent César a témoigné ; [5]
S'il a paru content, ou s'il l'a dédaigné ;

---

[a] Cléopâtre, avec cœur et magnanimité,
De son auguste rang soutient la dignité;
Elle attend le vainqueur, et près de vous m'envoie
Savoir ce qu'un tel crime a fait naître de joie;

S'il traite avec douceur, s'il traite avec empire ; 6
Ce qu'à nos assassins enfin il a pu dire.

ACHORÉE.

La tête de Pompée a produit des effets 7
Dont ils n'ont pas sujet d'être fort satisfaits.
Je ne sais si César prendroit plaisir à feindre ;
Mais pour eux jusqu'ici je trouve lieu de craindre :
S'ils aimoient Ptolomée, ils l'ont fort mal servi.
Vous l'avez vu partir, et moi je l'ai suivi.
« Ses vaisseaux en bon ordre ont éloigné la ville, 8
« Et pour joindre César n'ont avancé qu'un mille.
« Il venoit à plein voile ; et si dans les hasards 9 *a*
Il éprouva toujours pleine faveur de Mars,
Sa flotte, qu'à l'envi favorisoit Neptune, 10
Avoit le vent en poupe ainsi que sa fortune.
Dès le premier abord notre prince étonné
Ne s'est plus souvenu de son front couronné ;
Sa frayeur a paru sous sa fausse allégresse ;
Toutes ses actions ont senti la bassesse :
J'en ai rougi moi-même, et me suis plaint à moi
De voir là Ptolomée, et n'y voir point de Roi ;
Et César, qui lisoit sa peur sur son visage,
Le flattoit par pitié pour lui donner courage.
Lui, d'une voix tombante offrant ce don fatal :
Seigneur, vous n'avez plus, lui dit-il, *de rival;*
Ce que n'ont pu les dieux dans votre Thessalie,
Je vais mettre en vos mains Pompée et Cornélie :

a Ses vaisseaux, loin du port, bientôt loin de la ville,
   Pour rejoindre César, n'ont avancé qu'un mille.
   Il voloit sur les flots ; et si dans les hasards

En voici déjà l'un; et pour l'autre, elle fuit,
Mais avec six vaisseaux un des miens la poursuit. 11
A ces mots Achillas découvre cette tête :
Il semble qu'à parler encore il s'apprête ;
Qu'à ce nouvel affront un reste de chaleur
En sanglots mal formés exhale sa douleur ;
Sa bouche encore ouverte et sa vue égarée
Rappellent sa grande âme à peine séparée ;
Et son courroux mourant fait un dernier effort
Pour reprocher aux dieux sa défaite et sa mort.
César, à cet aspect comme frappé du foudre, 12
Et comme ne sachant que croire ou que résoudre, 13
Immobile, et les yeux sur l'objet attachés,
Nous tient assez long-temps ses sentiments cachés ;
Et je dirai, si j'ose en faire conjecture, 14
Que, par un mouvement commun à la nature, 15
Quelque maligne joie en son cœur s'élevoit,
Dont sa gloire indignée à peine le sauvoit.
L'aise de voir la terre à son pouvoir soumise
Chatouilloit malgré lui son âme avec surprise ;
Et de cette douceur son esprit combattu
Avec un peu d'effort rassuroit sa vertu.
S'il aime sa grandeur, il hait la perfidie ;
Il se juge en autrui, se tâte, s'étudie,
Examine en secret sa joie et ses douleurs,
Les balance, choisit, laisse couler des pleurs ;
Et, forçant sa vertu d'être encor la maîtresse,
Se montre généreux par un trait de foiblesse :
Ensuite il fait ôter ce présent de ses yeux,
Lève les mains ensemble et les regards aux cieux,

Lâche deux ou trois mots contre cette insolence ;
Puis tout triste et pensif il s'obstine au silence,
Et même à ses Romains ne daigne repartir
Que d'un regard farouche et d'un profond soupir.
Enfin ayant pris terre avec trente cohortes,
Il se saisit du port, il se saisit des portes,
Met des gardes par-tout et des ordres secrets, [16]
Fait voir sa défiance ainsi que ses regrets,
Parle d'Égypte en maître, et de son adversaire
Non plus comme ennemi, mais comme son beau-père.
Voilà ce que j'ai vu.

CHARMION.

« Voilà ce qu'attendoit,
« Ce qu'au juste Osiris la reine demandoit.
« Je vais bien la ravir avec cette nouvelle. [17]
« Vous, continuez-lui ce service fidèle.

ACHORÉE.

« Qu'elle n'en doute point. Mais César vient. Allez,
« Peignez-lui bien nos gens pâles et désolés ;
« Et moi, soit que l'issue en soit douce ou funeste,[a]
J'irai l'entretenir quand j'aurai vu le reste.

[a] Mais César vient. Allez.
La reine vous attend ; calmez ses sens troublés ;
Et bientôt, soit l'issue ou propice ou funeste,

SCÈNE II.

CÉSAR, PTOLOMÉE, LÉPIDE, PHOTIN, ACHORÉE, SOLDATS ROMAINS, SOLDATS ÉGYPTIENS.

PTOLOMÉE.

Seigneur, montez au trône, et commandez ici.

CÉSAR.

Connoissez-vous César, de lui parler ainsi ? [1]
Que m'offriroit de pis la fortune ennemie, [2]
A moi qui tiens le trône égal à l'infamie ?
Certes, Rome à ce coup pourroit bien se vanter
D'avoir eu juste lieu de me persécuter ;
Elle qui d'un même œil les donne et les dédaigne,
Qui ne voit rien aux rois qu'elle aime ou qu'elle craigne,
Et qui verse en nos cœurs, avec l'âme et le sang,
Et la haine du nom, et le mépris du rang.
C'est ce que de Pompée il vous falloit apprendre :
S'il en eût aimé l'offre, il eût su s'en défendre ; [3]
Et le trône et le roi se seroient ennoblis
A soutenir la main qui les a rétablis.
Vous eussiez pu tomber, mais tout couvert de gloire :
Votre chute eût valu la plus haute victoire ;
Et si votre destin n'eût pu vous en sauver,
César eût pris plaisir à vous en relever.
Vous n'avez pu former une si noble envie.
Mais quel droit aviez-vous sur cette illustre vie ?
Que vous devoit son sang pour y tremper vos mains,
Vous qui devez respect au moindre des Romains ? [4]

Ai-je vaincu pour vous dans les champs de Pharsale ?
Et, par une victoire aux vaincus trop fatale,
Vous ai-je acquis sur eux, en ce dernier effort,
La puissance absolue et de vie et de mort ?
Moi qui n'ai jamais pu la souffrir à Pompée,
La souffrirai-je en vous sur lui-même usurpée,
Et que de mon bonheur vous ayez abusé
Jusqu'à plus attenter que je n'aurois osé ?
De quel nom, après tout, pensez-vous que je nomme
Ce coup où vous tranchez du souverain de Rome, 5
Et qui sur un seul chef lui fait bien plus d'affront
Que sur tant de milliers ne fit le roi de Pont ?
Pensez-vous que j'ignore ou que je dissimule 6
Que vous n'auriez pas eu pour moi plus de scrupule,
Et que, s'il m'eût vaincu, votre esprit complaisant
Lui faisoit de ma tête un semblable présent ?
Grâces à ma victoire, on me rend des hommages
Où ma fuite eût reçu toutes sortes d'outrages :
Au vainqueur, non à moi, vous faites tout l'honneur :
Si César en jouit, ce n'est que par bonheur.
Amitié dangereuse et redoutable zèle,
Que règle la fortune et qui tourne avec elle !
Mais parlez ; c'est trop être interdit et confus.

PTOLOMÉE.

Je le suis, il est vrai, si jamais je le fus ;
Et vous-même avoûrez que j'ai sujet de l'être.
Étant né souverain, je vois ici mon maître ;
« Ici, dis-je, où ma cour tremble en me regardant, 7
« Où je n'ai point encore agi qu'en commandant,

« Je vois une autre cour sous une autre puissance,
« Et ne puis plus agir qu'avec obéissance.
« De votre seul aspect je me suis vu surpris :
« Jugez si vos discours rassurent mes esprits !
« Jugez par quels moyens je puis sortir d'un trouble
« Que forme le respect, que la crainte redouble,
« Et ce que vous peut dire un prince épouvanté *a*
De voir tant de colère et tant de majesté !
Dans ces étonnements dont mon âme est frappée
De rencontrer en vous le vengeur de Pompée,
Il me souvient pourtant que s'il fut notre appui,
Nous vous dûmes dès-lors autant et plus qu'à lui.
Votre faveur pour nous éclata la première ;
Tout ce qu'il fit après fut à votre prière :
Il émut le sénat pour des rois outragés
Que sans cette prière il auroit négligés.
« Mais de ce grand sénat les saintes ordonnances
« Eussent peu fait pour nous, seigneur, sans vos finances :
Par-là de nos mutins le feu roi vint à bout ;
Et, pour en bien parler, nous vous devons le tout. 9
Nous avons honoré votre ami, votre gendre,
Jusqu'à ce qu'à vous-même il ait osé se prendre ; 10
Mais voyant son pouvoir, de vos succès jaloux, 11
Passer en tyrannie, et s'armer contre vous....

CÉSAR.

Tout beau : que votre haine en son sang assouvie 12
N'aille point à sa gloire ; il suffit de sa vie.

a Et que pourroit vous dire un prince épouvanté

b Mais de ce grand sénat les décrets, les promesses
    Eussent peu fait pour nous, seigneur, sans vos richesses.

N'avancez rien ici que Rome ose nier;
Et justifiez-vous sans le calomnier.
PTOLOMÉE.
Je laisse donc aux dieux à juger ses pensées,
Et dirai seulement qu'en vos guerres passées,
Où vous fûtes forcé par tant d'indignités,
Tous nos vœux ont été pour vos prospérités;
Que, comme il vous traitoit en mortel adversaire,
J'ai cru sa mort pour vous un malheur nécessaire; 13
Et que sa haine injuste, augmentant tous les jours,
Jusque dans les enfers chercheroit du secours; 14
Ou qu'enfin, s'il tomboit dessous votre puissance,
Il nous falloit pour vous craindre votre clémence;
Et que le sentiment d'un cœur trop généreux,
Usant mal de vos droits, vous rendît malheureux.
J'ai donc considéré qu'en ce péril extrême
Nous vous devions, seigneur, servir malgré vous-même;
Et, sans attendre d'ordre en cette occasion, 15
Mon zèle ardent l'a prise à ma confusion.
Vous m'en désavouez, vous l'imputez à crime;
Mais pour servir, César, rien n'est illégitime.
J'en ai souillé mes mains pour vous en préserver:
Vous pouvez en jouir, et le désapprouver;
« Et j'ai plus fait pour vous, plus l'action est noire,
« Puisque c'est d'autant plus vous immoler ma gloire,
« Et que ce sacrifice, offert par mon devoir,
« Vous assure la vôtre avec votre pouvoir.
CÉSAR.
Vous cherchez, Ptolomée, avecque trop de ruses 16
De mauvaises couleurs et de froides excuses.

Votre zèle étoit faux, si seul il redoutoit
Ce que le monde entier à pleins vœux souhaitoit, [17]
Et s'il vous a donné ces craintes trop subtiles
Qui m'ôtent tout le fruit de nos guerres civiles, [18]
Où l'honneur seul m'engage, et que pour terminer
Je ne veux que celui de vaincre et pardonner ;
Où mes plus dangereux et plus grands adversaires,
Sitôt qu'ils sont vaincus, ne sont plus que mes frères ;
Et mon ambition ne va qu'à les forcer,
Ayant dompté leur haine, à vivre et m'embrasser.
O combien d'allégresse une si triste guerre [19]
Auroit-elle laissé dessus toute la terre,
Si Rome avoit pu voir marcher en même char,
Vainqueurs de leur discorde, et Pompée et César !
Voilà ces grands malheurs que craignoit votre zèle.
O crainte ridicule autant que criminelle !
Vous craigniez ma clémence ! ah ! n'ayez plus ce soin ; [20]
Souhaitez-la plutôt, vous en avez besoin.
Si je n'avois égard qu'aux lois de la justice,
Je m'apaiserois Rome avec votre supplice,
Sans que ni vos respects, ni votre repentir,
Ni votre dignité, vous pussent garantir ;
Votre trône lui-même en seroit le théâtre :
Mais, voulant épargner le sang de Cléopâtre,
J'impute à vos flatteurs toute la trahison,
Et je veux voir comment vous m'en ferez raison ;
Suivant les sentiments dont vous serez capable,
Je saurai vous tenir innocent ou coupable.
Cependant à Pompée élevez des autels ;
Rendez-lui les honneurs qu'on rend aux immortels ;

Par un prompt sacrifice expiez tous vos crimes;
Et sur-tout pensez bien au choix de vos victimes.
Allez y donner ordre, et me laissez ici
Entretenir les miens sur quelque autre souci.

SCÈNE III.

CÉSAR, ANTOINE, LÉPIDE.

CÉSAR.

Antoine, avez-vous vu cette reine adorable? 1
ANTOINE.
Oui, seigneur, je l'ai vue : elle est incomparable;
« Le ciel n'a point encor, par de si doux accords, 2
« Uni tant de vertus aux grâces d'un beau corps.
« Une majesté douce épand sur son visage
« De quoi s'assujettir le plus noble courage;
Ses yeux savent ravir, son discours sait charmer,
Et, si j'étois César, je la voudrois aimer.
CÉSAR.
Comme a-t-elle reçu les offres de ma flamme? 3
ANTOINE.
Comme n'osant la croire, et la croyant dans l'âme;
Par un refus modeste et fait pour inviter,
Elle s'en dit indigne, et la croit mériter. 4
CÉSAR.
En pourrai-je être aimé? 5
ANTOINE.
Douter qu'elle vous aime,
Elle qui de vous seul attend son diadême,

Qui n'espère qu'en vous! douter de ses ardeurs, 6
Vous qui la pouvez mettre au faîte des grandeurs!
Que votre amour sans crainte à son amour prétende :
Au vainqueur de Pompée il faut que tout se rende;
Et vous l'éprouverez. Elle craint toutefois
L'ordinaire mépris que Rome fait des rois;
Et sur-tout elle craint l'amour de Calpurnie :
Mais, l'une et l'autre crainte à votre aspect bannie,
Vous ferez succéder un espoir assez doux, 7
Lorsque vous daignerez lui dire un mot pour vous.

CÉSAR.

Allons donc l'affranchir de ces frivoles craintes,
Lui montrer de mon cœur les sensibles atteintes;
Allons, ne tardons plus.

ANTOINE.

Avant que de la voir,
Sachez que Cornélie est en votre pouvoir;
Septime vous l'amène, orgueilleux de son crime,
Et pense auprès de vous se mettre en haute estime :
Sitôt qu'ils ont pris port, vos chefs, par vous instruits, 8
Sans leur rien témoigner, les ont ici conduits.

CÉSAR.

« Qu'elle entre. Ah ! l'importune et fâcheuse nouvelle !
« Qu'à mon impatience elle semble cruelle !
« O ciel ! et ne pourrai-je enfin à mon amour
« Donner en liberté ce qui reste du jour? *a*

---

a Qu'elle entre, il faut la voir. Dans sa douleur mortelle,
  Il faut la consoler et gémir avec elle.
  Accordons, s'il se peut, en ce funeste jour,
  Et les soins de ma gloire, et ceux de mon amour.

SCÈNE IV.

CÉSAR, CORNÉLIE, ANTOINE, LÉPIDE,
SEPTIME.

SEPTIME.

Seigneur....

CÉSAR.

Allez, Septime, allez vers votre maître; [1]
César ne peut souffrir la présence d'un traître,
D'un Romain lâche assez pour servir sous un roi,
Après avoir servi sous Pompée et sous moi.

(Septime rentre.)

CORNÉLIE.

César, car le destin, que dans tes fers je brave, [2]
Me fait ta prisonnière, et non pas ton esclave,
Et tu ne prétends pas qu'il m'abatte le cœur
Jusqu'à te rendre hommage, et te nommer seigneur :
De quelque rude trait qu'il m'ose avoir frappée,
Veuve du jeune Crasse, et veuve de Pompée,
Fille de Scipion, et, pour dire encor plus,
Romaine, mon courage est encore au-dessus ;
Et de tous les assauts que sa rigueur me livre
Rien ne me fait rougir que la honte de vivre.
J'ai vu mourir Pompée, et ne l'ai pas suivi ;
Et bien que le moyen m'en ait été ravi,
Qu'une pitié cruelle à mes douleurs profondes
M'ait ôté le secours et du fer et des ondes,
Je dois rougir pourtant, après un tel malheur,
De n'avoir pu mourir d'un excès de douleur :

Ma mort étoit ma gloire, et le destin m'en prive
Pour croître mes malheurs, et me voir ta captive.
Je dois bien toutefois rendre grâces aux dieux
De ce qu'en arrivant je te trouve en ces lieux,
Que César y commande, et non pas Ptolomée.
Hélas! et sous quel astre, ô ciel, m'as-tu formée,
Si je leur dois des vœux de ce qu'ils ont permis
Que je rencontre ici mes plus grands ennemis,
Et tombe entre leurs mains plutôt qu'aux mains d'un prin
Qui doit à mon époux son trône et sa province?
César, de ta victoire écoute moins le bruit;
Elle n'est que l'effet du malheur qui me suit;
Je l'ai porté pour dot chez Pompée et chez Crasse: 3
Deux fois du monde entier j'ai causé la disgrace,
Deux fois de mon hymen le nœud mal assorti
A chassé tous les dieux du plus juste parti :
Heureuse en mes malheurs, si ce triste hyménée, 4
Pour le bonheur de Rome, à César m'eût donnée,
Et si j'eusse avec moi porté dans ta maison
D'un astre envenimé l'invincible poison!
Car enfin n'attends pas que j'abaisse ma haine :
Je te l'ai déjà dit, César, je suis Romaine; 5
Et quoique ta captive, un cœur comme le mien,
De peur de s'oublier, ne te demande rien.
Ordonne, et, sans vouloir qu'il tremble ou s'humilie,
Souviens-toi seulement que je suis Cornélie.

CÉSAR.

O d'un illustre époux noble et digne moitié,
Dont le courage étonne, et le sort fait pitié!

ACTE III, SCÈNE IV.

Certes, vos sentiments font assez reconnoître
Qui vous donna la main, et qui vous donna l'être ;
Et l'on juge aisément au cœur que vous portez, ⁶
Où vous êtes entrée, et de qui vous sortez.
L'âme du jeune Crasse, et celle de Pompée,
L'une et l'autre vertu par le malheur trompée,
Le sang des Scipions protecteur de nos dieux,
Parlent par votre bouche et brillent dans vos yeux ;
Et Rome dans ses murs ne voit point de famille
Qui soit plus honorée ou de femme ou de fille.
Plût au grand Jupiter, plût à ces mêmes dieux
Qu'Annibal eût bravés jadis sans vos aïeux,
Que ce héros si cher dont le ciel vous sépare
N'eût pas si mal connu la cour d'un roi barbare,
Ni mieux aimé tenter une incertaine foi,
Que la vieille amitié qu'il eût trouvée en moi ;
Qu'il eût voulu souffrir qu'un bonheur de mes armes
Eût vaincu ses soupçons, dissipé ses alarmes ;
Et qu'enfin, m'attendant sans plus se défier,
Il m'eût donné moyen de me justifier !
Alors, foulant aux pieds la discorde et l'envie,
Je l'eusse conjuré de se donner la vie,
D'oublier ma victoire, et d'aimer un rival
Heureux d'avoir vaincu pour vivre son égal :
J'eusse alors regagné son âme satisfaite
Jusqu'à lui faire aux dieux pardonner sa défaite ;
Il eût fait à son tour, en me rendant son cœur,
Que Rome eût pardonné la victoire au vainqueur.
Mais puisque par sa perte, à jamais sans seconde,
Le sort a dérobé cette allégresse au monde,

César s'efforcera de s'acquitter vers vous
De ce qu'il voudroit rendre à cet illustre époux.
Prenez donc en ces lieux liberté tout entière :
Seulement pour deux jours soyez ma prisonnière,
Afin d'être témoin comme, après nos débats,
Je chéris sa mémoire et venge son trépas,
Et de pouvoir apprendre à toute l'Italie
De quel orgueil nouveau m'enfle la Thessalie.
Je vous laisse à vous-même, et vous quitte un moment.
Choisissez-lui, Lépide, un digne appartement;
Et qu'on l'honore ici, mais en dame romaine,
C'est-à-dire un peu plus qu'on n'honore la reine.
Commandez, et chacun aura soin d'obéir.

CORNÉLIE.

O ciel! que de vertus vous me faites haïr!

FIN DU TROISIÈME ACTE.

ACTE QUATRIÈME.

SCÈNE I.ère

PTOLOMÉE, ACHILLAS, PHOTIN.

PTOLOMÉE.

Quoi! de la même main et de la même épée
Dont il vient d'immoler le malheureux Pompée,
Septime, par César indignement chassé,
Dans un tel désespoir à vos yeux a passé?

ACHILLAS.

Oui, seigneur; et sa mort a de quoi vous apprendre
La honte qu'il prévient, et qu'il vous faut attendre.
Jugez quel est César à ce courroux si lent.
Un moment pousse et rompt un transport violent;
Mais l'indignation qu'on prend avec étude
Augmente avec le temps et porte un coup plus rude.
Ainsi n'espérez pas de le voir modéré :
Par adresse il se fâche après s'être assuré. [1]
Sa puissance établie, il a soin de sa gloire :
Il poursuivoit Pompée, et chérit sa mémoire,
Et veut tirer à soi, par un courroux accort, [2]
L'honneur de sa vengeance et le fruit de sa mort.

PTOLOMÉE.

Ah! si je t'avois cru, je n'aurois pas de maître;
Je serois dans le trône où le ciel m'a fait naître :

Mais c'est une imprudence assez commune aux rois
D'écouter trop d'avis et se tromper au choix.
Le destin les aveugle au bord du précipice; 3
Ou si quelque lumière en leur âme se glisse,
Cette fausse clarté, dont il les éblouit,
Les plonge dans un gouffre, et puis s'évanouit.

PHOTIN.

J'ai mal connu César; mais puisqu'en son estime 4
Un si rare service est un énorme crime,
Il porte dans son flanc de quoi nous en laver;
C'est là qu'est notre grâce; il nous l'y faut trouver.
Je ne vous parle plus de souffrir sans murmure,
D'attendre son départ pour venger cette injure;
Je sais mieux conformer les remèdes au mal :
Justifions sur lui la mort de son rival ;
Et, notre main alors également trempée
Et du sang de César et du sang de Pompée,
Rome, sans leur donner de titres différents,
Se croira par vous seul libre de deux tyrans.

PTOLOMÉE.

« Oui, par-là seulement ma perte est évitable ; *a*
C'est trop craindre un tyran que j'ai fait redoutable:
« Montrons que sa fortune est l'œuvre de nos mains ;
« Deux fois en même jour disposons des Romains;
« Faisons leur liberté comme leur esclavage.
« César, que tes exploits n'enflent plus ton courage;
« Considère les miens; tes yeux en sont témoins.
« Pompée étoit mortel, et tu ne l'es pas moins :

a Oui, oui, ton sentiment enfin est véritable ;

ACTE IV, SCÈNE I.

« Il pouvoit plus que toi ; tu lui portois envie :
« Tu n'as, non plus que lui, qu'une âme et qu'une vie ; 6
« Et son sort, que tu plains, te doit faire penser 7
« Que ton cœur est sensible, et qu'on peut le percer.
« Tonne, tonne à ton gré, fais peur de ta justice :
« C'est à moi d'apaiser Rome par ton supplice ;
« C'est à moi de punir ta cruelle douceur, 8
« Qui n'épargne en un roi que le sang de sa sœur.
« Je n'abandonne plus ma vie et ma puissance
« Au hasard de sa haine, ou de ton inconstance ;
« Ne crois pas que jamais tu puisses à ce prix
« Récompenser sa flamme, ou punir ses mépris :
« J'emploîrai contre toi de plus nobles maximes.
« Tu m'as prescrit tantôt de choisir des victimes,
« De bien penser au choix ; j'obéis, et je voi
« Que je n'en puis choisir de plus digne que toi,
« Ni dont le sang offert, la fumée et la cendre,
« Puissent mieux satisfaire aux mânes de ton gendre.

Mais ce n'est pas assez, amis, de s'irriter ;
Il faut voir quels moyens on a d'exécuter :
Toute cette chaleur est peut-être inutile ;
Les soldats du tyran sont maîtres de la ville ;
Que pouvons-nous contre eux ? et, pour les prévenir,
Quel temps devons-nous prendre, et quel ordre tenir ?

ACHILLAS.

« Nous pouvons tout, seigneur, en l'état où nous sommes. *a*
A deux milles d'ici vous avez six mille hommes,

---

a Nous pouvons beaucoup, sire, en l'état où nous sommes.

Que depuis quelques jours, craignant les remûments,
Je faisois tenir prêts à tous événements :
Quelques soins qu'ait César, sa prudence est déçue.
Cette ville a sous terre une secrète issue,
Par où fort aisément on les peut cette nuit
Jusque dans le palais introduire sans bruit :
« Car contre sa-fortune aller à force ouverte, [10]
« Ce seroit trop courir vous-même à votre perte.
« Il nous le faut surprendre au milieu du festin, [11]
« Enivré des douceurs de l'amour et du vin.
« Tout le peuple est pour nous. Tantôt, à son entrée,
« J'ai remarqué l'horreur que ce peuple a montrée,
« Lorsqu'avec tant de faste il a vu ses faisceaux
« Marcher arrogamment et braver nos drapeaux :
« Au spectacle insolent de ce pompeux outrage
« Ses farouches regards étinceloient de rage ;
« Je voyois sa fureur à peine se dompter ;
« Et, pour peu qu'on le pousse, il est prêt d'éclater.
Mais sur-tout les Romains que commandoit Septime,
Pressés de la terreur que sa mort leur imprime,
Ne cherchent qu'à venger, par un coup généreux,
Le mépris qu'en leur chef ce superbe a fait d'eux.

PTOLOMÉE.

Mais qui pourra de nous approcher sa personne,
Si durant le festin sa garde l'environne ?

PHOTIN.

Les gens de Cornélie, entre qui vos Romains [12]
Ont déjà reconnu des frères, des Germains,
Dont l'âpre déplaisir leur a laissé paroître
Une soif d'immoler leur tyran à leur maître :

ACTE IV, SCÈNE II.

Ils ont donné parole, et peuvent, mieux que nous,
Dans les flancs de César porter les premiers coups :
« Son faux art de clémence, ou plutôt sa folie,
« Qui pense gagner Rome en flattant Cornélie,
« Leur donnera sans doute un assez libre accès
« Pour de ce grand dessein assurer le succès. 13
Mais voici Cléopâtre : agissez avec feinte, 14
Seigneur, et ne montrez que foiblesse et que crainte.
Nous allons vous quitter, comme objets odieux
Dont l'aspect importun offenseroit ses yeux.

PTOLOMÉE.

Allez ; je vous rejoins.

SCÈNE II. 1

PTOLOMÉE, CLÉOPATRE, ACHORÉE,
CHARMION.

CLÉOPATRE.

J'AI vu César, mon frère,
Et de tout mon pouvoir combattu sa colère.

PTOLOMÉE.

Vous êtes généreuse ; et j'avois attendu 2
Cet office de sœur que vous m'avez rendu.
Mais cet illustre amant vous a bientôt quittée.

CLÉOPATRE.

Sur quelque brouillerie en la ville excitée, 3
Il a voulu lui-même apaiser les débats 4
Qu'avec nos citoyens ont pris quelques soldats :
Et moi, j'ai bien voulu moi-même vous redire
Que vous ne craigniez rien pour vous ni votre empire ;

Et que le grand César blâme votre action
Avec moins de courroux que de compassion.
Il vous plaint d'écouter ces lâches politiques
Qui n'inspirent aux rois que des mœurs tyranniques:
Ainsi que la naissance, ils ont les esprits bas. 5
En vain on les élève à régir des états :
Un cœur né pour servir sait mal comme on commande;
Sa puissance l'accable alors qu'elle est trop grande;
Et sa main, que le crime en vain fait redouter,
Laisse choir le fardeau qu'elle ne peut porter.

PTOLOMÉE.

« Vous dites vrai, ma sœur; et ces effets sinistres
« Me font bien voir ma faute au choix de mes ministres.
« Si j'avois écouté de plus nobles conseils,
« Je vivrois dans la gloire où vivent mes pareils ;
« Je mériterois mieux cette amitié si pure
« Que pour un frère ingrat vous donne la nature;
« César embrasseroit Pompée en ce palais ;
« Notre Egypte à la terre auroit rendu la paix,
« Et verroit son monarque encore à juste titre
« Ami de tous les deux, et peut-être l'arbitre.
« Mais, puisque le passé ne se peut révoquer,
« Trouvez bon qu'avec vous mon cœur s'ose expliquer.
« Je vous ai maltraitée; et vous êtes si bonne, 6
« Que vous me conservez la vie et la couronne.
« Vainquez-vous tout-à-fait; et, par un digne effort, 7 [a]
Arrachez Achillas et Photin à la mort:

---

[a] Vous dites vrai sans doute, et ces effets sinistres
Me font bien voir ma faute au choix de mes ministres.
Réparez tout, ma sœur; et, par un digne effort,

Elle leur est bien due, ils vous ont offensée ;
Mais ma gloire en leur perte est trop intéressée :
Si César les punit des crimes de leur roi,
Toute l'ignominie en rejaillit sur moi ;
« Il me punit en eux ; leur supplice est ma peine.
« Forcez, en ma faveur, une trop juste haine.
« De quoi peut satisfaire un cœur si généreux
« Le sang abject et vil de ces deux malheureux ?
Que je vous doive tout : César cherche à vous plaire ; &
Et vous pouvez d'un mot désarmer sa colère.

CLÉOPATRE.

Si j'avois en mes mains leur vie et leur trépas,
Je les méprise assez pour ne m'en venger pas :
Mais sur le grand César je puis fort peu de chose,
Quand le sang de Pompée à mes désirs s'oppose.
Je ne me vante pas de le pouvoir fléchir :
« J'en ai déjà parlé, mais il a su gauchir ; *a*
Et, tournant le discours sur une autre matière,
Il n'a ni refusé ni souffert ma prière.
Je veux bien toutefois encor m'y hasarder ;
Mes efforts redoublés pourront mieux succéder ;
Et j'ose croire....

PTOLOMÉE.

Il vient ; souffrez que je l'évite :
Je crains que ma présence à vos yeux ne l'irrite ;
Que son courroux ému ne s'aigrisse à me voir ;
Et vous agirez seule avec plus de pouvoir.

a J'ai parlé ; mais César, paroissant réfléchir,

SCÈNE III.[1]

CÉSAR, CLÉOPATRE, ANTOINE, LÉPIDE, CHARMION, ACHORÉE, Romains.

CÉSAR.

Reine, tout est paisible ; et la ville calmée,[2]
Qu'un trouble assez léger avoit trop alarmée,
N'a plus à redouter le divorce intestin
Du soldat insolent et du peuple mutin.
Mais, ô dieux ! ce moment que je vous ai quittée
D'un trouble bien plus grand a mon âme agitée ;
Et ces soins importuns, qui m'arrachoient de vous,
Contre ma grandeur même allumoient mon courroux ;
Je lui voulois du mal de m'être si contraire,
De rendre ma présence ailleurs si nécessaire ;
Mais je lui pardonnois, au simple souvenir
Du bonheur qu'à ma flamme elle fait obtenir.
C'est elle dont je tiens cette haute espérance
Qui flatte mes désirs d'une illustre apparence,
Et fait croire à César qu'il peut former des vœux,
Qu'il n'est pas tout-à-fait indigne de vos feux,
Et qu'il en peut prétendre une juste conquête,
N'ayant plus que les dieux au-dessus de sa tête.
« Oui, reine, si quelqu'un dans ce vaste univers
« Pouvoit porter plus haut la gloire de vos fers ;
« S'il étoit quelque trône où vous pussiez paroître
« Plus dignement assise en captivant son maître ;
« J'irois, j'irois à lui, moins pour le lui ravir,
« Que pour lui disputer le droit de vous servir ;

« Et je n'aspirerois au bonheur de vous plaire
« Qu'après avoir mis bas un si grand adversaire.
C'étoit pour acquérir un droit si précieux
Que combattoit par-tout mon bras ambitieux;
Et dans Pharsale même il a tiré l'épée,
Plus pour le conserver, que pour vaincre Pompée.
« Je l'ai vaincu, princesse ; et le dieu des combats
« M'y favorisoit moins que vos divins appas :
« Ils conduisoient ma main, ils enfloient mon courage;
« Cette pleine victoire est leur dernier ouvrage;
« C'est l'effet des ardeurs qu'ils daignoient m'inspirer;
« Et vos beaux yeux enfin m'ayant fait soupirer, 3
« Pour faire que votre âme avec gloire y réponde,
« M'ont rendu le premier et de Rome et du monde.
« C'est ce glorieux titre, à présent effectif,
« Que je viens ennoblir par celui de captif :
« Heureux si mon esprit gagne tant sur le vôtre,
« Qu'il en estime l'un et me permette l'autre !

CLÉOPATRE.

Je sais ce que je dois au souverain bonheur 4
Dont me comble et m'accable un tel excès d'honneur.
Je ne vous tiendrai plus mes passions secrètes ; 5
Je sais ce que je suis, je sais ce que vous êtes.
Vous daignâtes m'aimer dès mes plus jeunes ans;
Le sceptre que je porte est un de vos présents;
Vous m'avez par deux fois rendu le diadème :
J'avoue, après cela, seigneur, que je vous aime,
« Et que mon cœur n'est point à l'épreuve des traits
« Ni de tant de vertus, ni de tant de bienfaits.

« Mais, hélas ! ce haut rang, cette illustre naissance, 6
« Cet état de nouveau rangé sous ma puissance,
« Ce sceptre par vos mains dans les miennes remis,
« A mes vœux innocents sont autant d'ennemis :
« Ils allument contre eux une implacable haine ;
« Ils me font méprisable alors qu'ils me font reine ;
« Et si Rome est encor telle qu'auparavant, 7
« Le trône où je me sieds m'abaisse en m'élevant ;
« Et ces marques d'honneur, comme titres infâmes,
« Me rendent à jamais indigne de vos flammes.
J'ose encor toutefois, voyant votre pouvoir,
Permettre à mes désirs un généreux espoir.
Après tant de combats, je sais qu'un si grand homme
A droit de triompher des caprices de Rome,
Et que l'injuste horreur qu'elle eut toujours des rois
Peut céder, par votre ordre, à de plus justes lois ;
Je sais que vous pouvez forcer d'autres obstacles :
Vous me l'avez promis, et j'attends ces miracles.
Votre bras dans Pharsale a fait de plus grands coups, 8
Et je ne les demande à d'autres dieux qu'à vous.

CÉSAR.

Tout miracle est facile où mon amour s'applique.
Je n'ai plus qu'à courir les côtes de l'Afrique,
Qu'à montrer mes drapeaux au reste épouvanté
Du parti malheureux qui m'a persécuté ;
Rome, n'ayant plus lors d'ennemis à me faire,
Par impuissance enfin, prendra soin de me plaire ;
Et vos yeux la verront, par un superbe accueil, 9
Immoler à vos pieds sa haine et son orgueil.

Encore une défaite, et dans Alexandrie [10]
« Je veux que cette ingrate en ma faveur vous prie ; [a]
Et qu'un juste respect, conduisant ses regards,
A votre chaste amour demande des Césars.
C'est l'unique bonheur où mes désirs prétendent ;
C'est le fruit que j'attends des lauriers qui m'attendent : [11]
Heureux si mon destin, encore un peu plus doux,
Me les faisoit cueillir sans m'éloigner de vous !
« Mais, las ! contre mon feu mon feu me sollicite.
« Si je veux être à vous, il faut que je vous quitte.
« En quelques lieux qu'on fuie, il me faut y courir,
« Pour achever de vaincre et de vous conquérir.
Permettez cependant qu'à ces douces amorces [12]
Je prenne un nouveau cœur et de nouvelles forces,
Pour faire dire encore aux peuples pleins d'effroi [13]
Que venir, voir, et vaincre, est même chose en moi.

CLÉOPATRE.

C'est trop, c'est trop, seigneur ; souffrez que j'en abuse :
Votre amour fait ma faute, il fera mon excuse.
Vous me rendez le sceptre, et peut-être le jour ;
Mais, si j'ose abuser de cet excès d'amour,
Je vous conjure encor, par ses plus puissants charmes,
Par ce juste bonheur qui suit toujours vos armes,
Par tout ce que j'espère et que vous attendez,
De n'ensanglanter pas ce que vous me rendez.
Faites grâce, seigneur ; ou souffrez que j'en fasse, [14]
Et montre à tous par-là que j'ai repris ma place.

[a] Je veux que Rome même en ma faveur vous prie ;

Achillas et Photin sont gens à dédaigner; 15
Ils sont assez punis en me voyant régner;
Et leur crime....

CÉSAR.

Ah ! prenez d'autres marques de reine :
Dessus mes volontés vous êtes souveraine ;
Mais si mes sentiments peuvent être écoutés,
Choisissez des sujets dignes de vos bontés.
Ne vous donnez sur moi qu'un pouvoir légitime, 16
Et ne me rendez point complice de leur crime.
C'est beaucoup que pour vous j'ose épargner le roi; 17
Et si mes feux n'étoient....

SCÈNE IV.

CÉSAR, CORNÉLIE, CLÉOPATRE,
ACHORÉE, ANTOINE, LÉPIDE,
CHARMION, Romains.

CORNÉLIE.

César, prends garde à toi : 1
Ta mort est résolue ; on la jure, on l'apprête ;
A celle de Pompée on veut joindre ta tête.
Prends-y garde, César ; ou ton sang répandu
Bientôt parmi le sien se verra confondu.
Mes esclaves en sont : apprends de leurs indices
L'auteur de l'attentat, et l'ordre, et les complices :
Je te les abandonne.

CÉSAR.

O cœur vraiment romain,
Et digne du héros qui vous donna la main !

Ses mânes, qui du ciel ont vu de quel courage
Je préparois la mienne à venger son outrage,
Mettant leur haine bas, me sauvent aujourd'hui 2
Par la moitié qu'en terre il nous laisse de lui.
« Il vit, il vit encore en l'objet de sa flamme;
« Il parle par sa bouche, il agit dans son âme; *a*
Il la pousse, et l'oppose à cette indignité,
Pour me vaincre par elle en générosité.

CORNÉLIE.

Tu te flattes, César, de mettre en ta croyance
Que la haine ait fait place à la reconnoissance :
Ne le présume plus; le sang de mon époux
A rompu pour jamais tout commerce entre nous.
J'attends la liberté qu'ici tu m'as offerte,
Afin de l'employer tout entière à ta perte;
Et je te chercherai par-tout des ennemis
Si tu m'oses tenir ce que tu m'as promis.
Mais, avec cette soif que j'ai de ta ruine, 4
Je me jette au-devant du coup qui t'assassine,
Et forme des désirs avec trop de raison
Pour en aimer l'effet par une trahison :
Qui la sait et la souffre a part à l'infamie.
Si je veux ton trépas, c'est en juste ennemie :
Mon époux a des fils; il aura des neveux :
Quand ils te combattront, c'est là que je le veux;
Et qu'une digne main par moi-même animée,
Dans ton champ de bataille, aux yeux de ton armée,

---

a Quoi que la perfidie ait osé sur sa trame,
 Il vit encore en vous, il agit dans votre âme.

T'immole noblement, et par un digne effort,
Aux mânes du héros dont tu venges la mort.
Tous mes soins, tous mes vœux hâtent cette vengeance :
Ta perte la recule, et ton salut l'avance.
« Quelque espoir qui d'ailleurs me l'ose ou puisse offrir, 5
« Ma juste impatience auroit trop à souffrir :
« La vengeance éloignée est à demi perdue ;
« Et, quand il faut l'attendre, elle est trop cher vendue.
Je n'irai point chercher sur les bords africains 6
Le foudre souhaité que je vois en tes mains ;
La tête qu'il menace en doit être frappée. 7
J'ai pu donner la tienne au lieu d'elle à Pompée :
Ma haine avoit le choix ; mais cette haine enfin
Sépare son vainqueur d'avec son assassin,
Et ne croit avoir droit de punir ta victoire
Qu'après le châtiment d'une action si noire.
Rome le veut ainsi ; son adorable front 8
Auroit de quoi rougir d'un trop honteux affront,
De voir en même jour, après tant de conquêtes,
Sous un indigne fer ses deux plus nobles têtes.
Son grand cœur, qu'à tes lois en vain tu crois soumis,
En veut aux criminels plus qu'à ses ennemis,
« Et tiendroit à malheur le bien de se voir libre,
« Si l'attentat du Nil affranchissoit le Tibre.
« Comme autre qu'un Romain n'a pu l'assujettir, 9
« Autre aussi qu'un Romain ne l'en doit garantir.
« Tu tomberois ici sans être sa victime ;
« Au lieu d'un châtiment ta mort seroit un crime,
« Et, sans que tes pareils en conçussent d'effroi,
« L'exemple que tu dois périroit avec toi.

Venge-la de l'Égypte à son appui fatale ;
Et je la vengerai, si je puis, de Pharsale.
Va, ne perds point de temps, il presse. Adieu : tu peux 10
Te vanter qu'une fois j'ai fait pour toi des vœux.

SCÈNE V.

CÉSAR, CLÉOPATRE, ANTOINE,
LÉPIDE, ACHORÉE, CHARMION.

CÉSAR.

Son courage m'étonne autant que leur audace.
Reine, voyez pour qui vous me demandez grâce !

CLÉOPATRE.

Je n'ai rien à vous dire : allez, seigneur, allez
Venger sur ces méchants tant de droits violés.
« On m'en veut plus qu'à vous ; c'est ma mort qu'ils respirent ;
« C'est contre mon pouvoir que les traîtres conspirent ;
« Leur rage, pour l'abattre, attaque mon soutien, 1
« Et par votre trépas cherche un passage au mien.
Mais parmi ces transports d'une juste colère,
Je ne puis oublier que leur chef est mon frère.
Le saurez-vous, seigneur ? et pourrai-je obtenir
Que ce cœur irrité daigne s'en souvenir ?

CÉSAR.

Oui, je me souviendrai que ce cœur magnanime 2
Au bonheur de son sang veut pardonner son crime.
Adieu, ne craignez rien ; Achillas et Photin
Ne sont pas gens à vaincre un si puissant destin ;
Pour les mettre en déroute, eux et tous leurs complices,
Je n'ai qu'à déployer l'appareil des supplices,

Et, pour soldats choisis, envoyer des bourreaux
Qui portent hautement mes haches pour drapeaux.
(César rentre avec les Romains.)

CLÉOPATRE.

« Ne quittez pas César ; allez, cher Achorée,
« Repousser avec lui ma mort qu'on a jurée ;
« Et, quand il punira nos lâches ennemis,
« Faites-le souvenir de ce qu'il m'a promis.
« Ayez l'œil sur le roi dans la chaleur des armes,
« Et conservez son sang pour épargner mes larmes.

ACHORÉE.

« Madame, assurez-vous qu'il ne peut y périr,
« Si mon zèle et mes soins peuvent le secourir.

FIN DU QUATRIÈME ACTE.

ACTE CINQUIÈME.

SCÈNE I.ère [1]

CORNÉLIE, tenant une petite urne en sa main;
PHILIPPE.

CORNÉLIE.

Mes yeux, puis-je vous croire? et n'est-ce point un songe [2]
Qui sur mes tristes vœux a formé ce mensonge?
Te revois-je, Philippe? et cet époux si cher
A-t-il reçu de toi les honneurs du bûcher?
Cette urne que je tiens contient-elle sa cendre?
O vous, à ma douleur objet terrible et tendre, [3]
Éternel entretien de haine et de pitié,
Reste du grand Pompée, écoutez sa moitié.
N'attendez point de moi de regrets ni de larmes;
Un grand cœur à ses maux applique d'autres charmes.
Les foibles déplaisirs s'amusent à parler,
Et quiconque se plaint cherche à se consoler.
Moi, je jure des dieux la puissance suprême,
Et, pour dire encor plus, je jure par vous-même,
Car vous pouvez bien plus sur ce cœur affligé
Que le respect des dieux qui l'ont mal protégé;
Je jure donc par vous, ô pitoyable reste,
Ma divinité seule après ce coup funeste,

Par vous, qui seul ici pouvez me soulager,
De n'éteindre jamais l'ardeur de le venger.
Ptolomée à César, par un lâche artifice,
Rome, de ton Pompée a fait un sacrifice ;
Et je n'entrerai point dans tes murs désolés
Que le prêtre et le dieu ne lui soient immolés.
Faites-m'en souvenir, et soutenez ma haine,
O cendres, mon espoir aussi bien que ma peine ;
Et, pour m'aider un jour à perdre son vainqueur,
Versez dans tous les cœurs ce que ressent mon cœur.
Toi qui l'as honoré sur cette infâme rive
D'une flamme pieuse autant comme chétive,
Dis-moi quel bon démon a mis en ton pouvoir
De rendre à ce héros ce funèbre devoir ?

PHILIPPE.

Tout couvert de son sang, et plus mort que lui-même,
Après avoir cent fois maudit le diadême,
Madame, j'ai porté mes pas et mes sanglots
Du côté que le vent poussoit encor les flots.
Je cours long-temps en vain ; mais enfin d'une roche
J'en découvre le tronc vers un sable assez proche
Où la vague en courroux sembloit prendre plaisir
A feindre de le rendre et puis s'en ressaisir.
Je m'y jette, et l'embrasse, et le pousse au rivage,
Et, ramassant sous lui les débris d'un naufrage,
Je lui dresse un bûcher à la hâte et sans art,
Tel que je pus sur l'heure, et qu'il plut au hasard.
A peine brûloit-il, que le ciel plus propice
M'envoie un compagnon en ce pieux office :

ACTE V, SCÈNE I.

Cordus, un vieux Romain qui demeure en ces lieux,
Retournant à la ville, y détourne les yeux;
Et n'y voyant qu'un tronc dont la tête est coupée,
A cette triste marque il reconnoît Pompée.
Soudain la larme à l'œil : *O toi, qui que tu sois,*
A qui le ciel permet de si dignes emplois,
Ton sort est bien, dit-il, *autre que tu ne penses;*
Tu crains des châtiments, attends des récompenses.
César est en Égypte, et venge hautement
Celui pour qui ton zèle a tant de sentiment.
Tu peux faire éclater les soins qu'on t'en voit prendre,
Tu peux même à sa veuve en reporter la cendre.
Son vainqueur l'a reçue avec tout le respect
Qu'un dieu pourroit ici trouver à son aspect.
Achève, je reviens. Il part et m'abandonne,
Et rapporte aussitôt ce vase qu'il me donne,
Où sa main et la mienne enfin ont renfermé
Ces restes d'un héros par le feu consumé.

CORNÉLIE.

O que sa piété mérite de louanges!

PHILIPPE.

En entrant j'ai trouvé des désordres étranges.
« J'ai vu fuir tout un peuple en foule vers le port, [a]
Où le roi, disoit-on, s'étoit fait le plus fort.
Les Romains poursuivoient; et César, dans la place
Ruisselante du sang de cette populace,
« Montroit de sa justice un exemple si beau, [b]
Faisant passer Photin par les mains d'un bourreau.

[a] Tout un grand peuple armé fuyoit devers le port,
[b] Montroit de sa justice un exemple assez beau,

Aussitôt qu'il me voit, il daigne me connoître;
Et prenant de ma main les cendres de mon maître :
Restes d'un demi-dieu, dont à peine je puis
Égaler le grand nom, tout vainqueur que j'en suis,
De vos traîtres, dit-il, *voyez punir les crimes :*
Attendant des autels, recevez ces victimes;
Bien d'autres vont les suivre. Et toi, cours au palais
Porter à sa moitié ce don que je lui fais;
Porte à ses déplaisirs cette foible allégeance,
Et dis-lui que je cours achever sa vengeance.
Ce grand homme à ces mots me quitte en soupirant,
Et baise avec respect ce vase qu'il me rend.

CORNÉLIE.

O soupirs! ô respect! ô qu'il est doux de plaindre 7
Le sort d'un ennemi quand il n'est plus à craindre !
Qu'avec chaleur, Philippe, on court à le venger
Lorsqu'on s'y voit forcé par son propre danger!
Et quand cet intérêt qu'on prend pour sa mémoire
Fait notre sûreté, comme il croît notre gloire !
César est généreux, j'en veux être d'accord;
Mais le roi le veut perdre, et son rival est mort.
Sa vertu laisse lieu de douter à l'envie
De ce qu'elle feroit s'il le voyoit en vie :
Pour grand qu'en soit le prix, son péril en rabat; 8
Cette ombre qui la couvre en affoiblit l'éclat :
L'amour même s'y mêle, et le force à combattre;
Quand il venge Pompée, il défend Cléopâtre.
Tant d'intérêts sont joints à ceux de mon époux,
Que je ne devrois rien à ce qu'il fait pour nous,

Si, comme par soi-même un grand cœur juge un autre, 9
Je n'aimois mieux juger sa vertu par la nôtre,
Et croire que nous seuls armons ce combattant, 10
Parce qu'au point qu'il est j'en voudrois faire autant.

SCÈNE II. [1]

CLÉOPATRE, CORNÉLIE, PHILIPPE,
CHARMION.

CLÉOPATRE.

Je ne viens pas ici pour troubler une plainte [2]
Trop juste à la douleur dont vous êtes atteinte ;
Je viens pour rendre hommage aux cendres d'un héros
Qu'un fidèle affranchi vient d'arracher aux flots,
« Pour le plaindre avec vous, et vous jurer, madame,
« Que j'aurois conservé ce maître de votre âme,
« Si le ciel, qui vous traite avec trop de rigueur,
« M'en eût donné la force aussi bien que le cœur.
Si pourtant, à l'aspect de ce qu'il vous renvoie,
Vos douleurs laissoient place à quelque peu de joie,
Si la vengeance avoit de quoi vous soulager,
Je vous dirois aussi qu'on vient de vous venger,
Que le traître Photin.... Vous le savez peut-être ?

CORNÉLIE.

Oui, princesse, je sais qu'on a puni ce traître.

CLÉOPATRE.

Un si prompt châtiment doit vous être bien doux.

CORNÉLIE.

S'il a quelque douceur, elle n'est que pour vous.

CLÉOPATRE.

Tous les cœurs trouvent doux le succès qu'ils espèrent.

CORNÉLIE.

Comme nos intérêts, nos sentiments diffèrent.
Si César à sa mort joint celle d'Achillas,
Vous êtes satisfaite, et je ne la suis pas. 3
Aux mânes de Pompée il faut une autre offrande ;
La victime est trop basse, et l'injure est trop grande ;
Et ce n'est pas un sang que, pour la réparer,
Son ombre et ma douleur daignent considérer :
L'ardeur de le venger, dans mon âme allumée, 4
En attendant César, demande Ptolomée. 5
Tout indigne qu'il est de vivre et de régner,
Je sais bien que César se force à l'épargner ;
Mais quoi que son amour ait osé vous promettre,
Le ciel, plus juste enfin, n'osera le permettre ;
Et, s'il peut une fois écouter tous mes vœux,
Par la main l'un de l'autre ils périront tous deux. 6
Mon âme à ce bonheur, si le ciel me l'envoie,
Oublîra ses douleurs pour s'ouvrir à la joie.
Mais si ce grand souhait demande trop pour moi,
Si vous n'en perdez qu'un, ô ciel, perdez le roi.

CLÉOPATRE.

Le ciel sur nos souhaits ne règle pas les choses. 7

CORNÉLIE.

Le ciel règle souvent les effets sur les causes, 8
Et rend aux criminels ce qu'ils ont mérité.

CLÉOPATRE.

Comme de la justice, il a de la bonté.

ACTE V, SCÈNE III.

CORNÉLIE.

Oui ; mais il fait juger, à voir comme il commence,
Que sa justice agit, et non pas sa clémence.

CLÉOPATRE.

Souvent de la justice il passe à la douceur.

CORNÉLIE.

Reine, je parle en veuve, et vous parlez en sœur.
Chacune a son sujet d'aigreur ou de tendresse, 9
Qui dans le sort du roi justement l'intéresse.
Apprenons, par le sang qu'on aura répandu,
A quels souhaits le ciel a le mieux répondu.
Voici votre Achorée.

SCÈNE III.

CORNÉLIE, CLÉOPATRE, ACHORÉE,
PHILIPPE, CHARMION.

CLÉOPATRE.

Hélas ! sur son visage
Rien ne s'offre à mes yeux que de mauvais présage.
Ne nous déguisez rien, parlez sans me flatter ;
Qu'ai-je à craindre, Achorée, ou qu'ai-je à regretter ?

ACHORÉE.

« Aussitôt que César eut su la perfidie.... [1]

CLÉOPATRE.

« Ce ne sont pas ses soins que je veux qu'on me die ; [2]
« Je sais qu'il fit trancher et clore ce conduit [3]
« Par où ce grand secours devoit être introduit ;
« Qu'il manda tous les siens pour s'assurer la place
« Où Photin a reçu le prix de son audace ;

« Que d'un si prompt supplice Achillas étonné
« S'est aisément saisi du port abandonné;
« Que le roi l'a suivi; qu'Antoine a mis à terre
« Ce qui dans ses vaisseaux restoit de gens de guerre;
« Que César l'a rejoint; et je ne doute pas
« Qu'il n'ait su vaincre encore et punir Achillas.

ACHORÉE.

« Oui, madame, on a vu son bonheur ordinaire.... *a*

CLÉOPATRE.

Dites-moi seulement s'il a sauvé mon frère,
S'il m'a tenu promesse?

ACHORÉE.

Oui, de tout son pouvoir.

CLÉOPATRE.

C'est là l'unique point que je voulois savoir.
Madame, vous voyez, les dieux m'ont écoutée.

CORNÉLIE.

Ils n'ont que différé la peine méritée.

CLÉOPATRE.

Vous la vouliez sur l'heure, ils l'en ont garanti.

ACHORÉE.

Il faudroit qu'à nos vœux il eût mieux consenti.

CLÉOPATRE.

Que disiez-vous naguère? et que viens-je d'entendre?
Accordez ces discours que j'ai peine à comprendre.

ACHORÉE.

Aucuns ordres ni soins n'ont pu le secourir;
Malgré César et nous il a voulu périr:

a On a vu de César le bonheur ordinaire....

ACTE V, SCÈNE III.

Mais il est mort, madame, avec toutes les marques
Que puissent laisser d'eux les plus dignes monarques ;
Sa vertu rappelée a soutenu son rang,
Et sa perte aux Romains a coûté bien du sang.

Il combattoit Antoine avec tant de courage,
Qu'il emportoit déjà sur lui quelque avantage ;
Mais l'abord de César a changé le destin :
Aussitôt Achillas suit le sort de Photin ;
Il meurt, mais d'une mort trop belle pour un traître,
Les armes à la main, en défendant son maître.
Le vainqueur crie en vain qu'on épargne le roi :
Ces mots, au lieu d'espoir, lui donnent de l'effroi ;
Son esprit alarmé les croit un artifice
Pour réserver sa tête à l'affront d'un supplice.
« Il pousse dans nos rangs, il les perce, et fait voir *a*
Ce que peut la vertu qu'arme le désespoir ;
Et son cœur, emporté par l'erreur qui l'abuse,
Cherche par-tout la mort, que chacun lui refuse.
Enfin, perdant haleine après ces grands efforts,
Près d'être environné, ses meilleurs soldats morts,
Il voit quelques fuyards sauter dans une barque ;
Il s'y jette ; et les siens, qui suivent leur monarque,
D'un si grand nombre en foule accablent ce vaisseau,
Que la mer l'engloutit avec tout son fardeau.
C'est ainsi que sa mort lui rend toute sa gloire,
A vous toute l'Égypte, à César la victoire.
Il vous proclame reine ; et bien qu'aucun Romain
Du sang que vous pleurez n'ait vu rougir sa main,

---

a Il s'élance en nos rangs ; il les perce, et fait voir

Il nous fait voir à tous un déplaisir extrême ;
Il soupire, il gémit. Mais le voici lui-même,
Qui pourra mieux que moi vous montrer la douleur
Que lui donne du roi l'invincible malheur.

SCÈNE IV.

CÉSAR, CORNÉLIE, CLÉOPATRE, ANTOINE, LÉPIDE, ACHORÉE, CHARMION, PHILIPPE.

CORNÉLIE.

César, tiens-moi parole, et me rends mes galères. [1]
Achillas et Photin ont reçu leurs salaires :
Leur roi n'a pu jouir de ton cœur adouci ; [2]
Et Pompée est vengé ce qu'il peut l'être ici. [3]
Je n'y saurois plus voir qu'un funeste rivage [4]
Qui de leur attentat m'offre l'horrible image,
Ta nouvelle victoire, et le bruit éclatant
Qu'aux changements de roi pousse un peuple inconstant
Et, parmi ces objets, ce qui le plus m'afflige,
C'est d'y revoir toujours l'ennemi qui m'oblige.
Laisse-moi m'affranchir de cette indignité,
Et souffre que ma haine agisse en liberté. [5]
A cet empressement j'ajoute une requête :
Vois l'urne de Pompée ; il y manque sa tête ; [6]
Ne me la retiens plus ; c'est l'unique faveur
Dont je te puis encor prier avec honneur.

CÉSAR.

Il est juste ; et César est tout prêt de vous rendre
Ce reste où vous avez tant de droit de prétendre ;

Mais il est juste aussi qu'après tant de sanglots
A ses mânes errants nous rendions le repos,
Qu'un bûcher allumé par ma main et la vôtre 7
Le venge pleinement de la honte de l'autre ;
Que son ombre s'apaise en voyant notre ennui ;
Et qu'une urne plus digne et de vous et de lui,
Après la flamme éteinte et les pompes finies,
Renferme avec éclat ses cendres réunies.
De cette même main dont il fut combattu
Il verra des autels dressés à sa vertu ;
Il recevra des vœux, de l'encens, des victimes,
Sans recevoir par-là d'honneurs que légitimes : 8
Pour ces justes devoirs je ne veux que demain ;
Ne me refusez pas ce bonheur souverain.
Faites un peu de force à votre impatience : 9
Vous êtes libre après ; partez en diligence ;
Portez à notre Rome un si digne trésor ;
Portez....

CORNÉLIE.

Non pas, César, non pas à Rome encor :
Il faut que ta défaite et que tes funérailles 10
A cette cendre aimée en ouvrent les murailles ;
Et quoiqu'elle la tienne aussi chère que moi, 11
Elle n'y doit rentrer qu'en triomphant de toi.
Je la porte en Afrique ; et c'est là que j'espère
Que les fils de Pompée, et Caton, et mon père,
Secondés par l'effort d'un roi plus généreux,
Ainsi que la justice auront le sort pour eux.
C'est là que tu verras sur la terre et sur l'onde
Le débris de Pharsale armer un autre monde ;

Et c'est là que j'irai, pour hâter tes malheurs,
Porter de rang en rang ces cendres et mes pleurs.
Je veux que de ma haine ils reçoivent des règles,
Qu'ils suivent au combat des urnes au lieu d'aigles,
Et que ce triste objet porte en leur souvenir
Les soins de le venger, et ceux de te punir.
Tu veux à ce héros rendre un devoir suprême;
L'honneur que tu lui rends rejaillit sur toi-même :
Tu m'en veux pour témoin; j'obéis au vainqueur.
Mais ne présume pas toucher par-là mon cœur;
La perte que j'ai faite est trop irréparable;
La source de ma haine est trop inépuisable :
« A l'égal de mes jours je la ferai durer;
« Je veux vivre avec elle, avec elle expirer.
« Je t'avoûrai pourtant, comme vraiment Romaine,
« Que pour toi mon estime est égale à ma haine;
« Que l'une et l'autre est juste, et montre le pouvoir,
« L'une de ta vertu, l'autre de mon devoir;
« Que l'une est généreuse, et l'autre intéressée,
« Et que dans mon esprit l'une et l'autre est forcée :
« Tu vois que ta vertu, qu'en vain on veut trahir,
« Me force de priser ce que je dois haïr;
« Juge ainsi de la haine où mon devoir me lie,
« La veuve de Pompée y force Cornélie.
J'irai, n'en doute point, au sortir de ces lieux,
Soulever contre toi les hommes et les dieux;
Ces dieux qui t'ont flatté, ces dieux qui m'ont trompée,
Ces dieux qui, dans Pharsale, ont mal servi Pompée,
Qui, la foudre à la main, l'ont pu voir égorger :
Ils connoîtront leur faute, et le voudront venger.

ACTE V, SCÈNE V.

Mon zèle, à leur refus, aidé de sa mémoire,
Te saura bien sans eux arracher la victoire;
Et quand tout mon effort se trouvera rompu, [18]
Cléopâtre fera ce que je n'aurai pu.
Je sais quelle est ta flamme et quelles sont ses forces, [19]
Que tu n'ignores pas comme on fait les divorces,
Que ton amour t'aveugle, et que pour l'épouser
Rome n'a point de lois que tu n'oses briser :
Mais sache aussi qu'alors la jeunesse romaine
Se croira tout permis sur l'époux d'une reine,
Et que de cet hymen tes amis indignés
Vengeront sur ton sang leurs avis dédaignés.
J'empêche ta ruine, empêchant tes caresses. [20]
Adieu : j'attends demain l'effet de tes promesses.

SCÈNE V.

CÉSAR, CLÉOPATRE, ANTOINE, LÉPIDE, ACHORÉE, CHARMION.

CLÉOPATRE.

Plutôt qu'à ces périls je vous puisse exposer,
Seigneur, perdez en moi ce qui les peut causer;
Sacrifiez ma vie au bonheur de la vôtre; [1]
« Le mien sera trop grand, et je n'en veux point d'autre, [a]
Indigne que je suis d'un César pour époux,
Que de vivre en votre âme, étant morte pour vous.

---

[a] C'est un sort glorieux, et je n'en veux point d'autre,

CÉSAR.

Reine, ces vains projets sont le seul avantage 2
Qu'un grand cœur impuissant a du ciel en partage :
Comme il a peu de force, il a beaucoup de soins ; 3
Et, s'il pouvoit plus faire, il souhaiteroit moins.
Les dieux empêcheront l'effet de ces augures,
Et mes félicités n'en seront pas moins pures, 4
Pourvu que votre amour gagne sur vos douleurs
Qu'en faveur de César vous tarissiez vos pleurs,
Et que votre bonté, sensible à ma prière,
Pour un fidèle amant oublie un mauvais frère.
On aura pu vous dire avec quel déplaisir
J'ai vu le désespoir qu'il a voulu choisir ; 5
Avec combien d'efforts j'ai voulu le défendre
Des paniques terreurs qui l'avoient pu surprendre.
Il s'est de mes bontés jusqu'au bout défendu,
Et de peur de se perdre il s'est enfin perdu.
« O honte pour César, qu'avec tant de puissance, 6
« Tant de soins pour vous rendre entière obéissance,
« Il n'ait pu toutefois, en ces événements,
« Obéir au premier de vos commandements !
Prenez-vous-en au ciel, dont les ordres sublimes, 7
Malgré tous nos efforts, savent punir les crimes ;
Sa rigueur envers lui vous ouvre un sort plus doux,
Puisque par cette mort l'Égypte est toute à vous.

CLÉOPATRE.

Je sais que j'en reçois un nouveau diadême,
Qu'on n'en peut accuser que les dieux et lui-même ;
Mais comme il est, seigneur, de la fatalité 8
Que l'aigreur soit mêlée à la félicité,

ACTE V, SCÈNE V.

Ne vous offensez pas si cet heur de vos armes,
Qui me rend tant de biens, me coûte un peu de larmes,
« Et si, voyant sa mort due à sa trahison,
« Je donne à la nature ainsi qu'à la raison.
« Je n'ouvre point les yeux sur ma grandeur si proche,
« Qu'aussitôt à mon cœur mon sang ne le reproche ;
J'en ressens dans mon âme un murmure secret,
Et ne puis remonter au trône sans regret.

ACHORÉE.
Un grand peuple, seigneur, dont cette cour est pleine, 9
Par des cris redoublés demande à voir sa reine,
Et, tout impatient, déjà se plaint aux cieux
Qu'on lui donne trop tard un bien si précieux.

CÉSAR.
Ne lui refusons plus le bonheur qu'il désire :
Princesse, allons par-là commencer votre empire.
« Fasse le juste ciel, propice à mes désirs,
« Que ces longs cris de joie étouffent vos soupirs, 10
« Et puissent ne laisser devant votre pensée
« Que l'image des traits dont mon âme est blessée !
Cependant, qu'à l'envi ma suite et votre cour
Préparent pour demain la pompe d'un beau jour,
Où, dans un digne emploi l'une et l'autre occupée,
Couronne Cléopâtre, et m'apaise Pompée,
Élève à l'une un trône, à l'autre des autels,
Et jure à tous les deux des respects immortels.

FIN DE POMPÉE.

EXAMEN DE POMPÉE.

A bien considérer cette pièce, je ne crois pas qu'il y en ait sur le théâtre où l'histoire soit plus conservée, et plus falsifiée tout ensemble. Elle est si connue, que je n'ai osé en changer les événements : mais il s'y en trouvera peu qui soient arrivés comme je les fais arriver. Je n'y ai ajouté que ce qui regarde Cornélie, qui semble s'y offrir d'elle-même, puisque, dans la vérité historique, elle étoit dans le même vaisseau que son mari, lorsqu'il aborda en Égypte; qu'elle le vit descendre dans la barque où il fut assassiné à ses yeux par Septime, et qu'elle fut poursuivie, sur mer, par les ordres de Ptolomée. C'est ce qui m'a donné occasion de feindre qu'on l'atteignit, et qu'elle fut ramenée devant César, bien que l'histoire n'en parle point. La diversité des lieux où les choses se sont passées, et la longueur du temps qu'elles ont consumé dans la vérité historique, m'ont réduit à cette falsification, pour les ramener dans l'unité du jour et du lieu. Pompée fut massacré devant les murs de Pelusium, qu'on appelle aujourd'hui Damiette, et César prit terre à Alexandrie. Je n'ai nommé ni l'une ni l'autre ville, de peur que le nom de l'une n'arrêtât l'imagination de l'auditeur, et ne lui fît remarquer, malgré lui, la fausseté de ce qui s'est passé ailleurs. Le lieu particulier est, comme dans Polyeucte, un grand vestibule commun à tous les appartements du palais royal, et cette unité n'a rien que de vraisemblable, pourvu qu'on se détache de la vérité historique. Le premier, le troisième, et le quatrième acte y ont leur justesse manifeste ; il y peut avoir quelque difficulté pour le second et le cinquième, dont Cléopâtre ouvre l'un, et Cornélie l'autre. Elles sembleroient toutes deux avoir plus de raison de parler dans leur appartement ; mais l'impatience de la curiosité féminine les en peut faire sortir, l'une pour apprendre plus tôt les nouvelles de la mort de Pompée, ou par Achorée qu'elle a envoyé en être témoin, ou par le premier qui entrera dans ce vestibule ; et l'autre pour en savoir du combat de César et des Romains, contre Ptolomée et les Égyptiens, pour empêcher que ce héros n'en aille donner à Cléopâtre avant qu'à elle, et pour obtenir de lui d'autant plus tôt la permission de partir. En quoi on peut remarquer que comme elle sait qu'il est amoureux de cette reine, et qu'elle peut douter qu'au retour de son combat, les trouvant ensemble, il ne lui fasse le premier compliment, le soin qu'elle a de conserver la dignité romaine, lui fait prendre la parole la première, et obliger par-là César à lui répondre avant qu'il puisse dire rien à l'autre.

Pour le temps, il m'a fallu réduire en soulèvement tumultuaire une guerre qui n'a pu durer guère moins d'un an, puisque Plutarque rapporte qu'incontinent après que César fut parti d'Alexandrie, Cléopâtre accoucha de Césarion. Quand Pompée se présenta pour entrer en Égypte, cette princesse et le roi son frère avoient chacun leur armée prête à en venir aux mains l'une contre l'autre, et n'avoient garde ainsi de loger dans le même palais. César dans ses Commentaires ne parle point de ses amours avec elle, ni que la tête de Pompée lui fut présentée quand il arriva. C'est Plutarque et Lucain qui nous l'apprennent l'un et l'autre ; mais ils ne lui font présenter cette tête que par un des ministres du roi, nommé Théodote, et non pas par le roi même, comme je l'ai fait.

Il y a quelque chose d'extraordinaire dans le titre de ce poëme, qui porte le nom d'un héros qui n'y parle point; mais il ne laisse pas d'en être en quelque sorte le principal acteur, puisque sa mort est la cause unique de tout ce qui s'y passe. J'ai justifié ailleurs l'unité d'action qui s'y rencontre par cette raison, que les événements y ont une telle dépendance l'un de l'autre, que la tragédie n'auroit pas été complète si je ne l'eusse poussée jusqu'au terme où je la fais finir. C'est à ce dessein que, dès le premier acte, je fais connoître la venue de César, à qui la cour d'Égypte immole Pompée pour gagner les bonnes grâces du victorieux; et ainsi il m'a fallu nécessairement faire voir quelle réception il feroit à leur lâche et cruelle politique. J'ai avancé l'âge de Ptolomée, afin qu'il pût agir, et que, portant le titre de roi, il tâchât d'en soutenir le caractère. Bien que les historiens et le poëte Lucain l'appellent communément *rex puer, le roi enfant,* il ne l'étoit pas à un tel point, qu'il ne fût en état d'épouser sa sœur Cléopâtre, comme l'avoit ordonné son père. Hirtius dit qu'il étoit *puer jam adulta œtate,* et Lucain appelle Cléopâtre incestueuse, dans ce vers qu'il adresse à ce roi par apostrophe :

> Incestæ sceptris cessure sororis;

soit qu'elle eût déjà contracté ce mariage incestueux, soit à cause qu'après la guerre d'Alexandrie et la mort de Ptolomée, César la fit épouser à son jeune frère, qu'il rétablit dans le trône ; d'où l'on peut tirer une conséquence infaillible, que si le plus jeune des deux frères étoit en âge de se marier quand César partit d'Egypte, l'aîné en étoit capable quand il y arriva, puisqu'il n'y tarda pas plus d'un an.

Le caractère de Cléopâtre garde une ressemblance ennoblie par ce qu'on y peut imaginer de plus illustre. Je ne la fais amoureuse que par ambition, et en sorte qu'elle semble n'avoir point d'amour, qu'en tant qu'il peut servir à sa grandeur. Quoique la réputation qu'elle a laissée la fasse passer pour une femme lascive et abandonnée à ses plaisirs, et que Lucain, peut-être en haine de César, la nomme en quelque endroit *meretrix regina,* et fasse dire ailleurs à l'eunuque Photin qui gouvernoit sous le nom de son frère Ptolomée :

> Quem non è nobis credit Cleopatra nocentem ?
> A quo casta fuit ?

je trouve qu'à bien examiner l'histoire, elle n'avoit que de l'ambition sans amour, et que, par politique, elle se servoit des avantages de sa beauté pour affermir sa fortune. Cela paroît visible, en ce que les historiens ne marquent point qu'elle se soit donnée qu'aux deux premiers hommes du monde, César et Antoine, et qu'après la déroute de ce dernier, elle n'épargna aucun artifice pour engager Auguste dans la même passion qu'ils avoient eue pour elle, et fit voir par-là qu'elle ne s'étoit attachée qu'à la haute puissance d'Antoine, et non pas à sa personne.

Pour le style, il est plus élevé en ce poëme qu'en aucun des miens, et ce sont sans contredit les vers les plus pompeux que j'aie faits. La gloire n'en est pas toute à moi. J'ai traduit de Lucain tout ce que j'y ai trouvé de propre à mon sujet; et comme je n'ai point fait de scrupule d'enrichir notre langue du pillage que j'ai pu faire chez lui, j'ai tâché pour le reste à entrer si bien dans sa manière de former ses pensées et de s'expliquer, que ce qu'il m'a fallu y joindre du mien sentît son génie, et ne fût pas indigne d'être pris pour un larcin que je lui eusse fait. J'ai parlé, en l'examen de Polyeucte, de ce que je trouve à dire en la confidence que fait Cléôpatre à Charmion au second acte. Il ne me reste qu'un mot touchant les narrations d'Achorée, qui ont toujours passé pour fort belles; en quoi je ne veux pas aller contre le jugement du public, mais seulement faire remarquer de nouveau que celui qui les fait, et les personnes qui les écoutent, ont l'esprit assez tranquille pour avoir toute la patience qu'il y faut donner. Celle du troisième acte, qui est, à mon gré, la plus magnifique, a été accusée de n'être pas reçue par une personne digne de la recevoir : mais bien que Charmion, qui l'écoute, ne soit qu'une domestique de Cléopâtre, qu'on peut toutefois prendre pour sa dame d'honneur, étant envoyée exprès par cette reine pour l'écouter, elle tient lieu de cette reine même, qui cependant montre un orgueil digne d'elle, d'attendre la visite de César dans sa chambre, sans aller au-devant de lui. D'ailleurs, Cléôpatre eût rompu tout le reste de ce troisième acte, si elle s'y fût montrée, et il m'a fallu la cacher par adresse de théâtre, et trouver pour cela dans l'action un prétexte qui fût glorieux pour elle, et qui ne laissât point paroître le secret de l'art, qui m'obligeoit à l'empêcher de se produire.

REMARQUES
DE VOLTAIRE
SUR
POMPÉE.

REMARQUES SUR POMPÉE.

ACTE PREMIER.

SCÈNE I.ère

Que devant Troie en flamme Hécube désolée
Ne vienne point pousser une plainte ampoulée,
Ni sans raison décrire en quels affreux pays
Par sept bouches l'Euxin reçoit le Tanaïs.

Boileau, Art poétique.

A plus forte raison un roi d'Egypte, qui n'a point vu Pharsale, et à qui cette guerre est étrangère, ne doit point dire que les dieux étoient étonnés en se partageant, qu'ils n'osaient juger, et que la bataille a jugé pour eux. Dès qu'on reconnaît des dieux, on doit convenir qu'ils ont jugé par la bataille même. *Ces champs empestés, ces montagnes de mort qui se vengent, ces débordements de parricides, ces troncs pourris,* étaient notés par Boileau comme un exemple d'enflure et de déclamation. Il fallait dire simplement :

Le destin se déclare ; et le droit de l'épée,
Justifiant César, a condamné Pompée.

C'était parler en roi. Les vers ampoulés ne conviennent pas dans un conseil d'état. Il n'y a donc qu'à retrancher des vers sonores et inutiles pour que la pièce commence noblement ; car l'ampoulé n'est pas plus noble que convenable. *a*

2 Sa déroute orgueilleuse en cherche aux mêmes lieux
Où, contre les Titans, en trouvèrent les dieux.

Une déroute orgueilleuse qui cherche un asile ne présente ni une idée vraie, ni une idée nette. *Où les dieux en trouvèrent contre les Titans* est une idée qui pourrait être admise dans une ode où le poëte se livre à l'enthousiasme ; mais dans un conseil on parle sérieusement. De plus, Pompée serait ici le dieu, et César le Titan ; et si une comparaison poétique était une raison, c'en serait une en faveur de Pompée.

3 Il croit que ce climat, en dépit de la guerre....
Pourra prêter l'épaule au monde chancelant,

est dans ce même genre de déclamation ampoulée. Lucain lui-même n'est pas tombé dans ce défaut. Observez que, dans cette déclamation, *prêter l'épaule* est du genre familier : enfin un climat qui

---

a Il peut y avoir quelques vers trop recherchés dans ce discours de Ptolomée ; cela n'empêche pas qu'il ne soit noble et digne de l'ouverture d'un conseil d'état. L'importance du sujet que l'on traite dans celui-ci, semble demander de l'élévation dans le style ; et la citation que le commentateur fait des vers de Boileau nous paroît déplacée. La position du roi d'Égypte, maître de donner ou de refuser asile au grand Pompée, n'offre aucune comparaison avec celle d'Hécube, désolée devant Troie en flammes. Ils doivent être affectés de sensations bien différentes ; et, pour répondre au commentateur par le même passage de Boileau :

Chaque passion parle un différent langage.

prête l'épaule forme une idée trop incohérente. Comment l'auteur de Cinna put-il se livrer à un pareil phébus? C'est qu'il y eut de mauvais critiques qui ne trouvèrent pas les beaux vers de Cinna assez relevés ; c'est que, de son temps, on n'avait ni connaissance ni goût : cela est si vrai, que Boileau fut le premier qui fit connaître combien ce commencement est défectueux.

4 Et veut que notre Égypte, en miracles féconde,
Serve à sa liberté de sépulcre ou d'appui.

Appui n'est pas l'opposé de *sépulcre ;* mais c'est une très-légère faute.

5 . . . . Nous aurons la gloire
D'achever de César ou troubler la victoire.

On peut dire également ici *de troubler* ou *troubler,* parce que le *de* répété est désagréable. Mais troubler n'est pas le mot propre ; une *victoire troublée* n'a pas un sens assez déterminé, assez clair.

6 Et je puis dire enfin que jamais potentat
N'eut à délibérer d'un si grand coup d'état.

L'usage veut aujourd'hui que *délibérer* soit suivi de *sur ;* mais le *de* est aussi permis : on délibéra du sort de Jacques II dans le conseil du prince d'Orange. Mais je crois que la règle est de pouvoir employer le *de* quand on spécifie les intérêts dont on parle : on délibère aujourd'hui *de* la nécessité ou *sur* la nécessité d'envoyer du secours en Allemagne ; on délibère *sur* de grands intérêts, *sur* des points importants.

7 Seigneur, quand par le fer les choses sont vidées,
   La justice et le droit sont de vaines idées.

Les choses vidées n'est pas du style noble; de plus on vide un procès, une querelle; on ne vide pas une chose.

8 Et qui veut être juste en de telles saisons
   Balance le pouvoir et non pas les raisons.
   Voyez donc votre force, etc.

En de telles saisons est pour la rime. *Balance le pouvoir et non pas les raisons :* il veut dire *examine ce qu'il peut, et non pas ce qu'il doit;* mais il ne l'exprime pas. On ne balance point le pouvoir; cette expression est impropre et obscure, et c'est précisément les raisons politiques qu'on balance.

9 Dont plus de la moitié piteusement étale
   Une indigne curée aux vautours de Pharsale.

Piteusement, curée, expressions basses en poésie.

☞ 10 Il fuit Rome perdue; il fuit tous les Romains,
   A qui par sa défaite il met les fers aux mains.

Perdue n'est pas le mot propre; on ne fuit pas ce qu'on a perdu. *a*

11 Auteur des maux de tous, il est à tous en butte,
   Et fuit le monde entier écrasé par sa chute.

Comment peut-on fuir l'univers écrasé? comment

---

a Nous avons annoncé que nous ferions peu d'observations sur les remarques relatives à cette tragédie; mais comment passer celle-ci sous silence? *On ne fuit pas ce qu'on a perdu.* Certes, on ne fuit pas une bague, un procès qu'on a perdu; mais on peut fuir un ami, ou une ville qu'on a *perdue,* quand ce mot *perdue* signifie *ruinée.*

et où fuir quand on est écrasé avec cet univers? Cette métaphore n'est pas plus juste qu'un *climat qui prête l'épaule.*

12 Sous qui tout l'univers se trouve foudroyé.

Un faix sous qui l'on se trouve foudroyé est encore une de ces figures fausses, une de ces images incohérentes qu'on ne peut admettre : un faix ne foudroie pas.

13 Trouve un noble revers, dont les coups invincibles,
Pour être glorieux, ne sont pas moins sensibles.

Ces termes ne paraîtront pas justes à ceux qui exigent la pureté du langage et la justesse des figures. En effet, un coup n'est pas *invincible,* parce qu'un coup ne combat pas.

☞ 14 Et sans les accuser d'injustice ou d'outrage....

Accuse-t-on les destins d'outrage?

15 Pressé de toutes parts des colères célestes....

Colère, substantif, n'admet point le pluriel.

☞ 16 Il en vient dessus vous faire fondre les restes.

Dessus vous est une faute contre la langue, et *faire fondre* en est une contre l'harmonie : et quelle expression que les *restes des colères!*

17 Sa retraite chez vous en effet n'est qu'un crime.

La retraite de Pompée peut-elle être représentée comme un crime et comme un effet de sa haine contre Ptolomée? Est-ce ainsi que s'exprime un ministre d'état? n'est-ce point aller au-delà du but? Tout le reste de ce morceau est d'une beauté achevée; et plus le fond du discours est naturel et vrai, plus les exagérations emphatiques sont déplacées. *a*

18 Elle marque sa haine, et non pas son estime.

Cette exagération d'un ministre d'état est trop évidemment fausse. Est-ce une preuve de haine que de demander un asile?

☞ 19 Il ne vient que vous perdre en venant prendre port.

Venant prendre port, expression trop triviale pour la tragédie.

20 Il n'eût ici trouvé que joie et que festins.

On pourrait encore dire que *joie et festins* ne sont pas l'expression convenable dans la bouche d'un ministre d'état; c'est ainsi qu'on parlerait de la réception d'une bourgeoise.

☞ 21 Vous ne pouvez enfin qu'aux dépens de sa tête
  Mettre à l'abri la vôtre, et parer la tempête.

On ne pare point une tempête.

22 Le choix des actions ou mauvaises ou bonnes
  Ne fait qu'anéantir la force des couronnes.

Ces deux vers obscurs et entortillés affaiblissent cette tirade : c'est d'ailleurs trop retourner, trop répéter la même chose.

23 Le droit des rois consiste à ne rien épargner;
  La timide équité détruit l'art de régner.

Cette maxime horrible n'est point du tout conve-

---

a On ne peut nier que Photin n'aille au-delà du but; mais ce défaut n'empêche pas que le discours de ce courtisan ne soit parfaitement fait. Une pareille scène suffiroit pour prouver la supériorité du génie de Corneille.

nable ici : il ne s'agit point du droit des rois contre d'autres rois, ni avec leurs sujets ; il ne s'agit que de mériter la faveur de César. Ptolomée est lui-même une espèce de sujet, un vassal à qui on propose de flatter son maître par une action infâme. Ainsi la dernière partie du discours de Photin pèche contre la raison autant que contre la morale.

24 Et qui veut tout pouvoir doit oser tout enfreindre,
Fuir comme un déshonneur la vertu qui le perd,
Et voler sans scrupule au crime qui le sert.

C'est ce qu'on a dit quelquefois des ministres; mais ils ne parlent jamais ainsi. Un homme qui veut faire passer son avis ne lui donne point de si abominables couleurs. La Saint-Barthélemi même ne fut point présentée dans le conseil de Charles IX comme un crime, mais comme une sévérité nécessaire. La tragédie est une imitation des mœurs, et non pas une amplification de rhétorique.

Cette faute de Corneille a perdu plusieurs auteurs : leurs personnages débitent avec un enthousiasme de poëte des maximes atroces, et de fades lieux communs d'horreurs insipides, qui séduisent quelquefois le parterre dans un roman barbarement dialogué. On a récité sur le théâtre ces vers :

Chacun a ses vertus, ainsi qu'il a ses dieux.
Le sceptre absout toujours la main la plus coupable.
Le crime n'est forfait que pour les malheureux.
Telle est donc de ces lieux l'influence cruelle,
Que jusqu'à la vertu s'y rendra criminelle.
Oui, lorsque de ses soins la justice est l'objet,
Elle y doit emprunter le secours du forfait.
Vertu ! c'est à ce prix qu'on te doit dédaigner.

Voilà des sentences dignes de la Grève, dont plusieurs de nos pièces sont remplies : voilà les vers barbares dignes de ces maximes qui ont retenti sur nos théâtres. Nous avons vu une mère amoureuse de son fils qui disait hardiment :

>Dieux, qui m'abandonnez à ces honteux transports,
>N'en attendez, cruels, ni douleurs ni remords.
>Je ne tiens mon amour que de votre colère ;
>Mais, pour vous en punir, je prétends m'y complaire.

Les dieux qui *n'attendent pas douleurs* de cette vieille, et qui sont punis par la complaisance de la vieille dans son inceste, doivent être bien étonnés ; et des gens de goût doivent l'être bien davantage de la vogue qu'ont eue pendant quelque temps ces infamies absurdes écrites en gaulois.

Nous avons entendu dans Catilina des vers encore plus révoltants et plus ridicules :

>Qu'il soit cru fourbe, ingrat, parjure, impitoyable,
>Il sera toujours grand s'il est impénétrable.
>Tel on déteste avant, que l'on adore après.

Ce n'est que depuis quelque temps que le parterre a senti l'horreur et le ridicule de ces maximes. Narcisse, dans Britannicus, ne dit point à Néron : Commettez un crime, c'est à vous qu'il appartient d'en faire ; il ne débite aucune de ces maximes d'un vain déclamateur. [a]

---

[a] Voltaire ne veut pas qu'un ministre s'énonce comme il pense. Cependant la tragédie est l'imitation des mœurs. Les maximes atroces, en politique, sont moins dangereuses que les maximes relâchées en religion ou en morale, parce que celles-ci, étant plus à la portée de la multitude, exercent sur elle une influence plus directe.

ACTE I, SCÈNE I.

25 Vous pouvez adorer César, si l'on l'adore.

Il faut éviter ces syllabes désagréables de *l'on l'a.*

26 Mais, quoique vos encens le traitent d'immortel,
Cette grande victime est trop pour son autel.

Encens ne souffre point le pluriel. On offre de l'encens aux immortels, mais l'encens ne traite pas d'immortel.

On peut observer ici qu'en aucune langue les métaux, les minéraux, les aromates, n'ont jamais de pluriel. Ainsi chez toutes les nations on offre de l'or, de l'encens, de la myrrhe, et non des *ors*, des *encens*, des *myrrhes*.

27 En usant de la sorte on ne vous peut blâmer,

n'est ni français, ni noble. On dit, dans le langage familier, *en user de la sorte*, mais non pas *user de la sorte*.

28 Quoi que doive un monarque, et dût-il sa couronne,
Il doit à ses sujets encor plus qu'à personne,
Et cesse de devoir quand la dette est d'un rang
A ne point l'acquitter qu'aux dépens de leur sang.

Une dette est trop forte, trop grande; elle n'est pas *d'un rang à ne point l'acquitter qu'aux;* ce *point* est de trop; jamais on ne l'emploie que dans le sens absolu : *je n'irai point, je n'irai qu'à cette condition.*

29 Il le servit enfin, mais ce fut de la langue;
La bourse de César fit plus que sa harangue.

La langue, la bourse, sont des expressions trop familières. Voyez comme il est difficile de dire noblement les petites choses, et comme il est aisé de traiter les autres avec emphase ! Le grand art des vers consiste à n'être jamais ni ampoulé ni bas.

☞ 30 . . . . Pompée et ses discours
Pour rentrer en Égypte étoient un froid secours.

Un secours n'est ni chaud ni froid : le mot propre est souvent difficile à rencontrer, et quand il est trouvé, la gêne des vers et de la rime empêche qu'on ne l'emploie.

31 Comme il parla pour vous, vous parlerez pour lui.
Ainsi vous le pouvez et devez reconnoître.

On reconnaît un bienfait, mais non pas la personne. *Je vous reconnais* n'est pas français, et ne forme point de sens, à moins qu'il ne signifie au propre, *Je ne vous remettais pas, et je vous reconnais;* ou bien, *je reconnais là votre caractère.*

32 Seigneur, je suis Romain, etc.

Le raisonnement de Septime est encore plus fort que celui d'Achillas. Cette scène est au fond parfaitement traitée, et, à quelques fautes près (qu'on est toujours obligé de remarquer pour l'utilité des jeunes gens et des étrangers), elle est très-forte de raisonnement.

☞ 33 . . . . C'est lui laisser et sur mer et sur terre
La suite d'une longue et difficile guerre.

Il faut éviter autant qu'on peut ces hémistiches trop communs, *et sur mer et sur terre,* qui ne sont que pour la rime, et qui font tout languir; *laisser la suite d'une guerre* n'est pas français. [a]

[a] *Sur mer et sur terre* n'est point ici pour la rime : ces mots tiennent essentiellement à la phrase.

ACTE I, SCÈNE I.

☞ 34 Le livrer à César n'est que la même chose.

Expression trop familière et trop triviale : de plus, livrer Pompée à César n'est pas la même chose que le renvoyer. Il y a une différence immense entre laisser un homme en liberté et le mettre dans les mains de son ennemi. *a*

35 Aussi bien que Pompée il vous voudra du mal.

Il vous voudra du mal est une expression de comédie.

36 Il faut le délivrer du péril et du crime,
   Assurer sa puissance et sauver son estime.

Sauver son estime ne forme aucun sens. Veut-il dire que Ptolomée conservera l'estime qu'on a pour César, ou l'estime que César a pour Ptolomée, ou l'estime que César fait de lui-même ? Dans les trois cas *sauver l'estime* est trop impropre. *J'évite d'être long, et je deviens obscur.* *b*

37 N'examinons donc plus la justice des causes,
   Et cédons au torrent qui roule toutes choses.

Des causes est un terme du barreau. *Toutes*

---

a Cette remarque contient une misérable chicane, pour ne rien dire de plus. Certainement ce n'est pas la même chose pour Pompée, qu'on le renvoie ou qu'on le livre à César; mais c'est de ce dernier que l'on parle, et pour lui, par les raisons qu'en donne Septime : c'est la même chose qu'on lui livre Pompée ou qu'on le chasse.

b Sauver son estime, à la vérité, n'est pas clair; mais pourquoi embrouiller encore la pensée de l'auteur, laquelle ne peut sûrement être autre chose que conserver à César l'estime qu'on a pour lui ?

choses est trop prosaïque, quoique dans les délibérations la poésie tragique ne doive point s'élever au-dessus de la prose soutenue ; et d'ailleurs *toutes choses* et la *même chose* dans une page est d'un style trop négligé. On ne peut trop répéter qu'on est dans l'obligation de remarquer ces fautes, de peur que les jeunes gens, qui n'auraient pas la même excuse que Corneille, n'imitent des défauts qu'on devait lui pardonner, mais qu'on ne pardonne plus aujourd'hui.

38 Abattons sa superbe avec sa liberté.

La *superbe* ne se dit plus dans la poésie noble ; il est aisé d'y substituer *orgueil*. On n'abat point la liberté, on la détruit ; rien n'est beau sans le mot propre.

Ces remarques ne portent point sur l'essentiel de la pièce ; mais il faut avertir de tout les lecteurs qui veulent s'instruire, et ceux qui nous font l'honneur d'apprendre notre langue.

39 Allez donc, Achillas, allez avec Septime
　Nous immortaliser par cet illustre crime.

Cette pensée est trop emphatique. Ptolomée peut-il dire qu'il s'immortalisera par un assassinat ? Cette illusion qu'il se fait est-elle bien dans la nature ? les raisons qu'il en apporte sont-elles de vraies raisons ? Les nations seront-elles moins esclaves pour être esclaves du maître de Rome ? S'exprimer ainsi c'est substituer une amplification de rhétorique à la solidité d'un conseil d'état. Quel est le souverain qui dirait : Allons nous immortaliser par un illustre

ACTE I, SCÈNE II.

crime ? La tragédie doit être l'imitation embellie de la nature. Ces défauts dans le détail n'empêchent pas que le fond de cette première scène ne soit une des plus belles expositions qu'on ait vues sur aucun théâtre. Les anciens n'ont rien qui en approche ; elle est auguste, intéressante, importante ; elle entre tout d'un coup en action : les autres expositions ne font qu'instruire du sujet de la pièce ; celle-ci en est le nœud ; placez-la dans quelque acte que vous vouliez, elle sera toujours attachante : c'est la seule qui soit dans ce goût. *a*

SCÈNE II.

1 De l'abord de Pompée elle espère autre issue.

Autre issue ne se dit que dans le style comique. Il faut, dans le style noble, *une autre issue*. On ne supprime les articles et les pronoms que dans ce familier qui approche du style marotique ; sentir joie, faire mauvaise fin, etc. Observez encore qu'*issue* n'est pas le mot propre. Un abord n'a point d'*issue*. Il faut toujours ou le mot propre, ou une métaphore noble.

a On ne sauroit rendre plus de justice à Corneille que ne le fait Voltaire à la fin de cette remarque ; mais il faut avouer qu'il ne lui en a pas dû coûter beaucoup ; car si tout le mal qu'il dit, tant au commencement de cette remarque que dans les précédentes, a pu convaincre ses lecteurs, la scène n'en est pas moins très-défectueuse. On doit donc reconnoître qu'il ne la loue en définitif que conformément à son principe : *C'est une grande sottise de ne trouver rien d'estimable dans* un ennemi *estimé du public.*

2   Elle se croit déjà souveraine maîtresse
    D'un sceptre partagé que sa bonté lui laisse.

On ne sait, par la construction, à quoi se rapporte *sa bonté*.

3   De mon trône en son âme elle prend la moitié.

Ce mot *prend* n'est pas assez noble.

4   Où de son vain orgueil les cendres rallumées
    Poussent déjà dans l'air de nouvelles fumées.

Jamais un orgueil n'eut de cendres; ces fumées, poussées par les cendres de l'orgueil, ne sont guère plus admissibles. Tout ce qui n'est pas naturel doit être banni de la poésie et de la prose.

5   Sans doute il jugeroit de la sœur et du frère
    Suivant le testament du feu roi votre père,
    Son hôte et son ami, qui l'en daigna saisir.

Le feu roi votre père est trop prosaïque, et il y a un enjambement que les règles de notre poésie ne souffrent point dans le style sérieux des vers alexandrins. *Qui l'en daigna saisir* est un terme de chicane. Ma partie est saisie de ce testament. On a *saisi* ma partie de ces pièces.

6   Jugez après cela de votre déplaisir.

Ce vers n'a pas un sens clair. Est-ce du déplaisir qu'a eu Ptolomée? On ne peut dire à un homme: Jugez de la peine que vous avez eue. Est-ce du déplaisir qu'il aura? Il fallait donc l'exprimer, et dire: Jugez de votre déplaisir si Pompée venait mettre Cléopâtre sur le trône. De plus, cette raison de

Photin peut être alléguée contre César bien plus que contre Pompée. *a*

☞ 7 Car c'est ne régner pas qu'être deux à régner.

C'est exprimer bassement ce qui demande de l'élévation.

SCÈNE III.

1 Et lui vient d'envoyer Achillas et Septime. —
Quoi ! Septime à Pompée, à Pompée Achillas ?

Ce vers en dit plus que vingt n'en pourraient dire. La simple exposition des choses est quelquefois plus énergique que les plus grands mouvements de l'éloquence. Voilà le véritable dialogue de la tragédie : il est simple, mais plein de force ; il fait penser plus qu'il ne dit. Corneille est le premier qui ait eu l'idée de cette vraie beauté ; mais elle est très-difficile à saisir, et il ne l'a pas toujours employée.

2 Il est toujours Pompée, et vous a couronné. —
Il n'en est plus que l'ombre, et couronna mon père,
Dont l'ombre et non pas moi lui doit ce qu'il espère.

Il n'en est plus que l'ombre; donc c'est à l'ombre de mon père à le payer. Quel raisonnement ! et quel mauvais jeu de mots !

a Malgré la résolution de ne faire que le moins possible d'observations, on ne peut s'empêcher de prouver que cette remarque est tout-à-fait déplacée. En effet, peut-on douter qu'il s'agit du déplaisir que Ptolomée *aura*, ou plutôt *auroit*, quand Photin dit : *Sans doute il jugeroit*, etc. *Jugez après cela de votre déplaisir*.

3 Mais songez qu'au port même il peut faire naufrage.

Ptolomée ne commet-il pas ici une indiscrétion en faisant entendre à sa sœur, dont il se défie, qu'il va faire assassiner Pompée ? ne doit-il pas craindre qu'elle ne l'en avertisse ? Je ne crois pas qu'il soit permis de mettre sur la scène tragique un prince imprudent et indiscret, à moins d'une grande passion qui excuse tout. L'imprudence et l'indiscrétion peuvent être jouées à la comédie ; mais sur le théâtre tragique il ne faut peindre que des défauts nobles. Britannicus brave Néron avec la hauteur imprudente d'un jeune homme passionné ; mais il ne dit pas son secret à Néron imprudemment.

4 Après tout, c'est ma sœur; oyez sans repartir.

Oyez ne se dit plus. L'usage fait tout.

5 Cette haute vertu dont le ciel et le sang
    Enflent toujours les cœurs de ceux de notre rang.

Le *ciel et le sang qui enflent le cœur de la vertu*, n'est pas une expression convenable. Le mot d'*enfler* est fait pour l'orgueil. On pourroit encore dire, *enfler d'une vaine espérance*.

6 Confessez-le, ma sœur, vous sauriez vous en taire,
    N'étoit le testament du feu roi notre père.

N'était est une expression du style le plus familier, et prise encore du barreau. *Le feu roi notre père*, deux fois répété, n'est pas d'un style assez châtié. Ces façons de parler ne sont plus permises. La poésie ne doit pas être enflée, mais elle ne doit pas être trop familière ; c'est une observation qu'on

ACTE I, SCÈNE III.

est obligé de faire souvent. C'est un défaut trop grand dans cette pièce, que ce mélange continuel d'enflure et de familiarité. *a*

7 Il fut jusques à Rome implorer le sénat.

Il fut implorer, c'était une licence qu'on prenait autrefois. Il y a même encore plusieurs personnes qui disent, je fus le voir, je fus lui parler ; mais c'est une faute, par la raison qu'on *va* parler, qu'on *va* voir : on *n'est* point parler, on *n'est* point voir. Il faut donc dire, *j'allai le voir, j'allai lui parler, il alla l'implorer*. Ceux qui tombent dans cette faute ne diraient pas, je *fus* lui remontrer, je *fus* lui faire apercevoir. *b*

a L'expression *n'étoit*, au lieu de *sans* ou *si ce n'est*, mérite d'être conservée en raison de son utilité, sur-tout en poésie. Racine ne l'a pas jugée trop familière, et l'a employée dans *Bajazet*, acte 3, scène 3 :

> *N'étoit* que de son cœur le trop juste reproche,
> Lui fait peut-être, hélas ! éviter cette approche.

On lit, dans de jolis vers où il s'agit de Polyeucte :

> Et les vers chrétiens qu'il déclame,
> Seroient tombés dans le décri,
> *N'eût été* l'amour de sa femme
> Pour ce païen son favori.

Ces quatre vers sont de Voltaire, dans sa dédicace de *Zaïre* à M. Falkener.

b De ce que on *n'est* point *parler*, il ne s'ensuit pas que ce soit une faute de dire, *je fus lui parler, je fus le voir*. Le verbe *aller* fait au parfait défini *je fus* ou *j'allai*. Restaut et Wailly l'indiquent dans leurs grammaires, et c'est un usage généralement reçu, qui ne doit pas céder aux systèmes de Voltaire, dont on doit toujours se défier ; mais ce à quoi il faut sur-tout prendre garde, c'est aux vers que le commentateur substitue à ceux des dernières éditions, où celui-ci ne se trouve pas.

☞ 8 Il nous mena tous deux pour toucher son courage.

Quand on parle du courage de César, on entend toujours sa valeur. Mais ici Cléopâtre entend son âme, son cœur. Le mot *courage* était entendu en ce sens du temps de Corneille ; nous avons vu que Félix dit à Pauline, *ton courage était bon*.

9 .... Ce peu de beauté que m'ont donné les cieux
D'un assez vif éclat faisoit briller mes yeux :
César en fut épris.

Il n'est guère dans les bienséances qu'une princesse parle ainsi devant des ministres. La décence est une des premières lois de notre théâtre : on n'y peut manquer qu'en faveur du grand tragique, dans les occasions où la passion ne ménage plus rien.

☞ 10 Après avoir pour nous employé ce grand homme
Qui nous gagna soudain toutes les voix de Rome,
Son amour en voulut seconder les efforts.

Que veut dire *en seconder les efforts*? est-ce aux efforts des voix de Rome que cet *en* se rapporte? sont-ce les efforts de l'amour de ce grand homme? Cet *en* est également vicieux dans l'un et l'autre sens. *a*

11 Et, nous ouvrant son cœur, nous ouvrit ses trésors.

Ouvre son cœur et ses trésors semble un jeu de

---

a En me paroît fort bien se rapporter à ce grand homme, Pompée, dont l'amour de César voulut seconder les efforts. Si le lecteur est de mon avis, il trouvera que Voltaire a eu tort d'ajouter à l'édition de 1774 cette remarque, qui n'est point dans l'édition de 1764.

mots. Tout ce qui a l'air de pointe est l'opposé du style sérieux.

12 Nous eûmes de ses feux, encore en leur naissance,
Et les nerfs de la guerre, et ceux de la puissance.

Nous eûmes de ses feux les nerfs de la guerre. Cette expression n'est pas française : qu'est-ce qu'un nerf qu'on a d'un feu ? L'idée est plus répréhensible que l'expression. Une femme ne se vante point ainsi d'avoir un amant ; cela n'est permis que dans les rôles comiques.

13 Certes, ma sœur, le conte est fait avec adresse. —
César viendra bientôt, et j'en ai lettre expresse.

Ces vers sont de la pure comédie.

Cette scène eût été bien plus belle si Cléopâtre n'eût fait parler que sa fierté et sa vertu, et si elle ne se fût point vantée que César était amoureux d'elle.

☞ *J'en ai lettre expresse.* Style familier et bourgeois.

☞ 14 Je n'ai reçu de vous que mépris et que haine.

On ne dit point, *je n'ai reçu que haine.* On ne reçoit point haine ; c'est un barbarisme. *a*

☞ 15 Et, de ma part du sceptre indigne ravisseur,
Vous m'avez plus traitée en esclave qu'en sœur.

Part du sceptre est hasardé, parce qu'on ne coupe point un sceptre en deux. Mais cette figure,

---

a On ne diroit pas *je n'ai reçu que haine*, mais ce dernier mot passe à la faveur de celui qui précède, *je n'ai reçu de vous que mépris et que haine.*

qui ne présente rien de louche et d'obscur, est très-admissible.

☞ 16 Cependant mon orgueil vous laisse à démêler
Quel étoit l'intérêt qui me faisoit parler.

Elle ne le laisse point à démêler ; elle le fait entendre trop nettement.

SCÈNE IV.

1 Seigneur, cette surprise est pour moi merveilleuse.

Merveilleuse, pour *étonnante, surprenante,* est du style de la comédie ; l'on ne peut dire, *une surprise étonnante, merveilleuse;* ce n'est pas la surprise qui est merveilleuse, c'est la chose qui surprend.

2 Je n'en sais que penser, et mon cœur étonné
D'un secret que jamais il n'auroit soupçonné....

Mon cœur n'est pas le mot propre ; on ne l'emploie que dans le sentiment : le cœur n'a jamais de part aux réflexions politiques. Il fallait, *mon esprit.* De plus, quand on vient de dire qu'on est surpris, il ne faut pas ajouter qu'on est étonné.

3 Inconstant et confus dans son incertitude,
Ne se résout à rien qu'avec inquiétude.

Inconstant est encore moins convenable. *Le cœur inconstant* n'exprime point du tout un homme embarrassé.

4 Sauverons-nous Pompée ? — Il faudroit faire effort,
Si nous l'avions sauvé, pour conclure sa mort.

Il faudrait faire effort pour conclure. C'est le

contraire de ce que Photin veut dire. Il ne faudrait point d'effort pour conclure la mort de Pompée ; on aurait une raison de plus pour la conclure : il faudrait s'efforcer de la hâter. *a*

5 Consultez-en encore Achillas et Septime.

En encore : on doit éviter ce bâillement, ces *hiatus* de syllabes désagréables à l'oreille.

Cet acte ne finit point avec la pompe et la noblesse qu'on attendait du commencement.

6 Allons donc les voir faire, et montons à la tour,

est du ton bourgeois, et l'acte a commencé dans un style emphatique. Il faut, autant qu'on le peut, finir un acte par de beaux vers, qui fassent naître l'impatience de voir l'acte suivant.

ACTE DEUXIÈME.

SCÈNE I.ère

1 Je l'aime ; mais l'éclat d'une si belle flamme,
Quelque brillant qu'il soit, n'éblouit point mon âme.

CE sentiment de Cléopâtre est fort beau ; mais on affaiblit toujours son propre sentiment quand on l'exprime par des maximes générales. *b*

a Photin ne dit pas le contraire de ce qu'il veut dire, mais il emploie une mauvaise expression ; il se sert des mots *conclure sa mort,* au lieu de *le perdre.*

b Je ne sais pas ce que veut dire le commentateur dans cette remarque. Cléopâtre ne me paroît pas s'exprimer par une maxime générale.

☞ 2 Et toujours ma vertu retrace dans mon cœur....

Les héroïnes de Corneille parlent toujours de leur vertu. *a*

3 Ce qu'il doit au vaincu, brûlant pour le vainqueur.

Il semble, par la construction, que le vaincu brûle pour le vainqueur. Toutes ces négligences sont pardonnables à Corneille, mais ne le seraient pas à d'autres ; c'est pour cette raison que je les remarque soigneusement. *b*

4 Et je le traiterois avec indignité
Si j'aspirois à lui par une lâcheté.

Je le traiterois avec indignité, ne dit pas ce que Cléopâtre veut dire ; son idée est qu'elle serait indigne de César, si elle ne pensait pas noblement. *Traiter avec indignité* signifie *maltraiter, accabler d'opprobre.*

5 Les princes ont cela de leur haute naissance.

Les princes ont cela gâte la noblesse de cette idée. C'est ici le lieu de rapporter le sentiment du marquis de *Vauvenargues. Les héros de Corneille,* dit-il, *parlent toujours trop, et pour se faire connoître. Ceux de Racine se font connoître parce*

---

a Nous ne pouvons mieux répondre à ce reproche qu'en rappelant notre observation relative à la neuvième remarque sur la deuxième scène du second acte de Polyeucte. Le lecteur est prié d'y avoir recours.

b Un vaincu brûlant pour le vainqueur, ne présenteroit sûrement aucun sens. C'est donc à tort que le commentateur blâme cette construction généralement reçue, à la clarté de laquelle ajoute encore la virgule placée après le mot *vaincu.*

ACTE II, SCÈNE I.

qu'ils parlent. Cette réflexion est très-juste. Les vaines maximes, les lieux communs disent toujours peu de chose; et un mot qui échappe à propos, qui part du cœur, qui peint le caractère, en dit bien davantage.

6. Leur âme dans leur sang prend des impressions
Qui dessous leur vertu rangent leurs passions.

Dessous leur vertu; cette expression n'est pas heureuse.

7 Leur générosité soumet tout à leur gloire,

a un sens trop vague, qui ôte à ce couplet sa précision, et lui dérobe par conséquent sa force.

8 Tout est illustre en eux quand ils daignent se croire.

Tout est illustre n'est pas le mot propre; c'est *noble* qu'il fallait.

9 Il croit cette âme basse, et se montre sans foi;
Mais, s'il croyoit la sienne, il agiroit en roi.

Ce dernier vers est beau, et semble demander grâce pour les autres.

10 Apprends qu'une princesse aimant sa renommée,
Quand elle dit qu'elle aime, est sûre d'être aimée.

Il y avait d'abord :

Quand elle avoue aimer, s'assure d'être aimée.

Voilà encore une maxime générale, qui a même le défaut de n'être pas vraie; car l'infante du Cid avoue qu'elle aime, et n'en est pas plus aimée; Hermione est dans la même situation. Il est vrai que si une princesse disait publiquement qu'elle aime et qu'elle n'est point aimée, elle pourrait être avilie ; mais il n'est pas vrai qu'une princesse n'avoue à sa confidente sa passion que quand elle est sûre d'être aimée. En général il faut s'interdire ce ton didactique dans une tragédie : on doit, le plus qu'on peut, mettre les maximes en sentiment. Ce qu'il y a de pis, c'est que l'amour de Cléopâtre est très-froid ; et, contre les lois de la tragédie, il n'inspire ni terreur, ni pitié ; ce n'est précisément que de la galanterie sans aucun intérêt ; et cette galanterie est des plus indécentes : c'est un très-grand défaut.

11 Et que les plus beaux feux dont son cœur soit épris
N'oseroient l'exposer aux hontes d'un mépris.

Soit épris est un solécisme ; mais *de beaux feux qui exposent à des hontes* sont pis qu'un solécisme.

12 Son bras ne dompte point de peuples ni de lieux
Dont il ne rende hommage au pouvoir de mes yeux.

Lieux après *peuples* est inutile et languissant. *Un bras qui dompte des lieux* révolte l'esprit et l'oreille.

13 Il trace des soupirs, et d'un style plaintif,
Dans son champ de victoire, il se dit mon captif.

César qui trace des soupirs d'un style plaintif n'est pas César ; et ce ridicule augmente encore par celui de l'expression : on ne parlerait pas autrement de Corydon dans une églogue. Est-il possible qu'on ait dit que Corneille a banni la galanterie de ses pièces ? Il ne l'a traitée que trop ; elle était alors la base de tous les ouvrages d'imagination. Horatius Coclès chante à l'Echo dans Clélie, et fait des anagrammes. Tout héros est galant. Remarquons que

Dacier, dans ses notes sur l'Art poétique d'Horace, censura fortement la plupart de ces fautes où Corneille tombe trop souvent. Il rapporte plusieurs vers dont il fait la critique. Le seul amour du bon goût le portait à cette juste sévérité dans un temps où il ne semblait pas encore permis de censurer un homme presque universellement applaudi. Boileau avait bien fait sentir que Corneille péchait souvent par le style, par l'obscurité des pensées, quelquefois par leur fausseté, par l'inégalité, par des termes bas, et par des expressions ampoulées; mais il le disait avec ménagement, jusqu'à ce qu'enfin, dans son Art poétique, il alla jusqu'à dire :

Et, si le roi des Huns ne lui charme l'oreille,
Traiter de visigoths tous les vers de Corneille.

Il n'aurait jamais parlé ainsi de Racine, le seul qui eut toujours un style noble et pur.

14 Oui, tout victorieux, il m'écrit de Pharsale.

Il faut dire, *oui, tout vainqueur qu'il est.*

15 Et si sa diligence à ses vœux est égale,
Ou plutôt si la mer ne s'oppose à ses feux,
L'Égypte le va voir me présenter ses vœux.

Cette opposition de la *mer* et des *feux* est un jeu de mots puéril, auquel l'auteur n'a peut-être pas pensé. Ce n'est pas assez de ne pas chercher ces petitesses, il faut prendre garde que le lecteur ne puisse les soupçonner.

16 J'oserois bien jurer que vos divins appas
Se vantent d'un pouvoir dont ils n'useront pas,

est un discours de soubrette; mais Cléopâtre, qui

espère avoir un enfant de César, s'exprime en femme abandonnée.

17 Et que le grand César n'a rien qui l'importune
  Si vos seules rigueurs ont droit sur sa fortune.

Toutes ces expressions sont fausses et alambiquées. Des rigueurs n'ont point de droit ; elles n'en ont point sur la fortune de César ; et ce César, *qui n'a rien qui importune,* est comique. J'avoue qu'on est étonné de tant de fautes, quand on y regarde de près : remarquons-les, puisqu'il faut être utile ; mais songeons toujours que Corneille a des beautés admirables, et que s'il a bronché dans la carrière, c'est lui qui l'a ouverte en quelque façon, puisqu'il a surpassé ses contemporains jusqu'à l'époque d'Andromaque.

18 Peut-être mon amour aura quelque avantage
  Qui saura mieux que moi ménager son courage.

Son amour qui a un avantage, lequel ménagera mieux le courage de César qu'elle-même, est une idée obscure exprimée obscurément.

Il y avait auparavant :

  Et si jamais le ciel favorisoit ma couche
  De quelque rejeton de cette illustre souche,
  Cette heureuse union de mon sang et du sien
  Uniroit à jamais son destin et le mien.

L'auteur retrancha ces vers qui présentaient une image révoltante.

19 Ne pouvant rien de plus pour sa vertu séduite,
  Dans mon âme en secret je l'exhorte à la fuite.

Il semble, par la phrase, qu'il s'agisse de la vertu

ACTE II, SCÈNE II.

séduite de Pompée, et c'est la vertu séduite de l'âme de Cléopâtre. *Je l'exhorte à la fuite dans mon âme.* Cette expression n'est pas heureuse. Mais si Cléopâtre veut secourir Pompée, que ne lui dépêche-t-elle un exprès pour l'avertir de son danger ? Elle en dit trop quand elle ne fait rien. *a*

20 . . . . J'en apprendrai la nouvelle assurée.

On apprend des nouvelles sûres, et non une nouvelle assurée. On dit bien *cette nouvelle m'a été assurée par tels ou tels.*

SCÈNE II. [1]

Si Cléopâtre, au lieu de parler en femme galante, avait su donner de la noblesse à son amour pour César, et montrer en même temps la plus grande reconnaissance pour Pompée, et une véritable crainte de sa mort, le récit d'Achorée ferait bien un autre effet. Le cœur n'est point assez ému quand le récit des infortunes n'est fait qu'à des personnes indifférentes. Le nom de Pompée et de beaux vers suppléent à l'intérêt qui manque. Cléopâtre a montré assez d'envie de sauver Pompée pour que le

a Puisque Voltaire a reconnu qu'il sembloit, par la phrase, qu'il s'agissoit de la vertu séduite de Pompée, pourquoi a-t-il cherché à présenter un autre sens, et à détourner le seul raisonnable qui s'offroit de lui-même? Ne devoit-il pas plutôt, à titre de commentateur, expliquer que *la vertu séduite de Pompée* vouloit dire, *son courage trompé* par l'issue du combat? N'y a-t-il pas un artifice condamnable dans la prétendue interprétation qu'il donne à ces vers?

récit qu'on lui fait la touche, mais non pas pour que ce récit soit un coup de théâtre, non pas pour qu'il fasse répandre des larmes.

☞ 2 J'ai vu la trahison, j'ai vu toute sa rage.

La rage de la trahison !

☞ 3 Du plus grand des mortels j'ai vu trancher le sort.

On tranche la vie, on tranche la tête; on ne tranche point un sort.

☞ 4 J'ai vu dans son malheur la gloire de sa mort.

La gloire d'une mort ! et cette *gloire* deux fois répétée ! Quelle négligence !

☞ 5 Écoutez, admirez, et plaignez son trépas.

On n'admire point un *trépas,* mais la manière héroïque dont un homme est mort. Cependant cette expression est une beauté et non une faute ; c'est une figure très-admissible. *a*

6 Mais voyant que ce prince, ingrat à ses mérites....

Ingrat à ses mérites. Nous disons, *ingrat envers quelqu'un*, et non pas, *ingrat à quelqu'un.* Aujourd'hui que la langue semble commencer à se corrompre, et qu'on s'étudie à parler un jargon ridicule, on se sert du mot impropre *vis-à-vis.* Plusieurs gens de lettres ont été ingrats *vis-à-vis de moi,* au lieu de *envers moi;* cette compagnie s'est rendue difficile *vis-à-vis* du roi, au lieu de *envers*

---

a Il y a, *plaignez son trépas. Admirez* ne se rapporte pas plus à ce dernier mot que *écoutez*, qui précède. Écoutez le récit que je vais faire, admirez son courage, plaignez son trépas.

ACTE II, SCÈNE II.

le roi ou *avec le roi*. Vous ne trouverez le mot *vis-à-vis* employé en ce sens dans aucun auteur classique du siècle de Louis XIV. *a*

7 . . . . Son manquement de foi.

Manquement n'est plus d'usage; nous disons *manque*; et ce *manque de foi* est une expression trop faible pour exprimer l'horrible perfidie que Pompée soupçonne.

☞ 8 Mais quand tu la verrois descendre chez Pluton,
Ne désespère point, du vivant de Caton.

Pompée ne se servit certainement pas de cette figure, *descendre chez Pluton*. Il ne faut pas faire parler un héros en poëte.

9 Ce héros voit la fourbe, et s'en moque dans l'âme.

S'en moque est comique et trivial. Je ne sais pourquoi Corneille feint que Pompée s'aperçoit du dessein de Septime; car, s'il le devine, il ne doit pas quitter son vaisseau, dans lequel sans doute il a des soldats : il doit prendre le chemin de Carthage.

a Voltaire commence sa remarque ainsi : Nous disons *ingrat envers* quelqu'un, et non pas *ingrat à* quelqu'un. Cependant lui-même a dit, dans une de ses tragédies les mieux écrites, dans la *Mort de César*, acte 1, scène 4 :

Ingrat à tes bontés, *ingrat à* ton amour.

Ce n'est pas qu'il faille prendre pour modèle, *ingrat à tes*, *ingrat à ton;* mais on peut, avec plus de confiance, imiter Racine, qui a fait dire à Arsace :
      Ces mêmes dignités
Ont rendu Bérénice *ingrate à vos bontés*.

☞ 10 Mes yeux ont vu le reste, et mon cœur en soupire,
Et croit que César même à de si grands malheurs
Ne pourra refuser des soupirs et des pleurs.

Un cœur qui croit. Cela ne serait pas souffert aujourd'hui.

☞ 10 *bis.* Par derrière.

Par derrière, cela est d'une prose trop basse.

11 Tandis qu'Achillas même, épouvanté d'horreur,
De ces quatre enragés admire la fureur.

Ces quatre enragés, est aujourd'hui du bas comique ; il ne l'était pas alors. *Enragé* faisait le même effet que l'*arrabiato* des Italiens, et l'*inraged* des Anglais. *Admire* est insoutenable.

12 Et dédaigne de voir le ciel qui le trahit.

J'ai vu autrefois admirer ce vers, et depuis j'ai vu tous les connaisseurs le condamner comme une exagération, comme un vain ornement, et même comme une pensée fausse. On peut dédaigner de regarder un ami perfide, mais dédaigner de regarder le ciel, parce qu'on se suppose trahi par le ciel, cela est d'un capitan plutôt que d'un héros.

13 Ne le montre, en mourant, digne d'être frappé.

N'est-ce pas là encore une fausse idée ? Pourquoi Pompée aurait-il été *digne d'être frappé*, s'il eût gémi ? et que veut dire *digne d'être frappé* ? Quelle enflure ! quelle fausse grandeur !

14 Immobile à leurs coups, en lui-même il rappelle
Ce qu'eut de beau sa vie, et ce qu'on dira d'elle.

Immobile n'a et ne peut avoir de régime ; car,

en toute langue, on n'est immobile ni à quelque chose ni en quelque chose. *a*

☞ 15 Et tient la trahison que le roi leur prescrit
Trop au-dessous de lui pour y prêter l'esprit.

Quoi! Pompée ne daigne pas croire qu'on l'assassine! quoi! il ne daigne pas *prêter l'esprit* à vingt coups de poignard qu'il reçoit! Il n'y a rien au monde de plus faux, de plus romanesque. Et *cette vertu qui augmente ainsi son lustre dans leur crime!* Quelles peines l'auteur se donne pour montrer de l'esprit faux et pour s'expliquer en énigmes! *b*

16 Et son dernier soupir est un soupir illustre.

Ce mot *illustre* ne peut convenir à un *soupir*; de plus, un *soupir* n'est-il pas une espèce de gémissement? Achorée vient de dire que Pompée n'a poussé aucun gémissement; et comment un *soupir* peut-il *étaler tout Pompée?* Corneille a voulu traduire le *seque probat moriens* de Lucain; il *prouve en mourant qu'il est Pompée.* Ce peu de mots est vrai,

---

a Si l'on ne peut pas dire *immobile à*, on ne dira pas, *muet à, tranquille à*. Cependant Voltaire n'a pu ignorer que Racine avoit fait dire à Hermione :

Muet à mes soupirs, tranquille à mes alarmes.

Aussi ai-je toujours pensé que ce n'est pas sans intention que le commentateur de Corneille a si souvent repris dans ses pièces des expressions adoptées par Racine.

b Corneille montrer de l'esprit faux! Les vers qui sont l'objet de cette remarque veulent-ils dire que Pompée ne daigne pas songer qu'on l'assassine? Ne pourroit-on pas entendre que ce héros regarde la trahison dont il est victime trop au-dessous du roi, pour l'imputer à ce prince?

simple et noble ; mais un *soupir illustre* n'est pas tolérable.

☞ 17 Sa tête sur les bords de la barque penchée....

Est-ce la barque ou la tête qui est penchée ? *a*

☞ 18 Je l'ai vue élever ses tristes mains aux cieux.

On sait bien que des mains ne sont point tristes : cependant cette épithète peut être soufferte en poésie, et sur-tout dans cette occasion.

19 Dans quelque urne chétive en ramasser la cendre.

Le mot de *chétive* ne passerait pas aujourd'hui. Il me paraît qu'il fait ici un très-bel effet, par l'opposition d'une fin si déplorable à la grandeur passée de Pompée.

20 Cléopâtre a de quoi vous mettre tous en poudre.

Cléopâtre a de quoi: on évite aujourd'hui de tels hémistiches. La situation n'en est pas moins intéressante ; rien n'est plus grand que ce moment où Pompée périt, où Cornélie fuit, et où César arrive.

On évite aujourd'hui ces lieux communs, *mettre en poudre,* qui n'étaient employés que pour rimer à *foudre.*

☞ 21 Admirons cependant le destin des grands hommes ;
Plaignons-les, et par eux jugeons ce que nous sommes.

Cela serait froid en toute autre occasion : on est peu touché quand on se prépare ainsi, quand on

---

a Cette remarque n'a pu être indiquée dans le texte, attendu qu'il a été changé par Corneille.

s'arrange pour faire des réflexions; il vaudrait mieux montrer plus de sentiment. *a*

☞ 22 Lui que sa Rome a vu, plus craint que le tonnerre,
Triompher en trois fois des trois parts de la terre.

On voit bien là le misérable esclavage de la rime. Ce *tonnerre* n'est mis que pour rimer à *terre*: on s'est imaginé, grâce à ces malheureuses rimes si souvent rebattues, qu'il n'y avait que tonnerre et guerre qui pussent rimer à terre, à cause des deux *rr* qui se trouvent dans ces mots; on n'a pas fait réflexion que cette double *r* ne se prononce pas. *Abhorre*, qui a deux *r*, rime très-bien avec *adore* et *honore*, qui n'en ont qu'une. L'usage fait tout; mais c'est un usage bien condamnable de se donner des entraves si ridicules. La rime est faite pour l'oreille. On prononce *terre* comme *père*, *mère*; et puisqu'*abhorre* rime avec *adore*, *terre* doit rimer avec *mère*. *b*

23 Ainsi finit Pompée; et peut-être qu'un jour
César éprouvera même sort à son tour.

Cette idée est fort belle, et d'autant plus convenable, que le jour même on conspire contre César.

a On ne s'est point arrangé pour faire cette réflexion; elle naît du sujet. On peut ajouter que cette tirade entière est admirable, et que c'est là de la vraie philosophie.

b Cette remarque peut induire les jeunes gens en erreur sur la rime. Voltaire a voulu défendre les siennes. Lui seul s'est permis ces mauvaises rimes de *terre* avec *mère*. Pour ne pas nous répéter à ce sujet, nous renvoyons à ce que nous en avons dit.

SCÈNE III.

> ¹ Vous haïssez toujours ce fidèle sujet. —
> Non, mais en liberté je ris de son projet.

Le spectateur est indigné qu'après la mort du grand Pompée, dont il est rempli, Ptolomée et Cléopâtre s'amusent à parler de Photin, et que Cléopâtre dise en vers de comédie qu'elle *rit de son projet.*

Il faut, autant qu'on le peut, fixer toujours l'attention du public sur les grands objets, et parler peu des petits, mais avec dignité.

Cette froide scène devient encore moins tragique par les petites ironies du frère et de la sœur.

☞ ² Il en coûte la vie et la tête à Pompée.

Quand on dit *la vie, la tête* est de trop.

³ Je ferai mes présents, n'ayez soin que des vôtres.

Je ferai mes présents est de la dernière indécence, sur-tout dans la bouche d'une femme galante. *N'ayez soin que des vôtres* paraît encore plus insupportable quand il s'agit de la tête de Pompée.

> 4 Je connois ma portée, et ne prends point le change....
> Et je suis bonne sœur, si vous n'êtes bon frère. —
> Vous montrez cependant un peu bien du mépris, etc.

Tout cela est d'un comique si froid, que plusieurs personnes sont étonnées que Corneille ait pu passer si rapidement du pathétique et du sublime à ce style bourgeois, et qu'il n'ait point eu quelque ami qui l'ait fait apercevoir de ces disparates. On l'a déjà dit, Corneille n'était plus le même quand il n'était plus soutenu par la majesté du sujet; et il ne vivait pas dans un temps où l'on connût encore toutes les bienséances du dialogue, la pureté du style, l'art, aussi nécessaire que difficile, de dire les petites choses avec une noblesse élégante. On ne peut trop répéter que la plupart des défauts de Corneille sont ceux de son siècle.

☞ 5 Je suis bonne sœur, si vous n'êtes bon frère ;

vers de comédie et mauvais vers.

6 .... Un peu bien du mépris,

n'est pas français.

SCÈNE IV.

1 J'ai suivi tes conseils ; mais plus je l'ai flattée,
Et plus dans l'insolence elle s'est emportée.

Elle s'est emportée dans l'insolence est un barbarisme et un solécisme. Il faut, *jusqu'à l'insolence elle s'est emportée.*

2 Je m'allois emporter dans les extrémités.

On s'emporte à quelque extrémité, et non dans les extrémités. Ptolomée doit-il dire qu'il a été tenté de tuer sa sœur? Il me semble qu'au théâtre on ne doit parler de meurtre que dans les grandes passions ou dans les grands intérêts, et non pas après une scène d'ironie et de picoterie.

3 ' Et l'eût mise en état, malgré tout son appui,
De se plaindre à Pompée auparavant qu'à lui.

Auparavant qu'à lui n'est pas français. Cet adverbe absolu n'admet aucune relation, aucun régime. Il faut, *avant qu'à lui*.

4 Et ne permettons pas qu'après tant de bravades
Mon sceptre soit le prix d'une de ses œillades,

est du style comique. On peut trouver de telles observations minutieuses ; mais elles sont faites pour les étrangers : il ne faut rien omettre.

☞ 5 Seigneur, ne donnez point de prétexte à César
Pour attacher l'Égypte aux pompes de son char.

Attacher l'Égypte à des pompes !

☞ 6 Enflé de sa victoire et des ressentiments
Qu'une perte pareille imprime aux vrais amants....

Un ministre d'état, et même un scélérat, qui parle de vrais amants, et des ressentiments qu'une perte imprime aux vrais amants !

☞ 7 Si Cléopâtre meurt, notre perte est certaine....
Pour la perdre avec joie il faut vous conserver.

Cet *avec joie* est ridicule : il devait dire, pour la perdre sans vous nuire, pour vous venger avec sûreté.

8 Sceptre, s'il faut enfin que ma main t'abandonne,
Passe, passe plutôt en celle du vainqueur.

Il faut avoir l'attention d'éviter ces façons de parler employées dans le style bas ; *passe passe* fait un effet ridicule.

ACTE II, SCÈNE IV.

☞ 9 L'amour à ses pareils ne donne point d'ardeur
Qui ne cède aisément aux soins de leur grandeur.

L'amour qui donne de *l'ardeur!*

10 Et s'il donnoit loisir à des cœurs si hardis,
De relever du coup dont ils sont étourdis....

On relève de maladie, on ne relève pas d'un coup.

11 S'il les vainc, s'il parvient où son désir aspire....

Évitez toujours ces syllabes rudes et sèches.

12 Remettez en ses mains trône, sceptre, couronne.

Ce ne sont point trois choses différentes ; c'est la même idée sous trois diverses figures : c'est un pléonasme, une négligence.

13 Avec toute ma flotte allons le recevoir,
Et, par ces vains honneurs, séduire son pouvoir.

Notre langue ne permet guère qu'on applique à des choses inanimées des verbes qui ne sont appropriés qu'à des choses animées. On séduit un homme; et, par une métaphore très-juste, on séduit sa passion : mais quand on séduit un homme puissant, ce n'est pas son pouvoir qu'on séduit. Cette impropriété de termes est souvent ce qui révolte le lecteur, sans qu'il s'aperçoive d'où naît son dégoût. Les poëtes, comme Boileau et Racine, qui n'emploient jamais que des métaphores justes, qui écrivent toujours purement, sont lus de tout le monde, et il n'y a pas un seul de leurs vers que les amateurs ne relisent cent fois, et ne sachent par cœur; mais on ne lit des autres que quelques endroits de génie, dont la beauté supérieure s'élève au-dessus des règles de la syntaxe et de la correction du style.

ACTE TROISIÈME.

SCÈNE I.ère 1

Corneille, dans l'examen de Pompée, dit qu'on a trouvé mauvais qu'Achorée fasse le récit intéressant qui suit à une simple suivante; il donne pour réponse que cette suivante tient lieu de la reine : mais, encore une fois, les récits intéressants ne doivent être faits qu'aux principaux personnages. On est mécontent de voir une suivante qui dit que sa maîtresse, *dans son appartement, de César attend le compliment sans s'en émouvoir.* Ces scènes inutiles, et par conséquent froides, prouvent que presque toutes les tragédies françaises sont trop longues : on les appelle des scènes de *remplissage;* ce mot est leur condamnation.

2 Oui, tandis que le roi va lui-même en personne
Jusqu'aux pieds de César prosterner sa couronne,
Cléopâtre s'enferme en son appartement.

On ne prosterne point une couronne; on se prosterne, on dépose une couronne; on la dépose aux pieds, et non jusqu'aux pieds.

3 Comment nommerez-vous une humeur si hautaine?

Humeur n'est pas plus noble que *beau présent.* [a]

---

[a] *Humeur* veut dire ici *caractère*, et il n'y a nulle raison de condamner la première de ces expressions.

4 . . . . Elle m'envoie
Savoir à cet abord ce qu'on a vu de joie.

Ce qu'on a vu de joie ne peut se dire dans le style tragique, quoique ce soit une suivante qui parle.

5 Ce qu'à ce beau présent César a témoigné.

Ce beau présent, est comique.

6 S'il traite avec douceur, s'il traite avec empire.

Traite exige un régime; ce verbe n'est neutre que lorsqu'on parle d'un traiteur.

7 La tête de Pompée a produit des effets
Dont ils n'ont pas sujet d'être fort satisfaits.

Ce dernier vers est un peu de comédie.

8 Ses vaisseaux en bon ordre ont éloigné la ville.

Ont éloigné la ville est un solécisme. Il faut *se sont éloignés de*, ou plutôt une autre expression, un autre tour.

9 Il venoit à plein voile, etc.

est un solécisme; *voile* de vaisseau a toujours été féminin; *voile* qui couvre, masculin.

10 Sa flotte, qu'à l'envi favorisoit Neptune,
Avoit le vent en poupe ainsi que sa fortune.

N'est-ce pas là une réflexion inutile, et en même temps trop recherchée? Pourquoi dire que son vaisseau avait le vent en poupe? pourquoi comparer la fortune de César à ce vaisseau? quel rapport de ces idées avec la réception dont il s'agit?

La peinture de l'humiliation de Ptolomée est admirable, parce qu'elle est vraie. Celle de la tête de Pompée, qui semble s'apprêter à parler, n'est pas si vraie : cela sent le poëte; et dès-lors on n'est plus si touché. Un mort n'a pas la vue égarée.

11 Mais avec six vaisseaux un des miens la poursuit.

Un des miens; il semble que ce soit un de ses vaisseaux, et Ptolomée entend un de ses officiers. Ces méprises sont assez communes dans notre langue; il faut y prendre garde soigneusement. *a*

☞ 12 César, à cet aspect comme frappé du foudre....

Ce n'est pas un coup de foudre pour César que la mort de Pompée.

13 Et comme ne sachant que croire ou que résoudre....
Nous tient assez long-temps ses sentiments cachés.

Il doit savoir certainement *que croire* en voyant la tête de Pompée.

14 Et je dirai, si j'ose en faire conjecture....

Expression un peu triviale.

15 Que, par un mouvement commun à la nature,
Quelque maligne joie en son cœur s'élevoit,
Dont sa gloire indignée à peine le sauvoit.

Quelle peinture et quelle vérité! que ces grands traits effacent de fautes! Rien n'est plus beau que cette tirade : elle fait voir en même temps qu'il fallait mettre ce récit intéressant dans la bouche d'un personnage plus important qu'Achorée.

16 Met des gardes par-tout et des ordres secrets.

Cela est impropre; on met des gardes, et on donne des ordres.

a On se rappelle que nous avons promis de ne faire d'observations que sur les remarques les plus importantes.

☞ 17 Je vais bien la ravir avec cette nouvelle.

Vers familier de comédie. *La ravir avec une nouvelle!*

SCÈNE II.

1 Connoissez-vous César, de lui parler ainsi? etc.

Beaucoup de bons juges ont trouvé que César affecte ici un peu trop de rodomontade; que la véritable grandeur est plus simple; que les Romains ne regardoient point le trône comme une infamie; qu'ils avoient au contraire aboli chez eux le nom de roi, comme trop dangereux à Rome; que les Romains n'avoient aucun mépris pour un roi d'Égypte; que César joue un peu sur le mot; que quand Ptolomée lui dit, *montez au trône*, il veut dire seulement, soyez ici le maître, et non pas, faites-vous couronner roi d'Égypte; qu'enfin César répond à un compliment très-raisonnable par des hauteurs qui sentent plus la vanité que la grandeur. Ces critiques peuvent être fondées; mais peut-être est-il nécessaire d'enfler un peu la grandeur romaine sur le théâtre, comme on place des figures colossales dans de vastes enceintes. Il est bien certain que quand Ptolomée dit à César, *Commandez ici*, il ne lui dit pas, prenez le titre de roi d'Égypte, au lieu de celui d'*imperator*, de *consul*, de *triumvir* : mais César veut humilier Ptolomée. Le spectateur est charmé de voir ce roi abaissé et confondu; et les reproches sur la mort de Pompée sont admirables.

☞ 2 Que m'offriroit de pis la fortune ennemie,
A moi qui tiens le trône égal à l'infamie ?

Jamais on n'a tenu *le trône égal à l'infamie* : il n'y a là qu'un faux air de grandeur, et tout faux air est puéril. César tenait si peu le trône égal à l'infamie, qu'il voulut depuis être reconnu roi. Les Romains craignaient chez eux la royauté ; mais le trône ailleurs n'était point infâme.

3 S'il en eût aimé l'offre, il eût su s'en défendre.

Ce vers n'est pas trop intelligible ; le reste fait un très-bel effet. Ptolomée joue là un indigne rôle ; mais on aime à voir un roi abaissé devant César. Lorsque Corneille fait parler Ptolomée, les vers sont faibles ; César s'exprime fortement ; tel était le génie de Corneille : le sublime de César passe jusque dans l'âme du lecteur. *a*

☞ 4 Vous qui devez respect au moindre des Romains.

Cela n'est pas vrai, puisque Ptolomée avait des chevaliers romains à son service.

☞ 5 Ce coup où vous tranchez du souverain de Rome,
Et qui sur un seul chef lui fait bien plus d'affront....

Un coup qui fait affront sur un chef n'est pas élégant.

☞ 6 Pensez-vous que j'ignore ou que je dissimule
Que vous n'auriez pas eu pour moi plus de scrupule,
Et que, s'il m'eût vaincu, votre esprit complaisant
Lui faisoit de ma tête un semblable présent ?

Cela est beau, parce que cela est vrai. Il n'y a là ni déclamation ni enflure.

---

a Ce vers me paroît fort intelligible. Si Pompée eût aimé l'offre du rang royal, il eût su s'en défendre, pour ne pas déplaire à Rome.

7 Ici, dis-je, où ma cour tremble en me regardant,
Où je n'ai point encore agi qu'en commandant....

Le *point* est de trop ; c'est un solécisme.

☞ 8 Eussent peu fait pour nous, seigneur, sans vos finances.

Le mot de *finances* n'est pas plus fait pour la tragédie que celui de *caissier*.

9 Et, pour en bien parler, nous vous devons le tout.

Expression trop faible, trop commune. Ne finissez jamais un vers par ces mots, *le tout;* ils ne sont ni harmonieux ni nobles.

Le tout, est du style de bureau.

10 Jusqu'à ce qu'à vous-même il ait osé se prendre.

On ne peut trop remarquer avec quel soin pénible il faut éviter ce concours de syllabes dures, dont les auteurs ne s'aperçoivent pas dans la chaleur de la composition. *Jusqu'à ce qu'à* révolte l'oreille : *se prendre à quelqu'un* est du discours familier ; et *s'en prendre* est quelquefois fort noble : *Répondez du succès, ou je m'en prends à vous.* De plus, *se prendre* ne signifie pas attaquer, comme Corneille le prétend ici ; il signifie le contraire, chercher un appui, un secours : en tombant, il se prit à un arbre qui le garantit ; dans le malheur, on se prend à tout, c'est-à-dire on se fait une ressource de tout ce qu'on trouve ; dans le malheur, *on s'en prend à tout*, signifie, on accuse tout, on se plaint de tout.

☞ 11. Mais voyant son pouvoir, de vos succès jaloux....

Un pouvoir jaloux d'un succès !

12 Tout beau : que votre haine en son sang assouvie....

On a déjà remarqué ailleurs que ce mot familier, *tout beau*, ne doit jamais entrer dans la tragédie.

13 J'ai cru sa mort pour vous un malheur nécessaire ;
Et que sa haine injuste, augmentant tous les jours....

Et que, n'ayant point été précédé d'un autre *que*, est une faute de grammaire, mais de ces fautes qui cessent de l'être dans la poésie animée.

14 Jusque dans les enfers chercheroit du secours.

Les enfers sont ici d'un déclamateur, et non pas d'un homme qui donne de bonnes raisons.

☞ 15 Et, sans attendre d'ordre en cette occasion,
Mon zèle ardent l'a prise à ma confusion.

Il veut dire mon zèle ardent a pris cette occasion : mais c'est une expression bien étrange, *j'ai pris cette occasion pour assassiner Pompée*.

16 Vous cherchez, Ptolomée, avecque trop de ruses....

Les comédiens disent, *avec de faibles ruses*; *avecque* était trop dur.

17 Ce que le monde entier à pleins vœux souhaitoit.

A pleins vœux ne se dit plus.

18 . . . . Guerres civiles,
Où l'honneur seul m'engage, et que pour terminer
Je ne veux que celui de vaincre et pardonner.

Où l'honneur seul m'engage, et que pour, etc. cela n'est pas français; il fallait *guerres où l'honneur m'engage, où je ne veux que vaincre et pardonner, où mes plus grands ennemis,* etc.

19 O combien d'allégresse une si triste guerre
Auroit-elle laissé dessus toute la terre,
Si l'on voyoit marcher dessus un même char,
Vainqueurs de leur discorde, et Pompée et César!

Thomas Corneille, dans l'édition qu'il fit des œuvres de son frère, mit *marcher en même char*. La correction n'est pas heureuse : ces minuties (on ne peut trop le dire) n'empêchent point un morceau sublime d'être sublime; il les faut regarder comme des fautes d'orthographe. *a*

☞ 20 Vous craigniez ma clémence! ah! n'ayez plus ce soin;
Souhaitez-la plutôt, vous en avez besoin.

Souhaitez-la plutôt est sublime; et quoique les vers suivants étendent peut-être un peu trop cette pensée, ils ne la déparent pas : tant on aime à voir le crime puni, et un roi confondu par un Romain!

SCÈNE III.

1 Antoine, avez-vous vu cette reine adorable? —
Oui, seigneur, je l'ai vue : elle est incomparable.

Après ce discours noble et vigoureux de César, le lecteur est indigné de voir Antoine faire le personnage d'entremetteur, et de lui entendre dire *que cette reine adorable est incomparable, que son corps*

---

a Voltaire parle ici de l'édition que Thomas Corneille fit des œuvres de son frère ; c'est celle de 1682. Il est vrai que Thomas dirigea cette édition, mais elle fut faite sous les yeux de Pierre. Il est donc juste et même indispensable d'adopter les changements qu'elle peut présenter. Pourquoi donc Voltaire ne l'a-t-il pas fait, et a-t-il suivi d'anciennes éditions? Cette dernière est, à deux ou trois mots près, absolument semblable à celle faite dix-huit ans auparavant, en 1664.

est si beau qu'il la voudrait aimer : ce n'est pas là César, ce n'est pas là Antoine ; c'est un amoureux de comédie qui parle à un valet.

2 Le ciel n'a point encor, par de si doux accords,
Uni tant de vertus aux grâces d'un beau corps.

Par de si doux accords, hémistiche d'églogue, qui, joint aux *grâces d'un beau corps,* rend tout ce morceau indigne de la tragédie.

3 Comme a-t-elle reçu les offres de ma flamme ?

Au moins il fallait *comment a-t-elle reçu ?*

☞ 4 Elle s'en dit indigne, et la croit mériter.

Madrigal de comédie.

5 En pourrai-je être aimé ?

est trop comique.

☞ 6 . . . . Douter de ses ardeurs,
Vous qui la pouvez mettre au faîte des grandeurs !

est au-dessous du style de la comédie.

7 Vous ferez succéder un espoir assez doux,
Lorsque vous daignerez lui dire un mot pour vous.

Il faut toujours un régime à *succéder.* On succède à. Tout cet endroit est mal écrit. *a*

8 Sitôt qu'ils ont pris port....

expression de marin, et non de poëte.

---

a Il n'est pas inutile de faire observer à ceux qui liront la remarque de Voltaire, qu'il a voulu dire, il faut toujours un régime *indirect à succéder.* Sans cela, le lecteur trouvant que *un espoir* est régime de ce verbe dans le vers cité, ne sauroit plus comment entendre le commentateur lui-même.

9 Qu'elle entre. Ah! l'importune et fâcheuse nouvelle!

Voici un trait de comédie qui fait un grand tort à la belle scène de Cornélie ; tout ce que lui dit César de noble et de grand, est gâté par ce vers si déplacé. On voit qu'il voudrait être auprès de sa maîtresse ; qu'il ne fera à Cornélie que de vains compliments ; et cela seul répand du froid sur la pièce. D'ailleurs, après la mort de Pompée, la tragédie ne roule plus que sur un rendez-vous de César avec Cléopâtre, sur une bonne fortune ; tout devient hors d'œuvre : il n'y a ni nœud ni intrigue. Cornélie n'arrive que pour déplorer la mort de son mari ; mais telle est la beauté de son rôle, qu'elle soutient presque seule la dignité de la pièce.

SCÈNE IV.

1 ...... Allez, Septime, allez vers votre maître ;
César ne peut souffrir la présence d'un traître,
D'un Romain lâche assez pour servir sous un roi,
Après avoir servi sous Pompée et sous moi.

Ces quatre vers de César à Septime relèvent tout d'un coup le caractère de César, et le rendent digne d'écouter Cornélie.

2 César, car le destin, que dans tes fers je brave,
Me fait ta prisonnière, et non pas ton esclave....

Cornélie doit-elle dire à César qu'elle est sa prisonnière, et non pas son esclave ? n'est-ce pas une chose assez reconnue par César ? Jamais les Romains vaincus par des Romains ne furent mis dans l'esclavage. Elle se vante d'appeler César par son nom, et de ne point l'appeler *seigneur* : mais le nom de *seigneur* n'était donné à personne ; c'est un terme dont nous nous servons au théâtre français et dont Cornélie abuse : il vient du mot latin *senior*, et nous l'avons adopté pour en faire un titre honorifique. Cornélie peut-elle s'excuser de ne pas donner à un Romain un titre français ? Doit-elle enfin faire remarquer à César qu'elle parle comme tout le monde parlait alors ? N'est-ce pas une petite attention de Cornélie à faire voir qu'elle veut mettre de la grandeur où il n'y a rien que de très-ordinaire ?

Cette affectation, dit le judicieux marquis de Vauvenargues, homme trop peu connu et qui a trop peu vécu, cette affectation est le principal défaut de notre théâtre, et l'écueil ordinaire des poëtes.

On doit sur-tout remarquer que Cornélie devrait commencer par remercier César qui vient de chasser ignominieusement de sa présence Septime, l'un des assassins de Pompée.

☞ 2 *bis*. *Aye été* pour *ait été*.

Cet *aye* à la troisième personne est un solécisme. On a mis *ait* dans les dernières éditions.

3 Je l'ai porté pour dot chez Pompée et chez Crasse :
Deux fois du monde entier j'ai causé la disgrâce.

Cette imitation de Lucain, *bis nocui mundo*, et tous ces sentiments ne sont-ils pas un peu trop chargés d'ostentation ? Pourquoi Cornélie a-t-elle fait le malheur du monde? Elle n'entra jamais dans les affaires publiques; c'était une jeune veuve que Pompée fut blâmé d'avoir épousée : elle eut deux maris malheureux, mais ne fut cause du malheur d'aucun.

4 Heureuse en mes malheurs, si ce triste hyménée,
Pour le bonheur de Rome, à César m'eût donnée !
Et si j'eusse avec moi porté dans ta maison
D'un astre envenimé l'invincible poison !

Ce souhait d'être la femme de César pour lui porter l'invincible poison d'un astre paraît trop recherché. Cela est encore imité de Lucain, et n'en paraît pas meilleur : il n'est point du tout naturel qu'elle pense être la cause des malheurs de Rome, puisqu'elle n'a point été la cause des guerres civiles. Elle rend grâce aux dieux d'avoir trouvé César; elle lui demande la vengeance de la mort de son mari, et elle lui dit en même temps qu'elle voudrait l'épouser pour le rendre malheureux ! De pareils jeux d'esprit dégraderaient beaucoup le rôle de Cornélie, si quelque chose pouvait l'avilir. On pourrait dire que cette entrevue de Cornélie et de César est inutile à l'intrigue de la pièce. Cette tragédie (qui est en effet d'un genre particulier qu'il serait très-dangereux d'imiter) se soutient par les beaux morceaux de détails. Il y a des choses admirables dans ce discours de Cornélie. Il serait à souhaiter qu'il y eût moins de cette enflure qui est contraire à la vraie dignité et à la vraie douleur.

⁵ Je te l'ai déjà dit, César, je suis Romaine.

Pourquoi le répéter ? parle-t-elle à un autre qu'à un Romain ?

⁶ Et l'on juge aisément, au cœur que vous portez,
Où vous êtes entrée, et de qui vous sortez.

C'est une répétition de ces deux vers qui précèdent :

Certes, vos sentiments font assez reconnoître
Qui vous donna la main et qui vous donna l'être.

En général toute répétition affaiblit l'idée.

☞ 7 Prenez donc en ces lieux liberté tout entière.

Prenez liberté, est trop familier, trop trivial, trop du style de la comédie : de plus, on ne prend point liberté.

⁸ Je vous laisse à vous-même, et vous quitte un moment.

Il est triste que César finisse une si belle scène par dire, *je vous quitte un moment*, sur-tout après l'avoir commencée en disant que la visite de Cornélie était très-importune. On sent trop qu'il va voir sa maîtresse ; et le détail du *digne appartement* acheverait d'affaiblir ce beau morceau, sans l'admirable vers de Cornélie qui termine l'acte.

☞ 9 Choisissez-lui, Lépide, un digne appartement.

On pouvait se passer de ce *digne* appartement.

¹⁰ O ciel ! que de vertus vous me faites haïr !

Me sera-t-il permis de rapporter ici que mademoiselle de Lenclos, pressée de se rendre aux offres d'un grand seigneur qu'elle n'aimait point, et dont on lui vantait la probité et le mérite, répondit :

O ciel! que de vertus vous me faites haïr!

C'est le privilége des beaux vers d'être cités en toute occasion, et c'est ce qui n'arrive jamais à la prose.

ACTE QUATRIÈME.

SCÈNE I.ère

¹ Par adresse il se fâche après s'être assuré.

Il faut dire de quoi. *S'assurer* ne signifie rien quand il est sans régime. *Par adresse il se fâche* est du style comique négligé.

☞ 1 bis. Il est mort et mourant, etc.

Dans les éditions suivantes, au lieu de *il est mort et mourant*, etc., on a mis : *Oui, seigneur, et sa mort a de quoi vous apprendre.*

² Et veut tirer à soi, par un courroux accort,
L'honneur de sa vengeance et le fruit de sa mort.

Accort signifie *conciliant*; il vient *d'accorder* : il ne signifie pas *feint* : c'est d'ailleurs un mot qui n'est plus en usage dans le style noble, et on doit regretter qu'il n'y soit plus. *Tirer à soi* est bas.

☞ ³ Le destin les aveugle au bord du précipice ;
Ou si quelque lumière en leur âme se glisse,
Cette fausse clarté, dont il les éblouit,
Les plonge dans un gouffre, et puis s'évanouit.

Glisse n'est pas heureux ; mais il est si difficile

de trouver des termes nobles et convenables, et de les accorder avec la rime, qu'on doit pardonner à ces petites fautes inséparables d'un art dans lequel on éprouve autant d'obstacles qu'on fait de pas.

4 J'ai mal connu César; mais puisqu'en son estime
Un si rare service est un énorme crime,
Il porte dans son flanc de quoi nous en laver.

Estime signifie ici *opinion*. C'est un terme qui n'est en usage que dans la marine; l'estime du pilote veut dire le calcul présumé.

5 Oui, oui, ton sentiment enfin est véritable.

On a corrigé ce vers, et on a mis :

Oui, par-là seulement ma perte est évitable.

Pourquoi *évitable* n'est-il pas en usage, puisque *inévitable* est reçu ? C'est une grande bizarrerie des langues d'admettre le mot composé et d'en rejeter la racine.

☞ 6 Tu n'as, non plus que lui, qu'une âme et qu'une vie.

Jamais personne n'en a eu deux.

7 Et son sort, que tu plains, te doit faire penser
Que ton cœur est sensible, et qu'on peut le percer.

C'est une équivoque. Le mot *sensible* est pris ici au physique. Ptolomée entend que César n'est pas invulnérable. Jamais le mot *sensible* ne souffre cette acception; de plus, cette pensée est trop répétée, trop délayée : il ne faut jamais rien ajouter quand on a dit assez.

8 C'est à moi de punir ta cruelle douceur....
Je n'abandonne plus ma vie et ma puissance
Au hasard de sa haine, ou de ton inconstance.

Il veut dire *au caprice; hasard* n'est pas le mot propre.

9 Nous pouvons tout, seigneur, en l'état où nous sommes.
A deux milles d'ici vous avez six mille hommes.

Il ne faut jamais être ampoulé; mais il faut éviter ces expressions de gazettes et ces tours languissants qui ne servent qu'à la rime, comme *en l'état où nous sommes.*

10 Car contre sa fortune aller à force ouverte,
Ce seroit trop courir vous-même à votre perte.

Car contre est trop rude. C'est une petite remarque, mais il ne faut rien négliger.

11 Il nous le faut surprendre au milieu du festin,
Enivré des douceurs de l'amour et du vin.

De l'amour et du vin; ces expressions ne sont permises que dans une chanson; il faut chercher des tours qui ennoblissent ces idées : c'est là le grand mérite de Racine.

12 Les gens de Cornélie, etc.

Cette expression ne doit jamais entrer dans la tragédie.

13 Pour de ce grand dessein assurer le succès.

Cette inversion est trop rude, et il n'est pas permis de mettre ainsi une préposition à côté de l'article *de. Pour de lui me servir, et d'elle me dé-*

faire; cela n'est toléré tout au plus que dans le style plaisant, qu'on appelle style marotique.*a*

14 Mais voici Cléopâtre : agissez avec feinte,
 Seigneur, et ne montrez que foiblesse et que crainte.

Ce conseil achève d'avilir le roi.

SCÈNE II.[1]

Cette scène met le comble au caractère méprisable de Ptolomée. On ne s'intéresse ni à lui, ni à Cléopâtre : on se soucie peu que Ptolomée ait vécu dans la gloire *où vivaient ses pareils,* et qu'il demande la grâce de Photin. Mais le plus grand défaut, c'est qu'à ce quatrième acte une nouvelle pièce commence. Il s'agissait d'abord de la mort de Pompée; on veut actuellement assassiner César, parce qu'on craint qu'il ne fasse mettre en croix les ministres du roi. Le péril même de César n'est pas assez grand pour que cette nouvelle tragédie intéresse. Ce n'est point comme dans Cinna, où les mesures des conjurés sont bien prises; on ne craint ici pour personne, on ne s'intéresse à personne; la bassesse du roi révolte l'esprit, les amours de Cléopâtre glacent le cœur, et les ironies de Ptolomée dégoûtent.*b*

a De n'est point un article; c'est une préposition. Voltaire auroit donc dû dire : *Il n'est pas permis de mettre deux prépositions de suite.*

b C'étoit sans doute après avoir écrit quelque chose d'à-peu-près semblable, que Voltaire se vantoit *d'avoir traité Corneille comme un cheval de carrosse.*

2 Vous êtes généreuse; et j'avois attendu
Cet office de sœur que vous m'avez rendu.
Mais cet illustre amant vous a bientôt quittée.

Est-ce de l'ironie? Parle-t-il sérieusement?

3 Sur quelque brouillerie en la ville excitée......

Brouillerie; ce mot trop familier ne doit jamais entrer dans la tragédie.

4 Il a voulu lui-même apaiser les débats
Qu'avec nos citoyens ont pris quelques soldats.

Cela n'est pas français; on dit, *prendre querelle*, et non *prendre débat*.

5 Ainsi que la naissance, ils ont les esprits bas.

Le mot *esprit* en ce sens ne peut guère être employé au pluriel : il fallait *le cœur bas*, pour la régularité; et il faut un autre tour pour l'élégance : on pourrait dire, *il n'y eut jamais des cœurs plus durs et des esprits plus bas*, mais non *ils ont les esprits bas*.

6 Je vous ai maltraitée; et vous êtes si bonne,
Que vous me conservez la vie et la couronne.

Est-ce de l'ironie? Mais soit qu'il raille, soit qu'il parle sérieusement, il s'exprime en termes bien bas, ou du moins bien familiers.

7 Vainquez-vous tout-à-fait, etc.

et quelques vers plus bas,

.............Mais il a su gauchir;
Et, tournant le discours sur une autre matière, etc.

Toutes expressions qu'on doit éviter; elles sont trop familières, trop comiques.

☞ 8 . . . . César cherche à vous plaire ;
Et vous pouvez d'un mot désarmer sa colère.

Rien n'est plus petit et plus désagréable au théâtre, qu'un roi qui prie sa sœur d'intercéder auprès de son amant pour qu'on ne perde pas ses ministres. *a*

SCÈNE III.

L'amour régna toujours sur le théâtre de France dans les pièces qui précédèrent celles de Corneille, et dans les siennes; mais, si vous en exceptez les scènes de Chimène, il ne fut jamais traité comme il doit l'être : ce ne fut point une passion violente, suivie de crimes et de remords; il ne déchira point le cœur, il n'arracha point de larmes. Ce ne fut guère que dans le cinquième acte d'Andromaque, et dans le rôle de Phèdre, que Racine apprit à l'Europe comment cette terrible passion, la plus théâtrale de toutes, doit être traitée. On ne connut long-temps que de fades conversations amoureuses, et jamais les fureurs de l'amour.

Cette scène de César et de Cléopâtre est un des plus grands exemples du ridicule auquel les mauvais romans avaient accoutumé notre nation. Il n'y a presque pas un vers dans cette scène de César qui

---

a L'intention de Corneille n'a sûrement pas été de peindre un grand roi dans celui qui, d'après l'avis de ses flatteurs, a fait assassiner le bienfaiteur de sa famille; et nous ne trouvons rien d'étonnant à ce qu'un prince de ce caractère prie sa sœur d'intercéder auprès de son amant, pour sauver des ministres qu'il regarde comme des sujets fidèles.

ne fasse souhaiter au lecteur que Corneille eût en effet secoué ce joug de l'habitude, qui le forçait à faire parler d'amour tous ses héros : *Ce moment qu'il l'a quittée... a d'un trouble plus grand son âme agitée... que tout le tumulte et le trouble excité dans la ville. Mais il pardonne à ce tumulte en faveur du simple souvenir du bonheur dont il a une haute espérance, qui le flatte d'une illustre apparence. Il n'est pas tout-à-fait indigne des feux de Cléopâtre, et il en peut prétendre une juste conquête, n'ayant que les dieux au-dessus de sa tête. Son bras ambitieux a combattu dans Pharsale, non pas pour vaincre Pompée, mais pour mériter Cléopâtre. Ce sont ses divins appas qui enflaient le courage de César; ce sont ses beaux yeux qui ont gagné la bataille.*

La pureté de la langue est aussi blessée que le bon goût dans toute cette tirade. Le reste de la scène enchérit encore sur ces défauts ; il veut que cette *ingrate* de Rome prie Cléopâtre de se livrer à lui, et d'en avoir des enfants. Il ne voit que ce chaste amour : *mais, las ! contre son feu son feu le sollicite*, etc.

Ne perdons point de vue que les héros ne parlaient point autrement dans ce temps-là ; et même lorsque Racine donna son Alexandre, il lui fit tenir les mêmes discours à Cléophile : les vers étaient plus purs à la vérité, mais Alexandre n'en était pas moins avili. Pardonnons à Corneille de ne s'être pas toujours élevé au-dessus de son siècle ; imputons à nos romans ces défauts du théâtre, et plaignons le plus beau génie qu'eut la France, d'avoir été asservi aux plus ridicules usages.

> Gardez-vous de donner, ainsi que dans Clélie,
> L'air et l'esprit français à l'antique Italie ;
> Et, sous des noms romains faisant notre portrait,
> Peindre Caton galant, et César dameret. [a]

2 Reine, tout est paisible ; et la ville calmée,
Qu'un trouble assez léger avoit trop alarmée,
N'a plus à redouter le divorce intestin
Du soldat insolent et du peuple mutin.

Divorce intestin, expression impropre et désagréable.

3 Et vos beaux yeux enfin, m'ayant fait soupirer,
Pour faire que votre âme avec gloire y réponde,
M'ont rendu le premier et de Rome et du monde.
C'est ce glorieux titre, à présent effectif,
Que je viens ennoblir par celui de captif.

Ce glorieux titre à présent effectif, etc. C'est un mauvais vers de comédie ; et l'esprit de Cléopâtre que César prie d'estimer le titre de premier du monde, et de permettre celui de captif, est une chose intolérable.

4 Je sais ce que je dois au souverain bonheur
Dont me comble et m'accable un tel excès d'honneur.

Elle doit à César, et non au souverain bonheur, cet excès d'honneur qui comble et accable.

---

[a] C'est une plaisanterie de Voltaire assez peu décente, d'avoir substitué, dans ce dernier vers de Boileau, *César* à *Brutus*. Nous avons fait voir combien il est injuste de dire que Corneille a fait parler d'amour tous ses héros. César n'est sûrement pas plus le héros de cette pièce que Ptolomée. L'héroïne de cette tragédie est Cornélie. Cette veuve de Pompée parle-t-elle d'amour ?

5 Je ne vous tiendrai plus mes passions secrètes.

On ne dit point *passions* au pluriel, pour signifier *mon amour*.

6 Mais, hélas! ce haut rang, cette illustre naissance,
Cet état de nouveau rangé sous ma puissance,
Ce sceptre par vos mains dans les miennes remis,
A mes vœux innocents sont autant d'ennemis.

Cela n'est pas français: on n'est pas ennemi *à*, mais ennemi *de*.

7 Et si Rome est encor telle qu'auparavant,
Le trône où je me sieds m'abaisse en m'élevant.

Elle veut dire, *si Rome persévère dans son horreur pour le trône*; mais *telle qu'auparavant* est trop prosaïque.

☞ 8 Votre bras dans Pharsale a fait de plus grands coups.

Un bras qui fait de grands coups! quelle expression! elle est digne du rôle de Cléopâtre. Faut-il que le très-mauvais soit à tout moment à côté du très-bon! Mais ce très-bon n'appartenait qu'à Corneille, et le très-mauvais appartenait à tous les auteurs de son temps, jusqu'à ce que l'inimitable Racine parût.

9 Et vos yeux la verront, par un superbe accueil,
Immoler à vos pieds sa haine et son orgueil.

Par un superbe accueil veut dire ici *réception favorable*; mais *immoler son orgueil par un superbe accueil* n'est pas une expression élégante et juste.

10 Encore une défaite, et dans Alexandrie
Je veux que cette ingrate en ma faveur vous prie.

Cette ingrate de Rome qui *prie dans Alexan-*

drie! et dont un juste *respect conduit les regards!* On voit combien ce style est forcé.

11 C'est le fruit que j'attends des lauriers qui m'attendent.

Ce n'est pas là que la répétition a de l'énergie et de la grâce.

12 Permettez cependant qu'à ces douces amorces
Je prenne un nouveau cœur et de nouvelles forces.

César qui prend un nouveau cœur à ces douces amorces : quelles expressions !

13 Pour faire dire encore aux peuples pleins d'effroi
Que venir, voir, et vaincre, est même chose en moi.

Il faudrait *pour moi :* mais, ce qui est bien plus à observer, c'est qu'on fait dire à César, par un orgueil révoltant, ce qu'il dit en effet par modestie dans la guerre contre Pharnace. *Veni, vidi, vici*, ne signifiait que le peu de peine qu'il avait eue contre un ennemi presque sans défense. Voyez les Commentaires de César ; jamais grand homme ne fut plus modeste. La grandeur romaine, encore une fois, ne consista jamais dans de vaines paroles, dans des discours emphatiques ; elle ne fut jamais boursoufflée : des actions fermes et des paroles simples, voilà le vrai caractère des anciens Romains. Nous y avons été souvent trompés ; on a pris plus d'une fois des discours de capitan pour des discours de héros.

14 Faites grâce, seigneur ; ou souffrez que j'en fasse,
Et montre à tous par-là que j'ai repris ma place.

Jamais dans la poésie on ne doit employer *par-là, par-ici,* si ce n'est dans le style comique.

15 Achillas et Photin sont gens à dédaigner.

Ce mot *gens* ne doit jamais entrer dans le style noble. On voit, par le grand nombre de ces expressions vicieuses, combien l'art de la poésie est difficile.

16 Ne vous donnez sur moi qu'un pouvoir légitime,
Et ne me rendez point complice de leur crime.

Je reconnais là le véritable César, et c'était sur ce ton qu'il devait toujours parler.

17 C'est beaucoup que pour vous j'ose épargner le roi.

Que j'ose épargner n'est pas le mot propre; c'est, *que je daigne épargner*. *a*

SCÈNE IV.

. . . . César, prends garde à toi.

Que cette scène répare bien la précédente! que cette générosité de Cornélie élève l'âme! Ce n'est point de la terreur et de la pitié, mais c'est de l'admiration. Corneille est le premier de tous les tragiques du monde qui ait excité ce sentiment, et qui en ait fait la base de la tragédie. Quand l'admiration se joint à la pitié et à la terreur, l'art est poussé alors au plus haut point où l'esprit puisse atteindre. L'admiration seule passe trop vite. Boileau dit :

Inventez des ressorts qui puissent m'attacher.

a Est-il bien vrai que *je daigne épargner le roi*, soit l'expression propre, au lieu de *j'ose*? Je pense que cette dernière convient seule à la position de César; à qui Rome pourra reprocher d'avoir épargné celui qui a commandé l'assassinat de Pompée.

Que ceux qui travaillent pour la scène tragique aient toujours ce précepte gravé dans leur mémoire.

2 Mettant leur haine bas....

Mettre bas ne se dit plus, comme on l'a déjà observé, et n'a jamais été un terme noble.

3 Quoi que la perfidie ait osé sur sa trame,
Il vit encore en vous.

On dit bien *la trame de la vie*. Cela est pris de la fable allégorique des Parques : mais comme on ne dirait pas *le fil de Pompée*, on ne doit point dire non plus *la trame de Pompée*, pour signifier sa vie.

4 Mais, avec cette soif que j'ai de ta ruine,
Je me jette au-devant du coup qui t'assassine.

Plusieurs critiques prétendent que Cornélie en dit trop; qu'elle ne doit point montrer tant de *soif* de la ruine d'un homme qui vient de venger son époux; qu'elle retourne ce sentiment en trop de manières; que la grandeur vraie ou apparente de ce sentiment est affaiblie par trop de déclamation et par trop de sentences; qu'elle ne devrait pas même dire à César *le sang de mon époux a rompu tout commerce entre nous*, parce qu'il semble, par ces mots, que César ait tué Pompée.

Je crois qu'il est important de remarquer que si Cornélie s'était réduite, dans une pareille scène, à parler seulement avec la bienséance de sa situation, c'est-à-dire à ne pas trop menacer un homme tel que César, à ne pas se mettre au-dessus de lui, en un mot si elle n'eût dit que ce qu'elle devait dire, la scène eût été un peu froide. Il faut peut-être dans ces occasions aller un peu au-delà de la vérité. Une critique très-juste, c'est que tous ces discours de vengeance sont inutiles à la pièce.

5 Quelque espoir qui d'ailleurs me l'ose ou puisse offrir,
Ma juste impatience auroit trop à souffrir.

Un espoir qui ose offrir, et cette alternative d'*ose* ou *puisse,* ne sont ni convenables ni justes.

6 Je n'irai point chercher sur les bords africains
Le foudre souhaité que je vois en tes mains, etc.

Il y avait d'abord *le foudre punisseur; punisseur* était un beau terme qui manquait à notre langue. *Puni* doit fournir *punisseur,* comme *vengé* fournit *vengeur.* J'ose souhaiter, encore une fois, qu'on eût conservé la plupart de ces termes qui faisaient un si bel effet du temps de Corneille; mais il a mis lui-même à la place *le foudre souhaité,* épithète qui est bien plus faible.

En tes mains. Comment ce foudre souhaité contre César est-il dans les mains de César? quelques éditions portent *en ses mains;* mais *en ses mains* ne se rapporte à rien. *a*

a La dernière édition, ainsi que toutes celles qui ne sont pas fautives, portent *en tes mains.* Mais que veut dire le commentateur par *ce foudre souhaité contre César?* Qui peut entendre autre chose, dans les vers que vient de dire Cornélie, sinon que le foudre qu'elle voit entre les mains de César, doit frapper la tête de Ptolomée? Est-ce ruse, est-ce erreur de la part de Voltaire?

7 La tête qu'il menace en doit être frappée :
　J'ai pu donner la tienne au lieu d'elle à Pompée.

On ne voit pas d'abord à quoi se rapporte cet *au lieu d'elle*; c'est à Ptolomée. *a*

8 Rome le veut ainsi ; son adorable front
　Auroit de quoi rougir d'un trop honteux affront....

L'adorable front de Rome qui rougirait ! Est-ce ainsi que doit s'exprimer la noble douleur d'une femme profondément affligée ? cela n'est-il pas un peu trop recherché ?

9 Comme autre qu'un Romain n'a pu l'assujettir,
　Autre aussi qu'un Romain ne l'en peut garantir.

Cette antithèse, ce raisonnement, ces expressions, ne sont-elles pas encore moins naturelles ?

10 .... Adieu: tu peux
　Te vanter qu'une fois j'ai fait pour toi des vœux.

Ces derniers vers que prononce Cornélie frappent d'admiration; et quand ce couplet est bien récité, il est toujours suivi d'applaudissements. Quelques personnes ont prétendu que ces mots, *tu peux te vanter,* ne conviennent pas, qu'ils contiennent une espèce d'ironie, que c'est affecter sur César une supériorité qu'une femme ne peut avoir. On a remarqué que cette tirade, et toutes celles dans lesquelles la hauteur est poussée au-delà des bornes, faisaient toujours moins d'effet à la cour qu'à la ville. C'est peut-être qu'à la cour on avait plus de

---

a Il paroit bien clair qu'*au lieu d'elle* se rapporte au mot tête, qui est dans le vers précédent, et qu'il s'agit de la tête de Ptolomée.

connaissance et plus d'usage de la manière dont les personnes du premier rang s'expriment, et que dans le parterre on aime les bravades; on se plaît à voir la puissance abaissée par la grandeur d'âme; on croit que la veuve de Pompée devait parler comme Brutus et Caton; et les grands sentiments de Cornélie font oublier combien les menaces d'une femme sont peu de chose aux yeux de César; et peut-être même ces menaces sont-elles un peu déplacées envers un homme qui venge Pompée, et à qui Cornélie ne doit que des remercîments.

SCÈNE V.

[1] Leur rage, pour l'abattre, attaque mon soutien,
Et par votre trépas cherche un passage au mien.

Cléopâtre songe ici plus à elle qu'au péril de César. On ne cherche point *un passage au trépas par un autre trépas*. Cette scène est sans intérêt: il ne s'agit guère que d'Achillas et de Photin: il est triste que l'acte finisse si froidement.

[2] Oui, je me souviendrai que ce cœur magnanime
Au bonheur de son sang veut pardonner son crime.

Ce dernier vers est trop obscur: César veut dire que Ptolomée est heureux d'être frère de Cléopâtre, et qu'il sera épargné; mais *pardonner un crime au bonheur d'un sang* n'est pas intelligible

ACTE CINQUIÈME.

SCÈNE I.ère [1]

Par quel art une scène inutile est-elle si belle? Cornélie a déjà dit sur la mort de Pompée tout ce qu'elle devait dire. Que les cendres de Pompée soient enfermées dans une urne ou non, c'est une chose absolument indifférente à la construction de la pièce; cette urne ne fait ni le nœud ni le dénoûment; retranchez cette scène, la tragédie (si c'en est une) marche tout de même : mais Cornélie dit de si belles choses, Philippe fait parler César d'une manière si noble, le nom seul de Pompée fait une telle impression, que cette scène même soutient le cinquième acte, qui est assez languissant. Ce qui dans les règles sévères de la tragédie est un véritable défaut, devient ici une beauté frappante par les détails, par les beaux vers.

[2] Mes yeux, puis-je vous croire, et n'est-ce point un songe
Qui sur mes tristes vœux a formé ce mensonge?

Il est triste, dans notre poésie, que *songe* fasse toujours attendre la rime de *mensonge*. Un *mensonge* formé sur des vœux n'est pas intelligible, n'est pas français.

[3] O vous, à ma douleur objet terrible et tendre!...

Tendre à ma douleur ne peut se dire; et cependant ce vers est beau; c'est qu'il est plein de sentiment ; c'est qu'il est composé, comme les bons vers doivent l'être, d'un assemblage harmonieux de consonnes et de voyelles. Ce morceau, qui est un peu de déclamation, serait déplacé dans le premier moment où Cornélie apprend la mort de son époux ; mais après les premiers transports de la douleur on peut donner plus de liberté à ses sentiments. Peut-être ne devrait-elle pas dire *ma divinité seule*, etc. car est-ce à une femme vertueuse à blasphémer les dieux ?

Garnier, du temps de Henri III, fit paraître Cornélie tenant en main l'urne de Pompée. Elle dit :

O douce et chère cendre ! ô cendre déplorable !
Qu'avecque vous ne suis-je ! O femme misérable !

C'est la même idée, mais elle est grossièrement rendue dans Garnier, et admirablement dans Corneille : l'expression fait la poésie.

4 Et je n'entrerai point dans tes murs désolés
Que le prêtre et le dieu ne lui soient immolés.

Peut-être *le prêtre et le dieu* sont peu convenables à la vraie douleur. Elle a dit que la cendre de Pompée est son seul *dieu*, et puis elle dit que César est le *dieu*, et Ptolomée le *prêtre*. Tout cela est-il bien conséquent ? Peut-être encore ce sentiment serait plus digne de Cornélie si elle ignorait avec quelle grandeur d'âme César a promis de venger la mort de Pompée. N'est-on pas un peu fâché que Cornélie ne parle que de faire tuer César ? Ce sont des nuances délicates que les connaisseurs aperçoivent sans en approuver moins la force et la fierté du pinceau de l'auteur.

5 O cendres, mon espoir aussi bien que ma peine.

C'est la répétition de ce vers, *objet terrible et tendre*, mais *aussi bien que ma peine* affaiblit encore cette répétition ; et *des cendres qui versent ce qu'un cœur ressent* ne sont pas une image naturelle.

6 Toi qui l'as honoré sur cette infâme rive
D'une flamme pieuse autant comme chétive,

n'est ni français ni noble ; on ne dit point *autant comme*, mais *autant que*. Ce mot de *chétive* a été heureusement employé au second acte, *dans quelque urne chétive en ramasser la cendre*. Le même terme peut faire un bon et mauvais effet, selon la place où il est. Une urne chétive qui contient la cendre du grand Pompée présente à l'esprit un contraste attendrissant ; mais une flamme n'est point chétive. Ces deux vers que Philippe met dans la bouche de César :

Restes d'un demi-dieu dont à peine je puis
Egaler le grand nom, tout vainqueur que j'en suis,

sont d'un sublime si touchant, qu'on dit avec raison que Corneille, dans ses bonnes pièces, faisait quelquefois parler les Romains mieux qu'ils ne parlaient eux-mêmes.

7 O soupirs ! ô respect ! ô qu'il est doux de plaindre
Le sort d'un ennemi quand il n'est plus à craindre !

Ces beaux vers font un très-grand effet, parce

que la maxime est courte, et qu'elle est en sentiment. Peut-être Cornélie est toujours trop occupée de rabaisser le mérite de César : elle doit savoir que César a parlé de punir le meurtre de Pompée en arrivant en Égypte, et avant que Ptolomée conspirât contre lui. Mais que ne pardonne-t-on point à la veuve de Pompée gémissante !

Les curieux ne seront point fâchés de savoir que Garnier avait donné les mêmes sentiments à Cornélie; Philippe lui dit :

César plora sa mort.

Cornélie répond :
Il plora mort celui
Qu'il n'eût voulu souffrir être vif comme lui.

8 Pour grand qu'en soit le prix, son péril en rabat.

Pour grand ne se dit plus. *Son péril en rabat* est trop familier.

9 Si, comme par soi-même un grand cœur juge un autre,
Je n'aimois mieux juger sa vertu par la nôtre.

Par la nôtre gâte un peu ce dernier vers. On ne dit *nous* et *nôtre*, en parlant de soi, que dans un édit : et si Cornélie juge César si vertueux, si généreux, il semble qu'elle aurait dû souhaiter un peu moins sa mort. Elle ne paraît pas toujours d'accord avec elle-même.

10 Et croire que nous seuls armons ce combattant,
Parce qu'au point qu'il est j'en voudrois faire autant.

Au point qu'il est ne se dit plus.

SCÈNE II.[1]

Après cette scène de Cornélie, qui est un chef-d'œuvre de génie, on est fâché de voir celle-ci. Quand le sujet baisse, l'auteur baisse nécessairement ; et Cléopâtre n'est pas digne de parler à Cornélie. Ces scènes d'ailleurs ne servent ni au nœud ni au dénoûment ; et ce sont des entretiens, et non pas des scènes.

[2] Je ne viens pas ici pour troubler une plainte
Trop juste à la douleur dont vous êtes atteinte.

Juste à la douleur n'est pas français ; il fallait *permise à la douleur.*

[3] Vous êtes satisfaite, et je ne la suis pas.

On sait aujourd'hui qu'il faut, *je ne le suis pas ;* ce *le* est neutre : Êtes-vous satisfaites ? nous *le* sommes, et non pas nous *les* sommes. [a]

[4] L'ardeur de le venger, dans mon âme allumée....

L'ardeur de le venger, ne se rapporte à rien ; elle veut dire Pompée ; mais ce régime est trop éloigné. [b]

---

[a] Il n'y a que deux genres dans la langue française, le masculin et le féminin. C'est donc à tort que Voltaire dit que *le* est au neutre dans *je ne le suis pas.* Il faut *le* au lieu de *la* dans le vers que dit Cornélie, parce que *le* ne prend ni genre ni nombre lorsqu'il a rapport à un adjectif ou à un verbe.

[b] *L'ardeur de le venger* se rapporte très-clairement à Pompée, et les mots *son ombre,* qu'on lit dans le vers précédent, rapprochent encore en quelque sorte le nom de son pronom relatif.

5. En attendant César, demande Ptolomée.

Pourquoi tant répéter qu'elle veut la tête de César, le vengeur de son mari? que dirait-elle de plus s'il en était l'assassin? Pompée lui-même eût-il demandé la tête de César? est-ce ainsi qu'on doit traiter le plus généreux des vainqueurs? Ce sentiment eût été lâche dans Pompée; pourquoi serait-il beau dans Cornélie?

6. Par la main l'un de l'autre ils périront tous deux.

Encore des souhaits pour la mort de César! Qu'un sentiment contraire serait plus noble!

7. Le ciel sur nos souhaits ne règle pas les choses,

est trop prosaïque.

8. Le ciel règle souvent les effets sur les causes,

est trop didactique; et tous ces discours sont de plus très-inutiles.

9. Chacune a son sujet d'aigreur ou de tendresse,

est trop du style de la comédie.

SCÈNE III.

1. Aussitôt que César eut su la perfidie....

Il faut, *a su la perfidie*.

2. Ah! ce n'est pas ses soins que je veux qu'on me die.

Die était en usage; mais *on ne dit pas des soins*; cela n'est pas français.

3. Je sais qu'il fit trancher et clore ce conduit
Par où ce grand secours devoit être introduit.

Il faut, *qu'il a fait trancher*, parce que la chose s'est passée aujourd'hui.

Si Ptolomée avait pu intéresser, ce qui était presque impossible, le récit de sa mort pourrait émouvoir; mais ce récit est aussi froid que son rôle. La pièce d'ailleurs est finie quand Ptolomée est mort ; tout le reste n'est qu'une *superstructure* inutile à l'édifice.

Toute la petite dispute entre Cornélie et Cléopâtre est très-froide, par cette raison-là même que Ptolomée n'intéresse point du tout.

☞ 4 Mais il est mort, madame, avec toutes les marques
Dont éclatent les morts des plus dignes monarques.

Mourir avec toutes les marques dont les morts des plus dignes monarques éclatent !

☞ 5 Son esprit alarmé les croit un artifice
Pour réserver sa tête aux hontes d'un supplice.

On ne dit point les *hontes;* et il n'est pas trop vraisemblable que Ptolomée craignît que l'amant de sa sœur le fît mourir par la main du bourreau ; il fallait donner un plus noble motif à son courage. [a]

SCÈNE IV.

1 César, tiens-moi parole, et me rends mes galères.

Il est évident que Cornélie, qui redemande ses galères, est absolument inutile. La pièce est finie, et ses galères ne sont point le sujet de la tragédie.

2 Leur roi n'a pu jouir de ton cœur adouci.

Il veut dire, *n'a pu profiter de la clémence de*

---

[a] Cette remarque n'est point indiquée dans le texte, parce qu'il a été changé par Corneille.

ACTE V, SCÈNE IV.

César; mais *jouir du cœur de César* est une expression impropre.

3 Et Pompée est vengé ce qu'il peut l'être ici....

N'est-ce pas dommage que cette expression ait entièrement vieilli? On dirait aujourd'hui, *autant qu'il peut l'être;* mais *ce qu'il peut l'être* n'est-il pas plus énergique?

☞ 4 Je n'y saurois plus voir qu'un funeste rivage....
Ta nouvelle victoire, et le bruit éclatant
Qu'aux changements de roi pousse un peuple inconstant.

Un peuple qui pousse un bruit est un barbarisme.

☞ 5 Et souffre que ma haine agisse en liberté.

Elle parle toujours de sa *haine* quand elle ne devrait parler que de sa reconnaissance.

6 Vois l'urne de Pompée; il y manque sa tête.

La tête pour rejoindre à l'urne est un accessoire qui, ne pouvant être refusé, ne mérite peut-être pas d'être demandé; c'est une circonstance étrangère, et les compliments de César paraissent superflus quand l'action est entièrement finie.

7 Qu'un bûcher allumé par ma main et la vôtre
Le venge pleinement de la honte de l'autre.

On ne voit pas à quoi se rapporte cet *autre.* Il veut dire apparemment *l'autre bûcher.*

8 Sans recevoir par-là d'honneurs que légitimes,

est trop dur et trop négligé.

9 Faites un peu de force à votre impatience,

n'est pas français; il faut, ou, *modérez votre impatience,* ou, *mettez un frein à votre impatience,* ou quelque autre tour.

☞ 10 Il faut que ta défaite et que tes funérailles
A cette cendre aimée en ouvrent les murailles.

On se lasse à la fin d'entendre Cornélie qui demande toujours les *funérailles* de César, et qui le lui dit en face : *Quid deceat, quid non.*

11 Et quoiqu'elle la tienne aussi chère que moi,
Elle n'y doit rentrer qu'en triomphant de toi.

Ces vers déparent la beauté et l'harmonie des autres ; c'est à quoi il faut toujours prendre garde. Voyez que ces deux *elle* font un mauvais effet, parce que l'un se rapporte à Rome, et l'autre à la cendre de Pompée, sans que la construction indique ces rapports nécessaires. Voyez combien ce vers est rude, *et quoiqu'elle la tienne aussi chère que....*

Tout vers qui n'est pas aussi harmonieux qu'exact et correct doit être banni de la poésie : voilà pourquoi il est si prodigieusement difficile d'en faire de bons dans toutes les langues, et sur-tout dans la nôtre.

12 Je veux que de ma haine ils reçoivent des règles,
Qu'ils suivent au combat des urnes au lieu d'aigles.

Cela est trop impropre et trop vicieux. Qu'est-ce qu'une *haine qui donne des règles à des aigles*? Que ce vers affaiblit le précédent qui est admirable ! De plus, faut-il que Cornélie parle toujours à César de sa haine pour lui? Il serait bien plus beau, à mon gré, de lui dire qu'elle sera toujours son ennemie sans pouvoir haïr un si grand homme. [a]

[a] Comment, dans les deux vers notés par Voltaire, pourroit-on trouver l'interprétation qu'il leur prête? Quoiqu'il n'y ait pas le mot *soldats*, n'entend-on pas clairement, par le pronom *ils*, je

13 Mais ne présume pas toucher par-là mon cœur.

Cela serait bon si César avait tâché de l'engager à suivre son parti ; mais il n'y a jamais pensé ; il n'a pas dit à Cornélie un seul mot qui pût lui donner cette présomption.

14 Je t'avoûrai pourtant, comme vraiment Romaine,
Que pour toi mon estime est égale à ma haine....

Elle a déjà dit plusieurs fois qu'elle était Romaine, et cette affectation diminue beaucoup de la vraie grandeur.

15 Que l'une et l'autre est juste, et montre le pouvoir,
L'une de ta vertu, l'autre de mon devoir ;
Que l'une est généreuse, et l'autre intéressée,
Et que dans mon esprit l'une et l'autre est forcée.

Toutes ces antithèses et cette petite dissertation dégradent la noblesse de ce rôle, et les répétitions continuelles affaiblissent le sentiment.

☞ 16 Juge ainsi de la haine où mon devoir me lie.

Un devoir qui la lie à la haine ! et toujours la haine !

☞ 17 Ils connoîtront leur faute, et le voudront venger.

Ces dieux qui connaîtront leur faute, et ce zèle qui saura bien sans eux arracher la victoire, sont une déclamation si ampoulée et si puérile, qu'on ne peut s'empêcher de s'élever avec force contre ce faux goût. On admirait autrefois ce galimatias : tant le bon goût est rare ! tant l'esprit des nations septentrionales de l'Europe est difficile à former !

veux que les soldats reçoivent des règles de ma haine, qu'ils suivent au combat des urnes au lieu d'aigles? Ces vers, loin d'être défectueux, ne sont-ils pas admirables ?

18 Et quand tout mon effort se trouvera rompu,
Cléopâtre fera ce que je n'aurai pu.

Un effort qui se trouve rompu !

☞ 19 Je sais quelle est ta flamme et quelles sont ses forces.

Les forces de sa flamme ! Et on a pu applaudir à tous ces faux sentiments exprimés en solécismes et en barbarismes !

20 J'empêche ta ruine, empêchant tes caresses.

Ce vers pèche à la fois contre l'harmonie, contre la langue, contre les convenances, et contre la vérité : il ne convient point à Cornélie de parler des caresses que César peut faire à Cléopâtre ; elle n'empêche point ses caresses, elle ne peut les empêcher : elle pourrait seulement dire à César que l'amour d'une Egyptienne peut lui être fatal ; mais il serait encore plus décent de ne lui en point parler. ☞ De quoi se mêle-t-elle ? Est-ce l'affaire de la veuve de Pompée, pour qui César a eu tant d'égards, tant de générosité ? Cela n'est ni convenable, ni intéressant. Il est ridicule que Cornélie prononce ces paroles, que César les entende, et que Cléopâtre les souffre.

SCÈNE V.

☞ 1 Sacrifiez ma vie au bonheur de la vôtre ;
Le mien sera trop grand, et je n'en veux point d'autre.

Cléopâtre parle aussi mal que César a parlé : elle ne veut point d'autre bonheur que d'être tuée par César, parce que Cornélie a manqué à toute bienséance, à toute honnêteté devant elle.

ACTE V, SCÈNE V.

☞ 2 Reine, ces vains projets sont le seul avantage
Qu'un grand cœur impuissant a du ciel en partage.

De vains projets qui sont le seul avantage qu'on ait du ciel en partage ! et un grand cœur impuissant ! César vise au galimatias aussi bien que Cornélie.

3 Comme il a peu de force, il a beaucoup de soins.

Beaucoup de soins, ce n'est pas là le mot propre. César veut dire que Cornélie ne menace beaucoup que parce qu'elle a peu de pouvoir; mais le mot de *soins* ne remplit point du tout cette idée.

☞ 4 Et mes félicités n'en seront pas moins pures,
Pourvu que votre amour gagne sur vos douleurs....

Un amour qui gagne sur des douleurs !

5 J'ai vu le désespoir qu'il a voulu choisir.

On ne choisit point un désespoir; au contraire, le désespoir ôte la liberté du choix; ou, si l'on veut, le désespoir force à choisir mal.

6 O honte pour César, qu'avec tant de puissance,
Tant de soins pour vous rendre entière obéissance,
Il n'ait pu toutefois, en ces événements,
Obéir au premier de vos commandements !

Rendre entière obéissance. Ces termes signifient la sujétion d'un vassal. César veut dire qu'il a fait ce qu'il a pu pour obéir à la volonté de Cléopâtre. Ce n'est pas là rendre obéissance; cette expression ne lui convient pas : *tant de soins pour* ne se dit pas.

7 Prenez-vous-en au ciel, dont les ordres sublimes,
Malgré tous nos efforts, savent punir les crimes.

Ordres sublimes ne se dit plus; on se sert des épithètes, *suprêmes, souverains, inévitables, im-*

muables; sublime est affecté aux grandes idées, aux grands sentiments.

8 Mais comme il est, seigneur, de la fatalité
Que l'aigreur soit mêlée à la félicité....

Le mot propre serait *amertume,* au lieu d'*aigreur.*

9 Un grand peuple, seigneur, dont cette cour est pleine,
Par des cris redoublés demande à voir sa reine.

Il importe peu que le peuple soit ou non dans la cour pour voir Cléopâtre. La pièce s'appelle Pompée; les assassins sont punis : tous les compliments de César et de Cléopâtre sont peut-être plus inutiles que le dernier discours de Cornélie, dans lequel du moins il y a toujours de la grandeur. Cette dernière scène est la plus froide de toutes; et dans une tragédie elle doit être, s'il se peut, la plus touchante. Mais Pompée n'est point une véritable tragédie; c'est une tentative que fit Corneille pour mettre sur la scène des morceaux excellents qui ne faisaient point un tout; c'est un ouvrage d'un genre unique, qu'il ne faudrait pas imiter, et que son génie, animé par la grandeur romaine, pouvait seul faire réussir. Telle est la force de ce génie, que cette pièce l'emporte encore sur mille pièces régulières que leur froideur a fait oublier. Trente beaux vers de Cornélie valent beaucoup mieux qu'une pièce médiocre. [a]

[a] Voltaire ne connoît de mérite dans une tragédie que celui des beaux vers. Cet accessoire n'est sans doute pas à dédaigner; mais ce qui constitue un bon ouvrage dramatique, c'est la beauté du plan, la vraisemblance de l'action, la peinture des caractères, l'art de faire naître des situations intéressantes, et de faire parler les personnages comme ils le doivent.

10 Que ces longs cris de joie étouffent vos soupirs,
Et puissent ne laisser dedans votre pensée
Que l'image des traits dont mon âme est blessée.

Voilà de ces métaphores qui ne paraissent pas naturelles. Comment peut-on avoir dans sa pensée l'image d'un trait qui a blessé une âme? Ces figures forcées expriment toujours mal le sentiment. César veut dire, puissiez-vous ne vous occuper que de mon amour! Il pouvait y ajouter encore, *de sa gloire*. Ces sentiments doivent être toujours exprimés noblement, mais jamais d'une manière recherchée.

FIN DES REMARQUES SUR POMPÉE.

LE MENTEUR,

COMÉDIE

REPRÉSENTÉE EN 1642.

ÉPITRE DÉDICATOIRE.

Monsieur,

Je vous présente une pièce de théâtre d'un style si éloigné de ma dernière, qu'on aura de la peine à croire qu'elles soient parties toutes deux de la même main, dans le même hiver. Aussi les raisons qui m'ont obligé à y travailler ont été bien différentes. J'ai fait Pompée pour satisfaire à ceux qui ne trouvoient pas les vers de Polyeucte si puissants que ceux de Cinna, et leur montrer que j'en saurais bien retrouver la pompe, quand le sujet le pourroit souffrir : j'ai fait le Menteur pour contenter les souhaits de beaucoup d'autres, qui, suivant l'humeur des François, aiment le changement, et, après tant de poëmes graves dont nos meilleures plumes ont enrichi la scène, m'ont demandé quelque chose de plus enjoué qui ne servît qu'à les divertir. Dans le premier, j'ai voulu faire un essai de ce que pouvoit la majesté du raisonnement, et la force des vers dénuée de l'agrément du sujet; dans celui-ci, j'ai voulu tenter ce que pourroit l'agrément du sujet dénué de la force des vers. Et d'ailleurs, étant obligé au genre comique de ma première réputation, je ne pouvois l'abandonner tout-à-fait sans quelque espèce d'ingratitude. Il est vrai que comme, alors que je me hasardai à le quitter, je n'osai me fier à mes seules forces, et que, pour m'élever à la dignité du tragique, je pris l'appui du grand Sénèque, à qui j'empruntai tout ce qu'il avoit donné de rare à sa Médée; ainsi, quand je me suis résolu de repasser de l'héroïque au naïf, je n'ai osé descendre de si haut sans m'assurer d'un guide, et me suis laissé conduire au fameux Lopès de Vega, de peur de m'égarer dans les détours de tant d'intrigues que fait notre Menteur. En un mot, ce n'est ici qu'une copie d'un excellent original qu'il a mis au jour sous le titre de LA SOSPECHOSA VERDAD; et me fiant sur notre Horace, qui donne liberté de tout oser aux poëtes ainsi qu'aux peintres, j'ai cru que, nonobstant la guerre des deux couronnes, il m'étoit permis de trafiquer en Espagne. Si cette sorte de commerce étoit un crime, il y a long-temps que je serois coupable, je ne dis pas seulement pour le Cid, où je me suis aidé de D. Guilain de Castro, mais aussi pour Médée dont je viens de parler, et pour Pompée même, où, pensant me fortifier du secours de deux Latins, j'ai pris celui de deux Espagnols, Sénèque et Lucain étant tous deux de Cordoue. Ceux qui ne voudront pas me pardonner cette intelligence avec nos ennemis, approuveront du moins que je pille chez eux; et soit qu'on fasse passer ceci pour un larcin ou pour un emprunt, je m'en suis trouvé si bien, que je n'ai pas envie que ce soit le dernier que je ferai chez eux. Je crois que vous en serez d'avis, et ne m'en estimerez pas moins. Je suis,

MONSIEUR,

Votre très-humble serviteur,

P. CORNEILLE.

PERSONNAGES.

GÉRONTE, père de Dorante.
DORANTE, fils de Géronte.
ALCIPPE, ami de Dorante, et amant de Clarice.
PHILISTE, ami de Dorante et d'Alcippe.
CLARICE, maîtresse d'Alcippe.
LUCRÈCE, amie de Clarice.
ISABELLE, suivante de Clarice.
SABINE, femme-de-chambre de Lucrèce.
CLITON, valet de Dorante.
LYCAS, valet d'Alcippe.

La scène est à Paris.

LE MENTEUR,

COMÉDIE.

ACTE PREMIER.

SCÈNE I.ère

DORANTE, CLITON.

DORANTE.

A la fin j'ai quitté la robe pour l'épée :
L'attente où j'ai vécu n'a point été trompée ;
Mon père a consenti que je suive mon choix,
Et j'ai fait banqueroute à ce fatras de lois. [1]
Mais puisque nous voici dedans les Tuileries, [2]
Le pays du beau monde et des galanteries,
Dis-moi, me trouves-tu bien fait en cavalier ?
Ne vois-tu rien en moi qui sente l'écolier ?
Comme il est malaisé qu'au royaume du code
On apprenne à se faire un visage à la mode,
J'ai lieu d'appréhender....

CLITON.

Ne craignez rien pour vous ;
Vous ferez en une heure ici mille jaloux.

Ce visage et ce port n'ont point l'air de l'école;
Et jamais comme vous on ne peignit Barthole.
Je prévois du malheur pour beaucoup de maris.
Mais que vous semble encor maintenant de Paris?

DORANTE.

J'en trouve l'air bien doux, et cette loi bien rude
Qui m'en avoit banni sous prétexte d'étude.
Toi qui sais les moyens de s'y bien divertir,
Ayant eu le bonheur de n'en jamais sortir,
Dis-moi comme en ce lieu l'on gouverne les dames.

CLITON.

C'est là le plus beau soin qui vienne aux belles âmes, 3
Disent les beaux esprits. Mais, sans faire le fin,
Vous avez l'appétit ouvert de bon matin!
D'hier au soir seulement vous êtes dans la ville,
Et vous vous ennuyez déjà d'être inutile!
Votre humeur sans emploi ne peut passer un jour!
Et déjà vous cherchez à pratiquer l'amour! 4
Je suis auprès de vous en fort bonne posture 5
De passer pour un homme à donner tablature;
J'ai la taille d'un maître en ce noble métier,
Et je suis, tout au moins, l'intendant du quartier.

DORANTE.

Ne t'effarouche point : je ne cherche, à vrai dire,
Que quelque connoissance où l'on se plaise à rire,
Qu'on puisse visiter par divertissement,
Où l'on puisse en douceur couler quelque moment.
Pour me connoître mal, tu prends mon sens à gauche.

CLITON.

J'entends; vous n'êtes pas un homme de débauche,

Et tenez celles-là trop indignes de vous, 6
Que le son d'un écu rend traitables à tous :
Aussi, que vous cherchiez de ces sages coquettes 7
Où peuvent tous venants débiter leurs fleurettes,
Mais qui ne font l'amour que de babil et d'yeux, 8
Vous êtes d'encolure à vouloir un peu mieux.
Loin de passer son temps, chacun le perd chez elles ;
Et le jeu, comme on dit, n'en vaut pas les chandelles. 9
Mais ce seroit pour vous un bonheur sans égal
Que ces femmes de bien qui se gouvernent mal,
Et de qui la vertu, quand on leur fait service,
N'est pas incompatible avec un peu de vice.
Vous en verrez ici de toutes les façons.
Ne me demandez point cependant des leçons.
Ou je me connois mal à voir votre visage,
Ou vous n'en êtes pas à votre apprentissage ;
Vos lois ne régloient pas si bien tous vos desseins,
Que vous eussiez toujours un porte-feuille aux mains.

DORANTE.

A ne rien déguiser, Cliton, je te confesse
Qu'à Poitiers j'ai vécu comme vit la jeunesse ;
J'étois en ces lieux-là de beaucoup de métiers :
Mais Paris, après tout, est bien loin de Poitiers.
Le climat différent veut une autre méthode :
Ce qu'on admire ailleurs est ici hors de mode ;
La diverse façon de parler et d'agir
Donne aux nouveau-venus souvent de quoi rougir.
Chez les provinciaux on prend ce qu'on rencontre ;
Et là, faute de mieux, un sot passe à la montre : 10

Mais il faut, à Paris, bien d'autres qualités;
On ne s'éblouit point de ces fausses clartés;
Et tant d'honnêtes gens que l'on y voit ensemble
Font qu'on est mal reçu si l'on ne leur ressemble.

CLITON.

Connoissez mieux Paris, puisque vous en parlez.
Paris est un grand lieu plein de marchands mêlés :
L'effet n'y répond pas toujours à l'apparence;
On s'y laisse duper autant qu'en lieu de France;
Et, parmi tant d'esprits plus polis et meilleurs,
Il y croît des badauds autant et plus qu'ailleurs.
Dans la confusion que ce grand monde apporte,
Il y vient de tous lieux des gens de toute sorte;
Et dans toute la France il est fort peu d'endroits
Dont il n'ait le rebut aussi bien que le choix.
Comme on s'y connoît mal, chacun s'y fait de mise,[11]
Et vaut communément autant comme il se prise :[12]
De bien pires que vous s'y font assez valoir.
Mais pour venir au point que vous voulez savoir,
Êtes-vous libéral?

DORANTE.

Je ne suis point avare.

CLITON.

C'est un secret d'amour et bien grand et bien rare :
Mais il faut de l'adresse à le bien débiter;
Autrement on s'y perd au lieu d'en profiter.
Tel donne à pleines mains qui n'oblige personne :[13]
La façon de donner vaut mieux que ce qu'on donne.
L'un perd exprès au jeu son présent déguisé;
L'autre oublie un bijou qu'on auroit refusé.

Un lourdaud libéral auprès d'une maîtresse
Semble donner l'aumône alors qu'il fait largesse ;
Et d'un tel contre-temps il fait tout ce qu'il fait, 14
Que, quand il tâche à plaire, il offense en effet.
DORANTE.
Laissons là ces lourdauds contre qui tu déclames,
Et me dis seulement si tu connois ces dames.
CLITON.
Non : cette marchandise est de trop bon aloi ;
Ce n'est point là gibier à des gens comme moi.
Il est aisé pourtant d'en savoir des nouvelles,
Et bientôt leur cocher m'en dira des plus belles.
DORANTE.
Penses-tu qu'il t'en die ?
CLITON.
     Assez pour en mourir :
Puisque c'est un cocher, il aime à discourir.

SCÈNE II.

DORANTE, CLARICE, LUCRÈCE, ISABELLE.

CLARICE, *faisant un faux pas, et comme se laissant choir.* 1
Hai !
  DORANTE, *lui donnant la main.*
 Ce malheur me rend un favorable office, 2
Puisqu'il me donne lieu de ce petit service ; 3
Et c'est pour moi, madame, un bonheur souverain
Que cette occasion de vous donner la main.
CLARICE.
L'occasion ici fort peu vous favorise,
Et ce foible bonheur ne vaut pas qu'on le prise.

DORANTE.

Il est vrai, je le dois tout entier au hasard;
Mes soins ni vos désirs n'y prennent point de part;
Et sa douceur mêlée avec cette amertume
Ne me rend pas le sort plus doux que de coutume,
Puisqu'enfin ce bonheur, que j'ai si fort prisé,
A mon peu de mérite eût été refusé.

CLARICE.

S'il a perdu sitôt ce qui pouvoit vous plaire,
Je veux être à mon tour d'un sentiment contraire,
Et crois qu'on doit trouver plus de félicité
A posséder un bien sans l'avoir mérité.
J'estime plus un don qu'une reconnoissance :
Qui nous donne fait plus que qui nous récompense;
Et le plus grand bonheur au mérite rendu 4
Ne fait que nous payer de ce qui nous est dû.
La faveur qu'on mérite est toujours achetée;
L'heur en croît d'autant plus, moins elle est méritée;
Et le bien où sans peine elle fait parvenir
Par le mérite à peine auroit pu s'obtenir.

DORANTE.

Aussi ne croyez pas que jamais je prétende
Obtenir par mérite une faveur si grande :
J'en sais mieux le haut prix; et mon cœur amoureux,
Moins il s'en connoît digne, et plus s'en tient heureux.
On me l'a pu toujours dénier sans injure;
Et si la recevant ce cœur même en murmure,
Il se plaint du malheur de ses félicités,
Que le hasard lui donne, et non vos volontés.

ACTE I, SCÈNE III.

Un amant a fort peu de quoi se satisfaire
Des faveurs qu'on lui fait sans dessein de les faire :
Comme l'intention seule en forme le prix, 5
Assez souvent sans elle on les joint au mépris.
Jugez par-là quel bien peut recevoir ma flamme
D'une main qu'on me donne en me refusant l'âme.
Je la tiens, je la touche, et je la touche en vain,
Si je ne puis toucher le cœur avec la main.

CLARICE.

Cette flamme, monsieur, est pour moi fort nouvelle,
Puisque j'en viens de voir la première étincelle.
Si votre cœur ainsi s'embrase en un moment,
Le mien ne sut jamais brûler si promptement ;
Mais peut-être, à présent que j'en suis avertie,
Le temps donnera place à plus de sympathie.
Confessez cependant qu'à tort vous murmurez
Du mépris de vos feux que j'avois ignorés.

SCÈNE III.

DORANTE, CLARICE, LUCRÈCE, ISABELLE, CLITON.

DORANTE.

C'est l'effet du malheur qui par-tout m'accompagne.
Depuis que j'ai quitté les guerres d'Allemagne,
C'est-à-dire, du moins depuis un an entier,
Je suis et jour et nuit dedans votre quartier ;
Je vous cherche en tous lieux, au bal, aux promenades;
Vous n'avez que de moi reçu des sérénades ;

Et je n'ai pu trouver que cette occasion
A vous entretenir de mon affection.

CLARICE.

Quoi ! vous avez donc vu l'Allemagne et la guerre ?

DORANTE.

Je m'y suis fait, quatre ans, craindre comme un tonnerr

CLITON.

Que lui va-t-il conter ?

DORANTE.

Et durant ces quatre ans
Il ne s'est fait combats ni siéges importants,
Nos armes n'ont jamais remporté de victoire,
Où cette main n'ait eu bonne part à la gloire ;
Mes faits, par la gazette, en tous lieux divulgués...

CLITON, le tirant par la basque.

Savez-vous bien, monsieur, que vous extravaguez ?

DORANTE.

Tais-toi.

CLITON.

Vous rêvez, dis-je, ou....

DORANTE.

Tais-toi, misérable.

CLITON.

Vous venez de Poitiers, ou je me donne au diable ;
Vous en revîntes hier.

DORANTE, à Cliton.

Te tairas-tu, maraud ?

(A Clarice.)

Mon nom dans nos succès s'étoit mis assez haut
Pour faire quelque bruit sans beaucoup d'injustice ;
Et je suivrois encore un si noble exercice,

ACTE I, SCÈNE III.

N'étoit que l'autre hiver, faisant ici ma cour,
Je vous vis, et je fus retenu par l'amour.
Attaqué par vos yeux, je leur rendis les armes;
Je me fis prisonnier de tant d'aimables charmes;
Je leur livrai mon âme, et ce cœur généreux
Dès ce premier moment oublia tout pour eux.
Vaincre dans les combats, commander dans l'armée,
De mille exploits fameux enfler la renommée,
Et tous ces nobles soins qui m'avoient su ravir,
Cédèrent aussitôt à ceux de vous servir.

ISABELLE, à Clarice, tout bas.

Madame, Alcippe vient; il aura de l'ombrage.

CLARICE.

Nous en saurons, monsieur, quelque jour davantage.
Adieu.

DORANTE.

Quoi! me priver sitôt de tout mon bien!

CLARICE.

Nous n'avons pas loisir d'un plus long entretien;
Et, malgré la douceur de me voir cajolée,
Il faut que nous fassions seules deux tours d'allée.

DORANTE.

Cependant accordez à mes vœux innocents
La licence d'aimer des charmes si puissants.

CLARICE.

Un cœur qui veut aimer, et qui sait comme on aime,
N'en demande jamais licence qu'à soi-même.

SCÈNE IV.

DORANTE, CLITON.

DORANTE.

Suis-les, Cliton.

CLITON.

J'en sais ce qu'on en peut savoir.
La langue du cocher a bien fait son devoir.
La plus belle des deux, dit-il, est ma maîtresse;
Elle loge à la place, et son nom est Lucrèce.

DORANTE.

Quelle place?

CLITON.

Royale; et l'autre y loge aussi.
Il n'en sait pas le nom, mais j'en prendrai souci.

DORANTE.

Ne te mets point, Cliton, en peine de l'apprendre.
Celle qui m'a parlé, celle qui m'a su prendre,
C'est Lucrèce, ce l'est sans aucun contredit;
Sa beauté m'en assure, et mon cœur me le dit.

CLITON.

Quoique mon sentiment doive respect au vôtre,
La plus belle des deux, je crois que ce soit l'autre.[1]

DORANTE.

Quoi! celle qui s'est tue, et qui dans nos propos
N'a jamais eu l'esprit de mêler quatre mots?

CLITON.

Monsieur, quand une femme a le don de se taire,
Elle a des qualités au-dessus du vulgaire :

C'est un effort du ciel qu'on a peine à trouver ;
Sans un petit miracle il ne peut l'achever ;
Et la nature souffre extrême violence
Lorsqu'il en fait d'humeur à garder le silence.
Pour moi, jamais l'amour n'inquiète mes nuits,
Et, quand le cœur m'en dit, j'en prends par où je puis :
Mais naturellement femme qui se peut taire
A sur moi tel pouvoir et tel droit de me plaire,
Qu'eût-elle en vrai magot tout le corps fagoté,
Je lui voudrois donner le prix de la beauté.
C'est elle assurément qui s'appelle Lucrèce :
Cherchez un autre nom pour l'objet qui vous blesse,
Ce n'est point là le sien ; celle qui n'a dit mot,
Monsieur, c'est la plus belle, ou je ne suis qu'un sot.

DORANTE.

Je t'en crois sans jurer, avec tes incartades.
Mais voici les plus chers de mes vieux camarades :
Ils semblent étonnés, à voir leur action.

SCÈNE V.

DORANTE, ALCIPPE, PHILISTE, CLITON.

PHILISTE, à Alcippe.

Quoi ! sur l'eau la musique et la collation ?

ALCIPPE, à Philiste.

Oui, la collation avecque la musique.

PHILISTE, à Alcippe.

Hier au soir ?

ALCIPPE, à Philiste.

Hier au soir.

PHILISTE, à Alcippe.
Et belle?

ALCIPPE, à Philiste.
Magnifique.

PHILISTE, à Alcippe.
Et par qui?

ALCIPPE, à Philiste.
C'est de quoi je suis mal éclairci.

DORANTE, les saluant.
Que mon bonheur est grand de vous revoir ici!

ALCIPPE.
Le mien est sans pareil, puisque je vous embrasse.

DORANTE.
J'ai rompu vos discours d'assez mauvaise grâce;
Vous le pardonnerez à l'aise de vous voir.

PHILISTE.
Avec nous, de tout temps, vous avez tout pouvoir.

DORANTE.
Mais de quoi parliez-vous?

ALCIPPE.
D'une galanterie.

DORANTE.
D'amour?

ALCIPPE.
Je le présume.

DORANTE.
Achevez, je vous prie,
Et souffrez qu'à ce mot ma curiosité
Vous demande sa part de cette nouveauté.

ACTE I, SCÈNE V.

ALCIPPE.

On dit qu'on a donné musique à quelque dame.

DORANTE.

Sur l'eau ?

ALCIPPE.

Sur l'eau.

DORANTE.

Souvent l'onde irrite la flamme.

PHILISTE.

Quelquefois.

DORANTE.

Et ce fut hier au soir ?

ALCIPPE.

Hier au soir.

DORANTE.

Dans l'ombre de la nuit le feu se fait mieux voir ;
Le temps étoit bien pris. Cette dame, elle est belle ?

ALCIPPE.

Aux yeux de bien du monde elle passe pour telle.

DORANTE.

Et la musique ?

ALCIPPE.

Assez pour n'en rien dédaigner.

DORANTE.

Quelque collation a pu l'accompagner ?

ALCIPPE.

On le dit.

DORANTE.

Fort superbe ?

ALCIPPE.

Et fort bien ordonnée.

DORANTE.

Et vous ne savez point celui qui l'a donnée?

ALCIPPE.

Vous en riez?

DORANTE.

Je ris de vous voir étonné
D'un divertissement que je me suis donné.

ALCIPPE.

Vous?

DORANTE.

Moi-même.

ALCIPPE.

Et déjà vous avez fait maîtresse?

DORANTE.

Si je n'en avois fait j'aurois bien peu d'adresse,
Moi qui depuis un mois suis ici de retour.
Il est vrai que je sors fort peu souvent de jour;
De nuit, incognito, je rends quelques visites.
Ainsi....

CLITON, à Dorante, à l'oreille.

Vous ne savez, monsieur, ce que vous dites.

DORANTE.

Tais-toi; si jamais plus tu me viens avertir....

CLITON.

J'enrage de me taire et d'entendre mentir.

PHILISTE, à Alcippe, tout bas.

Voyez qu'heureusement dedans cette rencontre
Votre rival lui-même à vous-même se montre.

DORANTE, *revenant à eux.*

Comme à mes chers amis je vous veux tout conter.
J'avois pris cinq bateaux pour mieux tout ajuster :
Les quatre contenoient quatre chœurs de musique,
Capables de charmer le plus mélancolique.
Au premier, violons; en l'autre, luths et voix;
Des flûtes, au troisième; au dernier, des hautbois, [1]
Qui tour à tour dans l'air poussoient des harmonies
Dont on pouvoit nommer les douceurs infinies.
Le cinquième étoit grand, tapissé tout exprès
De rameaux enlacés pour conserver le frais,
Dont chaque extrémité portoit un doux mélange
De bouquets de jasmin, de grenade et d'orange.
Je fis de ce bateau la salle du festin :
Là je menai l'objet qui fait seul mon destin;
De cinq autres beautés la sienne fut suivie,
Et la collation fut aussitôt servie.
Je ne vous dirai point les différents apprêts,
Le nom de chaque plat, le rang de chaque mets;
Vous saurez seulement qu'en ce lieu de délices
On servit douze plats, et qu'on fit six services,
Cependant que les eaux, les rochers et les airs
Répondoient aux accents de nos quatre concerts.
Après qu'on eut mangé, mille et mille fusées,
S'élançant vers les cieux, ou droites, ou croisées,
Firent un nouveau jour, d'où tant de serpenteaux
D'un déluge de flamme attaquèrent les eaux,
Qu'on crut que, pour leur faire une plus rude guerre,
Tout l'élément du feu tomboit du ciel en terre.

Après ce passe-temps on dansa jusqu'au jour,
Dont le soleil jaloux avança le retour :
S'il eût pris notre avis, sa lumière importune
N'eût pas troublé sitôt ma petite fortune;
Mais, n'étant pas d'humeur à suivre nos désirs,
Il sépara la troupe, et finit nos plaisirs.

ALCIPPE.

Certes, vous avez grâce à conter ces merveilles;
Paris, tout grand qu'il est, en voit peu de pareilles.

DORANTE.

J'avois été surpris; et l'objet de mes vœux
Ne m'avoit, tout au plus, donné qu'une heure ou deux.

PHILISTE.

Cependant l'ordre est rare, et la dépense belle.

DORANTE.

Il s'est fallu passer à cette bagatelle : 2
Alors que le temps presse, on n'a pas à choisir.

ALCIPPE.

Adieu : nous vous verrons avec plus de loisir.

DORANTE.

Faites état de moi.

ALCIPPE, à Philiste, en s'en allant.

Je meurs de jalousie !

PHILISTE, à Alcippe.

Sans raison toutefois votre âme en est saisie;
Les signes du festin ne s'accordent pas bien.

ALCIPPE, à Philiste.

Le lieu s'accorde, et l'heure ; et le reste n'est rien.

SCÈNE VI.

DORANTE, CLITON.

CLITON.

Monsieur, puis-je à présent parler sans vous déplaire ?

DORANTE.

Je remets à ton choix de parler ou te taire ; [1]
Mais quand tu vois quelqu'un, ne fais plus l'insolent.

CLITON.

Votre ordinaire est-il de rêver en parlant ?

DORANTE.

Où me vois-tu rêver ?

CLITON.

J'appelle rêveries
Ce qu'en d'autres qu'un maître on nomme menteries :
Je parle avec respect.

DORANTE.

Pauvre esprit !

CLITON.

Je le perds [2]
Quand je vous ois parler de guerre et de concerts.
Vous voyez sans péril nos batailles dernières,
Et faites des festins qui ne vous coûtent guères.
Pourquoi depuis un mois vous feindre de retour ?

DORANTE.

J'en montre plus de flamme, et j'en fais mieux ma cour.

CLITON.

Qu'a de propre la guerre à montrer votre flamme?

DORANTE.

O le beau compliment à charmer une dame,
De lui dire d'abord : *J'apporte à vos beautés*
Un cœur nouveau-venu des universités;
Si vous avez besoin de lois et de rubriques,
Je sais le code entier avec les authentiques,
Le digeste nouveau, le vieux, l'infortiat,
Ce qu'en a dit Jason, Balde, Accurse, Alciat!
Qu'un si riche discours nous rend considérables!
Qu'on amollit par-là de cœurs inexorables!
Qu'un homme à paragraphe est un joli galant!
On s'introduit bien mieux à titre de vaillant :
Tout le secret ne gît qu'en un peu de grimace;
A mentir à propos, jurer de bonne grâce,
Étaler force mots qu'elles n'entendent pas; 3
Faire sonner Lamboy, Jean de Vert, et Galas;
Nommer quelques châteaux de qui les noms barbares,
Plus ils blessent l'oreille, et plus leur semblent rares;
Avoir toujours en bouche *angles, lignes, fossés,*
Vedette, contrescarpe, et *travaux avancés* :
Sans ordre et sans raison, n'importe, on les étonne;
On leur fait admirer les baies qu'on leur donne; 4
Et tel, à la faveur d'un semblable débit,
Passe pour homme illustre, et se met en crédit.

CLITON.

A qui veut vous ouïr vous en faites bien croire;
Mais celle-ci bientôt peut savoir votre histoire.

DORANTE.

J'aurai déjà gagné chez elle quelque accès;
Et, loin d'en redouter un malheureux succès,
Si jamais un fâcheux nous nuit par sa présence,
Nous pourrons sous ces mots être d'intelligence. 5
Voilà traiter l'amour, Cliton, et comme il faut.

CLITON.

A vous dire le vrai, je tombe de bien haut.
Mais parlons du festin ; Urgande et Mélusine
N'ont jamais sur-le-champ mieux fourni leur cuisine;
Vous allez au-delà de leurs enchantements :
Vous seriez un grand maître à faire des romans;
Ayant si bien en main le festin et la guerre, 6
Vos gens en moins de rien courroient toute la terre;
Et ce seroit pour vous des travaux forts légers
Que d'y mêler par-tout la pompe et les dangers.
Ces hautes fictions vous sont bien naturelles.

DORANTE.

J'aime à braver ainsi les conteurs de nouvelles;
Et sitôt que j'en vois quelqu'un s'imaginer
Que ce qu'il veut m'apprendre a de quoi m'étonner,
Je le sers aussitôt d'un conte imaginaire
Qui l'étonne lui-même, et le force à se taire.
Si tu pouvois savoir quel plaisir on a lors
De leur faire rentrer leurs nouvelles au corps....

CLITON.

Je le juge assez grand; mais enfin ces pratiques
Vous couvriront de honte en devenant publiques.

DORANTE.

N'en prends point de souci. Mais tous ces vains discours
M'empêchent de chercher l'objet de mes amours;
Tâchons de le rejoindre, et sache qu'à me suivre 7
Je t'apprendrai bientôt d'autres façons de vivre.

FIN DU PREMIER ACTE.

ACTE SECOND.

SCÈNE I.ère

GÉRONTE, CLARICE, ISABELLE.

CLARICE.

Je sais qu'il vaut beaucoup étant sorti de vous.
Mais, monsieur, sans le voir, accepter un époux,
Par quelque haut récit qu'on en soit conviée, [1]
C'est grande avidité de se voir mariée :
« D'ailleurs, en recevoir visite et compliment,
« Et lui permettre accès en qualité d'amant,
« A moins qu'à vos projets un plein effet réponde,
« Ce seroit trop donner à discourir au monde.
Trouvez donc un moyen de me le faire voir,
Sans m'exposer au blâme et manquer au devoir.

GÉRONTE.

Oui, vous avez raison, belle et sage Clarice ;
Ce que vous m'ordonnez est la même justice ; [2]
Et comme c'est à nous à subir votre loi,
Je reviens tout-à-l'heure, et Dorante avec moi.
Je le tiendrai long-temps dessous votre fenêtre, [3]
Afin qu'avec loisir vous puissiez le connoître,
Examiner sa taille, et sa mine, et son air, [4]
Et voir quel est l'époux que je veux vous donner.
Il vint hier de Poitiers, mais il sent peu l'école ;
Et si l'on pouvoit croire un père à sa parole,

Quelque écolier qu'il soit, je dirois qu'aujourd'hui
Peu de nos gens de cour sont mieux taillés que lui.
Mais vous en jugerez après la voix publique.
Je cherche à l'arrêter, parce qu'il m'est unique, 5
Et je brûle sur-tout de le voir sous vos lois.

CLARICE.

Vous m'honorez beaucoup d'un si glorieux choix.
Je l'attendrai, monsieur, avec impatience;
Et je l'aime déjà sur cette confiance.

SCÈNE II.

CLARICE, ISABELLE.

ISABELLE.

Ainsi vous le verrez, et sans vous engager.

CLARICE.

Mais pour le voir ainsi qu'en pourrai-je juger?
J'en verrai le dehors, la mine, l'apparence;
Mais du reste, Isabelle, où prendre l'assurance?
Le dedans paroît mal en ces miroirs flatteurs;
Les visages souvent sont de doux imposteurs.
Que de défauts d'esprit se couvrent de leurs grâces!
Et que de beaux semblants cachent des âmes basses!
Les yeux en ce grand choix ont la première part;
Mais leur déférer tout, c'est tout mettre au hasard :
Qui veut vivre en repos ne doit pas leur déplaire;
Mais, sans leur obéir, il doit les satisfaire,
En croire leur refus, et non pas leur aveu,
Et sur d'autres conseils laisser naître son feu.

ACTE II, SCÈNE II.

Cette chaîne, qui dure autant que notre vie, [1]
Et qui devrait donner plus de peur que d'envie,
Si l'on n'y prend bien garde, attache assez souvent
Le contraire au contraire, et le mort au vivant :
Et pour moi, puisqu'il faut qu'elle me donne un maître,
Avant que l'accepter je voudrois le connoître,
Mais connoître dans l'âme.

ISABELLE.

Eh bien, qu'il parle à vous.

CLARICE.

Alcippe le sachant en deviendroit jaloux.

ISABELLE.

Qu'importe qu'il le soit, si vous avez Dorante ?

CLARICE.

Sa perte ne m'est pas encore indifférente ;
Et l'accord de l'hymen entre nous concerté,
Si son père venoit, seroit exécuté.
Depuis plus de deux ans il promet et diffère ;
Tantôt c'est maladie, et tantôt quelque affaire ;
Le chemin est mal sûr, ou les jours sont trop courts ;
Et le bon-homme enfin ne peut sortir de Tours.
Je prends tous ces délais pour une résistance,
Et ne suis pas d'humeur à mourir de constance.
Chaque moment d'attente ôte de notre prix ;
Et fille qui vieillit tombe dans le mépris : [2]
C'est un nom glorieux qui se garde avec honte ;
Sa défaite est fâcheuse à moins que d'être prompte :
Le temps n'est pas un dieu qu'elle puisse braver, [3]
Et son honneur se perd à le trop conserver.

ISABELLE.

Ainsi vous quitteriez Alcippe pour un autre
De qui l'humeur auroit de quoi plaire à la vôtre?

CLARICE.

Oui, je le quitterois; mais, pour ce changement,
Il me faudroit en main avoir un autre amant,
Savoir qu'il me fût propre, et que son hyménée
Dût bientôt à la sienne unir ma destinée.
Mon humeur sans cela ne s'y résout pas bien;
Car Alcippe, après tout, vaut toujours mieux que rien.
Son père peut venir, quelque long temps qu'il tarde.

ISABELLE.

Pour en venir à bout sans que rien s'y hasarde,
Lucrèce est votre amie, et peut beaucoup pour vous;
Elle n'a point d'amant qui devienne jaloux:
Qu'elle écrive à Dorante, et lui fasse paroître
Qu'elle veut cette nuit le voir par sa fenêtre.
Comme il est jeune encore, on l'y verra voler;
Et là, sous ce faux nom, vous pourrez lui parler,
Sans qu'Alcippe jamais en découvre l'adresse,
Ni que lui-même pense à d'autres qu'à Lucrèce.

CLARICE.

L'invention est belle; et Lucrèce aisément
Se résoudra pour moi d'écrire un compliment:
J'admire ton adresse à trouver cette ruse.

ISABELLE.

Puis-je vous dire encor que, si je ne m'abuse,
Tantôt cet inconnu ne vous déplaisoit pas?

CLARICE.

Ah bon dieu! si Dorante avoit autant d'appas,

Que d'Alcippe aisément il obtiendroit la place !
ISABELLE.
Ne parlez point d'Alcippe; il vient.
CLARICE.
Qu'il m'embarrasse !
Va pour moi chez Lucrèce, et lui dis mon projet,
Et tout ce qu'on peut dire en un pareil sujet.

SCÈNE III.

CLARICE, ALCIPPE.

ALCIPPE.
Ah Clarice! ah Clarice! inconstante! volage!
CLARICE, à part le premier vers.
Auroit-il deviné déjà ce mariage?
Alcippe, qu'avez-vous? qui vous fait soupirer?
ALCIPPE.
Ce que j'ai, déloyale! eh! peux-tu l'ignorer?
Parle à ta conscience; elle devroit t'apprendre....
CLARICE.
Parlez un peu plus bas; mon père va descendre.
ALCIPPE.
Ton père va descendre, âme double et sans foi ! [1]
Confesse que tu n'as un père que pour moi.
La nuit, sur la rivière....
CLARICE.
Eh bien, sur la rivière?
La nuit? quoi? qu'est-ce enfin?
ALCIPPE.
Oui, la nuit tout entière.

CLARICE.

Après?

ALCIPPE.

Quoi! sans rougir...?

CLARICE.

Rougir! à quel propos?

ALCIPPE.

Tu ne meurs pas de honte entendant ces deux mots!

CLARICE.

Mourir pour les entendre! et qu'ont-ils de funeste?

ALCIPPE.

Tu peux donc les ouïr, et demander le reste!
Ne saurois-tu rougir, si je ne te dis tout?

CLARICE.

Quoi tout?

ALCIPPE.

Tes passe-temps, de l'un à l'autre bout.

CLARICE.

Je meure, en vos discours si je puis rien comprendre!

ALCIPPE.

Quand je te veux parler, ton père va descendre;
Il t'en souvient alors : le tour est excellent!
Mais pour passer la nuit auprès de ton galant....

CLARICE.

Alcippe, êtes-vous fou?

ALCIPPE.

Je n'ai plus lieu de l'être,
A présent que le ciel me fait te mieux connoître.
Oui, pour passer la nuit en danses et festin,
Être avec ton galant du soir jusqu'au matin,

ACTE II, SCÈNE III.

(Je ne parle que d'hier) tu n'as point lors de père.

CLARICE.

Rêvez-vous ? raillez-vous ? et quel est ce mystère ?

ALCIPPE.

Ce mystère est nouveau, mais non pas fort secret.
Choisis, une autre fois, un amant plus discret ;
Lui-même il m'a tout dit.

CLARICE.

Qui lui-même ?

ALCIPPE.

Dorante.

CLARICE.

Dorante !

ALCIPPE.

Continue, et fais bien l'ignorante.

CLARICE.

Si je le vis jamais, et si je le connoi.... 2

ALCIPPE.

Ne viens-je pas de voir son père avecque toi ?
Tu passes, infidèle, âme ingrate et légère, 3
La nuit avec le fils, le jour avec le père !

CLARICE.

Son père de vieux temps est grand ami du mien. 4

ALCIPPE.

Cette vieille amitié faisoit votre entretien ?
Tu te sens convaincue, et tu m'oses répondre !
Te faut-il quelque chose encor pour te confondre ?

CLARICE.

Alcippe, si je sais quel visage a le fils....

ALCIPPE.

La nuit étoit fort noire alors que tu le vis.
Il ne t'a pas donné quatre chœurs de musique,
Une collation superbe et magnifique,
Six services de rang, douze plats à chacun?
Son entretien alors t'étoit fort importun?
Quand ses feux d'artifice éclairoient le rivage,
Tu n'eus pas le loisir de le voir au visage?
Tu n'as pas avec lui dansé jusques au jour?
Et tu ne l'as pas vu pour le moins au retour?
T'en ai-je dit assez? Rougis, et meurs de honte.

CLARICE.

Je ne rougirai point pour le récit d'un conte.

ALCIPPE.

Quoi! je suis donc un fourbe, un bizarre, un jaloux! 5

CLARICE.

Quelqu'un a pris plaisir à se jouer de vous,
Alcippe, croyez-moi.

ALCIPPE.

           Ne cherche point d'excuses;
Je connois tes détours, et devine tes ruses.
Adieu : suis ton Dorante, et l'aime désormais;
Laisse en repos Alcippe, et n'y pense jamais.

CLARICE.

Écoutez quatre mots.

ALCIPPE.

Ton père va descendre.

CLARICE.

Non, il ne descend point, et ne peut nous entendre ;
Et j'aurai tout loisir de vous désabuser.

ALCIPPE.

Je ne t'écoute point, à moins que m'épouser,
A moins qu'en attendant le jour du mariage 6
M'en donner ta parole, et deux baisers pour gage.

CLARICE.

Pour me justifier vous demandez de moi,
Alcippe?...

ALCIPPE.

Deux baisers, et ta main, et ta foi.

CLARICE.

Que cela ?

ALCIPPE.

Résous-toi, sans plus me faire attendre.

CLARICE.

Je n'ai pas le loisir ; mon père va descendre.

SCÈNE IV.

ALCIPPE.

Va, ris de ma douleur alors que je te perds ;
Par ces indignités romps toi-même mes fers ;
Aide mes feux trompés à se tourner en glace ;
Aide un juste courroux à se mettre en leur place.
Je cours à la vengeance, et porte à ton amant
Le vif et prompt effet de mon ressentiment.

S'il est homme de cœur, ce jour même nos armes [1]
Régleront par leur sort tes plaisirs ou tes larmes ;
Et, plutôt que le voir possesseur de mon bien,
Puissé-je dans son sang voir couler tout le mien ! [2]
Le voici ce rival que ton père t'amène : [3]
Ma vieille amitié cède à ma nouvelle haine ;
Sa vue accroît l'ardeur dont je me sens brûler :
Mais ce n'est pas ici qu'il le faut quereller. [4]

SCÈNE V.

GÉRONTE, DORANTE, CLITON.

GÉRONTE.

DORANTE, arrêtons-nous ; le trop de promenade [1]
Me mettroit hors d'haleine, et me rendroit malade...
Que l'ordre est rare et beau de ces grands bâtimens !

DORANTE.

Paris semble à mes yeux un pays de romans.
J'y croyois ce matin voir une île enchantée :
Je la laisssai déserte et la trouve habitée ;
Quelque Amphion nouveau, sans l'aide des maçons,
En superbes palais a changé ses buissons.

GÉRONTE.

« Paris voit tous les jours de ces métamorphoses :
« Dans tout le Pré-aux-Clercs tu verras mêmes choses ;
« Et l'univers entier ne peut rien voir d'égal [2]
« Aux superbes dehors du Palais-cardinal.
« Toute une ville entière avec pompe bâtie [3]
« Semble d'un vieux fossé par miracle sortie,

ACTE II, SCÈNE V.

« Et nous fait présumer, à ses superbes toits,
« Que tous ses habitans sont des dieux ou des rois.
Mais changeons de discours. Tu sais combien je t'aime?

DORANTE.

Je chéris cet honneur bien plus que le jour même.

GÉRONTE.

Comme de mon hymen il n'est sorti que toi,
Et que je te vois prendre un périlleux emploi,
Où l'ardeur pour la gloire à tout oser convie,
Et force à tout moment de négliger la vie,
Avant qu'aucun malheur te puisse être avenu,
Pour te faire marcher un peu plus retenu,
Je te veux marier.

DORANTE, à part.

Ô ma chère Lucrèce !

GÉRONTE.

Je t'ai voulu choisir moi-même une maîtresse
Honnête, belle et riche.

DORANTE.

Ah ! pour la bien choisir,
Mon père, donnez-vous un peu plus de loisir.

GÉRONTE.

Je la connois assez. Clarice est belle et sage
Autant que dans Paris il en soit de son âge ;
Son père de tout temps est mon plus grand ami ;
Et l'affaire est conclue.

DORANTE.

Ah ! monsieur, j'en frémis :
D'un fardeau si pesant accabler ma jeunesse !

GÉRONTE.

Fais ce que je t'ordonne.

DORANTE, à part.

(Haut.) Il faut jouer d'adresse.
Quoi ! monsieur, à présent qu'il faut dans les combats
Acquérir quelque nom, et signaler mon bras...

GÉRONTE.

Avant qu'être au hasard qu'un autre bras t'immole,
Je veux dans ma maison avoir qui m'en console;
Je veux qu'un petit-fils puisse y tenir ton rang,
Soutenir ma vieillesse, et réparer mon sang;
En un mot, je le veux.

DORANTE.

Vous êtes inflexible?

GÉRONTE.

Fais ce que je te dis.

DORANTE.

Mais s'il m'est impossible?

GÉRONTE.

Impossible ! et comment?

DORANTE.

Souffrez qu'aux yeux de tous
Pour obtenir pardon, j'embrasse vos genoux.
Je suis...

GÉRONTE.

Quoi?

DORANTE.

Dans Poitiers....

GÉRONTE.

Parle donc, et te lève.

ACTE II, SCÈNE V.

DORANTE.

Je suis donc marié, puisqu'il faut que j'achève.

GÉRONTE.

Sans mon consentement?

DORANTE.

On m'a violenté.
Vous ferez tout casser par votre autorité :
Mais nous fûmes tous deux forcés à l'hyménée
Par la fatalité la plus inopinée...
Ah! si vous le saviez!

GÉRONTE.

Dis; ne me cache rien.

DORANTE.

Elle est de fort bon lieu, mon père; et pour son bien,
S'il n'est du tout si grand que votre humeur souhaite...

GÉRONTE.

Sachons, à cela près, puisque c'est chose faite.
Elle se nomme?

DORANTE.

« Orphise; et son père, Armédon. [a]

GÉRONTE.

Je n'ai jamais ouï ni l'un ni l'autre nom.
Mais poursuis.

DORANTE.

Je la vis presque à mon arrivée.
Une âme de rocher ne s'en fût pas sauvée,

---

[a] **DORANTE.**
Orphise.
GÉRONTE.
Et son père?
DORANTE.
Armédon.

Tant elle avoit d'appas, et tant son œil vainqueur,
Par une douce force, assujettit mon cœur!
Je cherchai donc chez elle à faire connoissance :
Et les soins obligeants de ma persévérance
Surent plaire de sorte à cet objet charmant,
Que j'en fus en six mois autant aimé qu'amant.
J'en reçus des faveurs secrètes, mais honnêtes ;
Et j'étendis si loin mes petites conquêtes,
Qu'en son quartier souvent je me coulois sans bruit
Pour causer avec elle une part de la nuit.

   Un soir que je venois de monter dans sa chambre....
(Ce fut, s'il m'en souvient, le second de septembre,
Oui, ce fut ce jour-là que je fus attrapé ;)
Ce soir même son père en ville avoit soupé ;
Il monte à son retour; il frappe à la porte : elle
Transit, pâlit, rougit, me cache en sa ruelle,
Ouvre enfin; et d'abord (qu'elle eut d'esprit et d'art!)
Elle se jette au cou de ce pauvre vieillard,
Dérobe en l'embrassant son désordre à sa vue :
Il se sied; il lui dit qu'il veut la voir pourvue;
Lui propose un parti qu'on lui venoit d'offrir.
Jugez combien mon cœur avoit lors à souffrir !
Par sa réponse adroite elle sut si bien faire,
Que sans m'inquiéter elle plut à son père.
Ce discours ennuyeux enfin se termina.
Le bon-homme partoit quand ma montre sonna :
Et lui, se retournant vers sa fille étonnée :
Depuis quand cette montre ? et qui vous l'a donnée ?
Acaste, mon cousin, me la vient d'envoyer,
Dit-elle, *et veut ici la faire nettoyer,*

N'ayant point d'horloger au lieu de sa demeure :
Elle a déjà sonné deux fois en un quart d'heure.
Donnez-la-moi, dit-il, *j'en prendrai mieux le soin.*
Alors, pour me la prendre, elle vint en mon coin :
Je la lui donne en main ; mais, voyez ma disgrâce,
Avec mon pistolet le cordon s'embarrasse,
Fait marcher le déclin ; le feu prend, le coup part :
Jugez de notre trouble à ce triste hasard.
Elle tombe par terre, et moi je la crus morte.
Le père épouvanté gagne aussitôt la porte ;
Il appelle au secours ; il crie : A l'assassin !
Son fils et deux valets me coupent le chemin.
Furieux de ma perte, et combattant de rage,
Au milieu de tous trois je me faisois passage,
Quand un autre malheur de nouveau me perdit ;
Mon épée en ma main en trois morceaux rompit.
Désarmé, je recule, et rentre ; alors Orphise
De sa frayeur première aucunement remise,
Sait prendre un temps si juste en son reste d'effroi,
Qu'elle pousse la porte et s'enferme avec moi.
Soudain nous entassons, pour défenses nouvelles,
Bancs, tables, coffres, lits, et jusqu'aux escabelles ;
Nous nous barricadons, et dans ce premier feu
Nous croyons gagner tout à différer un peu.
Mais comme à ce rempart l'un et l'autre travaille,
D'une chambre voisine on perce la muraille :
Alors me voyant pris, il fallut composer.
(Ici Clarice les voit de sa fenêtre ; et Lucrèce, avec Isabelle, les voit aussi de la sienne.)

GÉRONTE.

C'est-à-dire, en françois, qu'il fallut l'épouser ?

DORANTE.

Les siens m'avoient trouvé de nuit seul avec elle ;
Ils étoient les plus forts, elle me sembloit belle ;
Le scandale étoit grand, son honneur se perdoit :
A ne le faire pas ma tête en répondoit ;
Ses grands efforts pour moi, son péril, et ses larmes,
A mon cœur amoureux étoient de nouveaux charmes :
Donc, pour sauver ma vie ainsi que son honneur,
Et me mettre avec elle au comble du bonheur,
Je changeai d'un seul mot la tempête en bonace,
Et fis ce que tout autre auroit fait à ma place.
Choisissez maintenant de me voir ou mourir,
Ou posséder un bien qu'on ne peut trop chérir.

GÉRONTE.

Non, non, je ne suis pas si mauvais que tu penses,
Et trouve en ton malheur de telles circonstances,
Que mon amour t'excuse ; et mon esprit touché
Te blâme seulement de l'avoir trop caché.

DORANTE.

Le peu de bien qu'elle a me faisoit vous le taire.

GÉRONTE.

Je prends peu garde au bien, afin d'être bon père.
Elle est belle, elle est sage, elle sort de bon lieu,
Tu l'aimes, elle t'aime ; il me suffit. Adieu :
Je vais me dégager du père de Clarice.

SCÈNE VI.

DORANTE, CLITON.

DORANTE.

Que dis-tu de l'histoire, et de mon artifice ?
Le bon-homme en tient-il ? m'en suis-je bien tiré ?
Quelque sot en ma place y seroit demeuré ;
Il eût perdu le temps à gémir et se plaindre,
Et, malgré son amour, se fût laissé contraindre.
O l'utile secret que mentir à propos !

CLITON.

Quoi ! ce que vous disiez n'est pas vrai ?

DORANTE.

Pas deux mots :
Et tu ne viens d'ouïr qu'un trait de gentillesse
Pour conserver mon âme et mon cœur à Lucrèce.

CLITON.

Quoi ! la montre, l'épée, avec le pistolet...

DORANTE.

Industrie.

CLITON.

Obligez, monsieur, votre valet.
Quand vous voudrez jouer de ces grands coups de maître,
Donnez-lui quelque signe à les pouvoir connoître ;
Quoique bien averti, j'étois dans le panneau.

DORANTE.

Va, n'appréhende pas d'y tomber de nouveau ;
Tu seras de mon cœur l'unique secrétaire,
Et de tous mes secrets le seul dépositaire.

CLITON.

Avec ces qualités j'ose bien espérer
Qu'assez malaisément je pourrai m'en parer.
Mais parlons de vos feux. Certes, cette maîtresse...

SCÈNE VII.

DORANTE, CLITON, SABINE.

SABINE.

Lisez ceci, monsieur.

DORANTE.
D'où vient-il?

SABINE.
De Lucrèce.

DORANTE, après avoir lu.

Dis-lui que j'y viendrai.
(Sabine rentre, et Dorante continue.)
Doute encore, Cliton,
A laquelle des deux appartient ce beau nom !
Lucrèce sent sa part des feux qu'elle fait naître,
Et me veut cette nuit parler par sa fenêtre.
Dis encor que c'est l'autre, ou que tu n'es qu'un sot.
Qu'auroit l'autre à m'écrire, à qui je n'ai dit mot?

CLITON.

Monsieur, pour ce sujet n'ayons point de querelle;
Cette nuit, à la voix, vous saurez si c'est elle.

DORANTE.

Coule-toi là-dedans ; et de quelqu'un des siens
Sache subtilement sa famille et ses biens.

SCÈNE VIII.

DORANTE, LYCAS.

LYCAS, *lui présentant un billet.*
Monsieur....

DORANTE.
Autre billet !
(Après avoir lu tout bas le billet.)
J'ignore quelle offense
Peut d'Alcippe avec moi rompre l'intelligence ;
Mais n'importe, dis-lui que j'irai volontiers.
Je te suis.

SCÈNE IX.

DORANTE.

Je revins hier au soir de Poitiers ;
D'aujourd'hui seulement je produis mon visage,
Et j'ai déjà querelle, amour, et mariage.
Pour un commencement ce n'est point mal trouvé.
Vienne encore un procès, et je suis achevé.
Se charge qui voudra d'affaires plus pressantes,
Plus en nombre à la fois, et plus embarrassantes,
Je pardonne à qui mieux s'en pourra démêler.
Mais allons voir celui qui m'ose quereller.

FIN DU SECOND ACTE.

ACTE TROISIÈME.

SCÈNE I.ère

DORANTE, ALCIPPE, PHILISTE.

PHILISTE.

Oui, vous faisiez tous deux en hommes de courage,
Et n'aviez l'un ni l'autre aucun désavantage.
Je rends grâces au ciel de ce qu'il a permis
Que je sois survenu pour vous refaire amis,
Et que, la chose égale, ainsi je vous sépare :
Mon heur en est extrême, et l'aventure rare.

DORANTE.

L'aventure est encor bien plus rare pour moi,
Qui lui faisois raison sans avoir su de quoi.
Mais, Alcippe, à présent tirez-moi hors de peine.
Quel sujet aviez-vous de colère ou de haine?
Quelque mauvais rapport m'auroit-il pu noircir?
Dites; que devant lui je vous puisse éclaircir.

ALCIPPE.
Vous le savez assez.

DORANTE.
Plus je me considère,
Moins je découvre en moi ce qui peut vous déplaire.

ACTE III, SCÈNE I.

ALCIPPE.

Eh bien, puisqu'il vous faut parler plus clairement,
Depuis plus de deux ans j'aime secrètement;
Mon affaire est d'accord, et la chose vaut faite :
Mais pour quelque raison nous la tenons secrète.
Cependant à l'objet qui me tient sous sa loi,
Et qui, sans me trahir, ne peut être qu'à moi,
Vous avez donné bal, collation, musique;
Et vous n'ignorez pas combien cela me pique,
Puisque, pour me jouer un si sensible tour,
Vous m'avez à dessein caché votre retour,
Et n'avez aujourd'hui quitté votre embuscade
Qu'afin de m'en conter l'histoire par bravade.
Ce procédé m'étonne, et j'ai lieu de penser
Que vous n'avez rien fait qu'afin de m'offenser.

DORANTE.

Si vous pouviez encor douter de mon courage,
Je ne vous guérirois ni d'erreur ni d'ombrage,
Et nous nous reverrions si nous étions rivaux;
Mais comme vous savez tous deux ce que je vaux,
Ecoutez en deux mots l'histoire démêlée :
Celle que cette nuit sur l'eau j'ai régalée
N'a pu vous donner lieu de devenir jaloux,
Car elle est mariée, et ne peut être à vous;
Depuis peu pour affaire elle est ici venue,
Et je ne pense pas qu'elle vous soit connue.

ALCIPPE.

Je suis ravi, Dorante, en cette occasion,
De voir finir sitôt notre division.

DORANTE.

Alcippe, une autre fois donnez moins de croyance
Aux premiers mouvements de votre défiance;
Jusqu'à mieux savoir tout sachez vous retenir,
Et ne commencez plus par où l'on doit finir.
Adieu; je suis à vous.

SCÈNE II.
ALCIPPE, PHILISTE.

PHILISTE.

Ce cœur encore soupire!

ALCIPPE.

Hélas! je sors d'un mal pour tomber dans un pire.
Cette collation, qui l'aura pu donner?
A qui puis-je m'en prendre? et que m'imaginer?

PHILISTE.

Que l'ardeur de Clarice est égale à vos flammes. 1
Cette galanterie étoit pour d'autres dames.
L'erreur de votre page a causé votre ennui;
S'étant trompé lui-même, il vous trompe après lui.
J'ai su tout de lui-même, et des gens de Lucrèce.
Il avoit vu chez elle entrer votre maîtresse;
Mais il n'avoit pas vu qu'Hippolyte et Daphné,
Ce jour-là, par hasard, chez elle avoient dîné.
Il les en voit sortir, mais à coiffe abattue,
Et sans les approcher il suit de rue en rue;
Aux couleurs, au carrosse, il ne doute de rien;
Tout étoit à Lucrèce, et le dupe si bien,
Que, prenant ces beautés pour Lucrèce et Clarice,
Il rend à votre amour un très-mauvais service.

Il les voit donc aller jusques au bord de l'eau,
Descendre de carrosse, entrer dans un bateau;
Il voit porter des plats, entend quelque musique,
A ce que l'on m'a dit, assez mélancolique.
Mais cessez d'en avoir l'esprit inquiété,
Car enfin le carrosse avoit été prêté :
L'avis se trouve faux, et ces deux autres belles
Avoient en plein repos passé la nuit chez elles.

ALCIPPE.

Quel malheur est le mien ! Ainsi donc sans sujet
J'ai fait ce grand vacarme à ce charmant objet !

PHILISTE.

Je ferai votre paix. Mais sachez autre chose.
Celui qui de ce trouble est la seconde cause,
Dorante, qui tantôt nous en a tant conté
De son festin superbe et sur l'heure apprêté,
Lui qui, depuis un mois, nous cachant sa venue,
La nuit, incognito, visite une inconnue,
Il vint hier de Poitiers, et, sans faire aucun bruit,²
Chez lui paisiblement a dormi toute nuit.

ALCIPPE.

Quoi ! sa collation....

PHILISTE.

     N'est rien qu'un pur mensonge ; ³
Ou bien, s'il l'a donnée, il l'a donnée en songe.

ALCIPPE.

Dorante en ce combat si peu prémédité
M'a fait voir trop de cœur pour tant de lâcheté.
La valeur n'apprend point la fourbe en son école ;
Tout homme de courage est homme de parole ;

A des vices si bas il ne peut consentir,
Et fuit plus que la mort la honte de mentir.
Cela n'est point.

PHILISTE.

Dorante, à ce que je présume,
Est vaillant par nature, et menteur par coutume.
Ayez sur ce sujet moins d'incrédulité :
Et vous-même admirez notre simplicité.
A nous laisser duper nous sommes bien novices ; 4
Une collation servie à six services,
Quatre concerts entiers, tant de plats, tant de feux,
Tout cela cependant prêt en une heure ou deux,
Comme si l'appareil d'une telle cuisine
Fût descendu du ciel dedans quelque machine :
Quiconque le peut croire ainsi que vous et moi, 5
S'il a manqué de sens, n'a pas manqué de foi.
Pour moi, je voyois bien que tout ce badinage
Répondoit assez mal aux remarques du page.
Mais vous ?

ALCIPPE.

La jalousie aveugle un cœur atteint,
Et sans examiner croit tout ce qu'elle craint.
Mais laissons là Dorante avecque son audace ;
Allons trouver Clarice, et lui demander grâce :
Elle pouvoit tantôt m'entendre sans rougir.

PHILISTE.

Attendez à demain, et me laissez agir ;
Je veux par ce récit vous préparer la voie,
Dissiper sa colère, et lui rendre sa joie.

Ne vous exposez point, pour gagner un moment,
Aux premières chaleurs de son ressentiment.

ALCIPPE.

Si du jour qui s'enfuit la lumière est fidèle,
Je pense l'entrevoir avec son Isabelle.
Je suivrai tes conseils, et fuirai son courroux
Jusqu'à ce qu'elle ait ri de m'avoir vu jaloux.

SCÈNE III.[1]

CLARICE, ISABELLE.

CLARICE.

Isabelle, il est temps; allons trouver Lucrèce.

ISABELLE.

Il n'est pas encor tard, et rien ne vous en presse.
Vous avez un pouvoir bien grand sur son esprit;
A peine ai-je parlé, qu'elle a sur l'heure écrit.

CLARICE.

Clarice à la servir ne seroit pas moins prompte.
Mais dis, par sa fenêtre as-tu bien vu Géronte?
Et sais-tu que ce fils qu'il m'avoit tant vanté
Est ce même inconnu qui m'en a tant conté?

ISABELLE.

A Lucrèce avec moi je l'ai fait reconnoître;
Et sitôt que Géronte a voulu disparoître,
Le voyant resté seul avec un vieux valet,
Sabine à nos yeux même a rendu le billet.
Vous parlerez à lui.

CLARICE.

Qu'il est fourbe, Isabelle !

ISABELLE.

Eh bien, cette pratique est-elle si nouvelle ?
Dorante est-il le seul qui, de jeune écolier,
Pour être mieux reçu s'érige en cavalier ?
Que j'en sais comme lui qui parlent d'Allemagne,
Et, si l'on veut les croire, ont vu chaque campagne,
Sur chaque occasion tranchent des entendus,
Content quelque défaite et des chevaux perdus,
Qui, dans une gazette apprenant ce langage,
S'ils sortent de Paris, ne vont qu'à leur village,
Et se donnent ici pour témoins approuvés
De tous ces grands combats qu'ils ont lus ou rêvés !
Il aura cru sans doute, ou je suis fort trompée,
Que les filles de cœur aiment les gens d'épée ;
Et, vous prenant pour telle, il a jugé soudain
Qu'une plume au chapeau vous plaît mieux qu'à la main.
Ainsi donc, pour vous plaire, il a voulu paroître,
Non pas pour ce qu'il est, mais pour ce qu'il veut être,
Et s'est osé promettre un traitement plus doux
Dans la condition qu'il veut prendre pour vous.

CLARICE.

En matière de fourbe, il est maître, il y pipe ; 2
Après m'avoir dupée, il dupe encore Alcippe.
Ce malheureux jaloux s'est blessé le cerveau
D'un festin qu'hier au soir il m'a donné sur l'eau.
Juge un peu si la pièce a la moindre apparence.
Alcippe cependant m'accuse d'inconstance,

ACTE III, SCÈNE III.

Me fait une querelle où je ne comprends rien :
J'ai, dit-il, toute nuit souffert son entretien.
Il me parle de bal, de danse, de musique,
D'une collation superbe et magnifique,
Servie à tant de plats tant de fois redoublés,
Que j'en ai la cervelle et les esprits troublés.

ISABELLE.

Reconnoissez par-là que Dorante vous aime,
Et que dans son amour son adresse est extrême;
Il aura su qu'Alcippe étoit bien avec vous,
Et pour l'en éloigner il l'a rendu jaloux.
Soudain à cet effort il en a joint un autre;
Il a fait que son père est venu voir le vôtre.
Un amant peut-il mieux agir en un moment
Que de gagner un père et brouiller l'autre amant?
Votre père l'agrée, et le sien vous souhaite;
Il vous aime, il vous plaît : c'est une affaire faite.

CLARICE.

Elle est faite, de vrai, ce qu'elle se fera.

ISABELLE.

Quoi! votre cœur se change, et désobéira?

CLARICE.

Tu vas sortir de garde, et perdre tes mesures. [3]
Explique, si tu peux, encor ses impostures :
Il étoit marié sans que l'on en sût rien;
Et son père a repris sa parole du mien,
Fort triste de visage et fort confus dans l'âme.

ISABELLE.

Ah! je dis à mon tour : Qu'il est fourbe, madame!

C'est bien aimer la fourbe, et l'avoir bien en main,
Que de prendre plaisir à fourber sans dessein.
Car, pour moi, plus j'y songe, et moins je puis comprendre
Quel fruit auprès de vous il en ose prétendre.
Mais qu'allez-vous donc faire? et pourquoi lui parler?
Est-ce à dessein d'en rire, ou de le quereller?

CLARICE.

Je prendrai du plaisir du moins à le confondre.

ISABELLE.

J'en prendrois davantage à le laisser morfondre.

CLARICE.

Je veux l'entretenir par curiosité.
Mais j'entrevois quelqu'un dans cette obscurité;
Et si c'étoit lui-même, il pourroit me connoître :
Entrons donc chez Lucrèce; allons à sa fenêtre,
Puisque c'est sous son nom que je dois lui parler.
Mon jaloux, après tout, sera mon pis-aller.
Si sa mauvaise humeur déjà n'est apaisée,
Sachant ce que je sais, la chose est fort aisée.

SCÈNE IV. [1]

DORANTE, CLITON.

DORANTE.

Voici l'heure et le lieu que marque le billet.

CLITON.

J'ai su tout ce détail d'un ancien valet. [2]
Son père est de la robe, et n'a qu'elle de fille ;
Je vous ai dit son bien, son âge et sa famille.

Mais, monsieur, ce seroit pour me bien divertir,
Si, comme vous, Lucrèce excelloit à mentir.
Le divertissement seroit rare, ou je meure;
Et je voudrois qu'elle eût ce talent pour une heure ;
Qu'elle pût un moment vous piper en votre art,
Rendre conte pour conte, et martre pour renard :
D'un et d'autre côté j'en entendrois de bonnes.

DORANTE.

Le ciel fait cette grâce à fort peu de personnes :
Il y faut promptitude, esprit, mémoire, soins,
Ne se brouiller jamais, et rougir encor moins.
Mais la fenêtre s'ouvre, approchons.

SCÈNE V.[1]

CLARICE, LUCRÈCE, ISABELLE, à la fenêtre ;
DORANTE, CLITON, en bas.

CLARICE, à Isabelle.
Isabelle,
Durant notre entretien, demeure en sentinelle.

ISABELLE.

Lorsque votre vieillard sera prêt à sortir,
Je ne manquerai pas de vous en avertir.
(Isabelle descend de la fenêtre, et ne se montre plus.)

LUCRÈCE, à Clarice.

Il conte assez au long ton histoire à mon père.
Mais parle sous mon nom ; c'est à moi de me taire.

CLARICE.
Êtes-vous là, Dorante ?

DORANTE.

Oui, madame; c'est moi
Qui veux vivre et mourir sous votre seule loi.

LUCRÈCE, bas, à Clarice.

Sa fleurette pour toi prend encor même style.

CLARICE, à Lucrèce.

Il devroit s'épargner cette gêne inutile.
Mais m'auroit-il déjà reconnue à la voix?

CLITON, bas, à Dorante.

C'est elle; et je me rends, monsieur, à cette fois.

DORANTE, à Clarice.

Oui, c'est moi qui voudrois effacer de ma vie
Les jours que j'ai vécu sans vous avoir servie.
Que vivre sans vous voir est un sort rigoureux!
C'est ou ne vivre point, ou vivre malheureux;
C'est une longue mort; et, pour moi, je confesse
Que pour vivre il faut être esclave de Lucrèce.

CLARICE, bas, à Lucrèce.

Chère amie, il en conte à chacune à son tour. [2]

LUCRÈCE, bas, à Clarice.

Il aime à promener sa fourbe et son amour.

DORANTE.

A vos commandements j'apporte donc ma vie;
Trop heureux si pour vous elle m'étoit ravie!
Disposez-en, madame, et me dites en quoi
Vous avez résolu de vous servir de moi.

CLARICE.

Je vous voulois tantôt proposer quelque chose;
Mais il n'est plus besoin que je vous la propose,
Car elle est impossible.

ACTE III, SCÈNE V.

DORANTE.

      Impossible ! Ah ! pour vous
Je pourrai tout, madame, en tous lieux, contre tous.

CLARICE.

Jusqu'à vous marier quand je sais que vous l'êtes ?

DORANTE.

Moi, marié ! ce sont pièces qu'on vous a faites ;
Quiconque vous l'a dit s'est voulu divertir.

CLARICE, bas, à Lucrèce.

Est-il un plus grand fourbe ?

LUCRÈCE, bas, à Clarice.

       Il ne sait que mentir.

DORANTE.

Je ne le fus jamais ; et si, par cette voie,
On pense....

CLARICE.

   Et vous pensez encor que je vous croie ?

DORANTE.

Que le foudre à vos yeux m'écrase si je mens !

CLARICE.

Un menteur est toujours prodigue de serments.

DORANTE.

Non, si vous avez eu pour moi quelque pensée
Qui sur ce faux rapport puisse être balancée,
Cessez d'être en balance et de vous défier
De ce qu'il m'est aisé de vous justifier.

CLARICE, à Lucrèce.

On diroit qu'il dit vrai, tant son effronterie
Avec naïveté pousse une menterie.

DORANTE.

Pour vous ôter de doute, agréez que demain
En qualité d'époux je vous donne la main.

CLARICE.

Hé! vous la donneriez en un jour à deux mille.

DORANTE.

Certes, vous m'allez mettre en crédit par la ville;
Mais en crédit si grand, que j'en crains les jaloux.

CLARICE.

C'est tout ce que mérite un homme tel que vous,
Un homme qui se dit un grand foudre de guerre,
Et n'en a vu qu'à coups d'écritoire ou de verre;
Qui vint hier de Poitiers, et conte, à son retour,
Que depuis une année il fait ici sa cour;
Qui donne toute nuit festin, musique, et danse,
Bien qu'il l'ait dans son lit passée en tout silence;
Qui se dit marié, puis soudain s'en dédit.
Sa méthode est jolie à se mettre en crédit!
Vous-même apprenez-moi comme il faut qu'on le nomme

CLITON, bas, à Dorante.

Si vous vous en tirez, je vous tiens habile homme.

DORANTE, bas, à Cliton.

Ne t'épouvante point, tout vient en sa saison.
(A Clarice.)
De ces inventions chacune a sa raison;
Sur toutes quelque jour je vous rendrai contente :
Mais à présent je passe à la plus importante.
J'ai donc feint cet hymen (pourquoi désavouer
Ce qui vous forcera vous-même à me louer?)

ACTE III, SCÈNE V.

Je l'ai feint; et ma feinte à vos mépris m'expose.
Mais si de ces détours vous seule étiez la cause?

CLARICE.

Moi?

DORANTE.

Vous. Écoutez-moi. Ne pouvant consentir...

CLITON, bas, à Dorante.

De grâce, dites-moi si vous allez mentir.

DORANTE, bas, à Cliton.

Ah! je t'arracherai cette langue importune.
(A Clarice.)
Donc, comme à vous servir j'attache ma fortune,
L'amour que j'ai pour vous ne pouvant consentir
Qu'un père à d'autres lois voulût m'assujettir...

CLARICE, bas, à Lucrèce.

Il fait pièce nouvelle, écoutons.

DORANTE.

Cette adresse
A conservé mon âme à la belle Lucrèce;
Et, par ce mariage au besoin inventé,
J'ai su rompre celui qu'on m'avoit apprêté.
Blâmez-moi de tomber en des fautes si lourdes,
Appelez-moi grand fourbe, et grand donneur de bourdes; 3
Mais louez-moi du moins d'aimer si puissamment,
Et joignez à ces noms celui de votre amant.
Je fais par cet hymen banqueroute à tous autres;
J'évite tous leurs fers pour mourir dans les vôtres;
Et, libre pour entrer en des liens si doux,
Je me fais marié pour toute autre que vous.

CLARICE.

Votre flamme en naissant a trop de violence,
Et me laisse toujours en juste défiance.
Le moyen que mes yeux eussent de tels appas
Pour qui m'a si peu vue et ne me connoît pas?

DORANTE.

Je ne vous connois pas! Vous n'avez plus de mère;
Périandre est le nom de monsieur votre père;
Il est homme de robe, adroit et retenu;
Dix mille écus de rente en font le revenu;
Vous perdîtes un frère aux guerres d'Italie;
Vous aviez une sœur qui s'appeloit Julie.
Vous connois-je à présent? dites encor que non.

CLARICE, bas, à Lucrèce.

Cousine, il te connoît, et t'en veut tout de bon.

LUCRÈCE, en elle-même.

Plût à Dieu!

CLARICE, bas, à Lucrèce.

Découvrons le fond de l'artifice.

(A Dorante.)

J'avois voulu tantôt vous parler de Clarice,
Quelqu'un de vos amis m'en est venu prier.
Dites-moi, seriez-vous pour elle à marier?

DORANTE.

Par cette question n'éprouvez plus ma flamme.
Je vous ai trop fait voir jusqu'au fond de mon âme;
Et vous ne pouvez plus désormais ignorer
Que j'ai feint cet hymen afin de m'en parer.
Je n'ai ni feux ni vœux que pour votre service,
Et ne puis plus avoir que mépris pour Clarice.

ACTE III, SCÈNE V.

CLARICE.

Vous êtes, à vrai dire, un peu bien dégoûté ;
Clarice est de maison, et n'est pas sans beauté :
Si Lucrèce à vos yeux paroît un peu plus belle,
De bien mieux faits que vous se contenteroient d'elle.

DORANTE.

Oui, mais un grand défaut ternit tous ses appas.

CLARICE.

Quel est-il ce défaut ?

DORANTE.

Elle ne me plaît pas ;
Et, plutôt que l'hymen avec elle me lie,
Je serai marié, si l'on veut, en Turquie.

CLARICE.

Aujourd'hui cependant on m'a dit qu'en plein jour
Vous lui serriez la main, et lui parliez d'amour.

DORANTE.

Quelqu'un auprès de vous m'a fait cette imposture.

CLARICE, bas, à Lucrèce.

Écoutez l'imposteur ; c'est hasard s'il n'en jure.

DORANTE.

Que du ciel....

CLARICE, bas, à Lucrèce.

L'ai-je dit ?

DORANTE.

J'éprouve le courroux,
Si j'ai parlé, Lucrèce, à personne qu'à vous !

CLARICE.

Je ne puis plus souffrir une telle impudence,
Après ce que j'ai vu moi-même en ma présence :

Vous couchez d'imposture, et vous osez jurer,
Comme si je pouvois vous croire, ou l'endurer !
Adieu : retirez-vous ; et croyez, je vous prie,
Que souvent je m'égaie ainsi par raillerie,
Et que, pour me donner des passe-temps si doux,
J'ai donné cette baie à bien d'autres qu'à vous.

SCÈNE VI.

DORANTE, CLITON.

CLITON.

Eh bien, vous le voyez ; l'histoire est découverte.

DORANTE.

Ah ! Cliton, je me trouve à deux doigts de ma perte.

CLITON.

Vous en aurez sans doute un plus heureux succès,
Et vous avez gagné chez elle un grand accès.
Mais je suis ce fâcheux qui nuis par ma présence,
Et vous fais sous ces mots être d'intelligence.

DORANTE.

Peut-être : qu'en crois-tu ?

CLITON.

Le peut-être est gaillard.

DORANTE.

Penses-tu qu'après tout j'en quitte encor ma part,
Et tienne tout perdu pour un peu de traverse ?

CLITON.

Si jamais cette part tomboit dans le commerce,
Et qu'il vous vînt marchand pour ce trésor caché,
Je vous conseillerois d'en faire bon marché.

ACTE III, SCÈNE VI.

DORANTE.

Mais pourquoi si peu croire un feu si véritable ?

CLITON.

A chaque bout de champ vous mentez comme un diable.

DORANTE.

Je disois vérité.

CLITON.

Quand un menteur la dit, [1]
En passant par sa bouche, elle perd son crédit.

DORANTE.

Il faut donc essayer si par quelque autre bouche
Elle pourra trouver un accueil moins farouche.
Allons sur le chevet rêver quelque moyen [2]
D'avoir de l'incrédule un plus doux entretien.
Souvent leur belle humeur suit le cours de la lune;
Telle rend des mépris, qui veut qu'on l'importune.
Mais, de quelques effets que les siens soient suivis,
Il sera demain jour, et la nuit porte avis. [3]

FIN DU TROISIÈME ACTE.

ACTE QUATRIÈME.

SCÈNE I.ère

DORANTE, CLITON.

CLITON.

Mais, monsieur, pensez-vous qu'il soit jour chez Lucrèce
Pour sortir si matin elle a trop de paresse.

DORANTE.

On trouve bien souvent plus qu'on ne croit trouver;
Et ce lieu pour ma flamme est plus propre à rêver :
J'en puis voir sa fenêtre, et de sa chère idée
Mon âme à cet aspect sera mieux possédée.

CLITON.

A propos de rêver, n'avez-vous rien trouvé
Pour servir de remède au désordre arrivé ?

DORANTE.

Je me suis souvenu d'un secret que toi-même ²
Me donnois hier pour grand, pour rare, pour suprême.
Un amant obtient tout quand il est libéral.

CLITON.

Le secret est fort beau, mais vous l'appliquez mal :
Il ne fait réussir qu'auprès d'une coquette.

DORANTE.

Je sais ce qu'est Lucrèce; elle est sage et discrète; ³

ACTE IV, SCÈNE I.

A lui faire présent mes efforts seroient vains; 4
Elle a le cœur trop bon, mais ses gens ont des mains;
Et, quoique sur ce point elle les désavoue,
Avec un tel secret leur langue se dénoue :
Ils parlent, et souvent on les daigne écouter.
A tel prix que ce soit il m'en faut acheter.
Si celle-ci venoit qui m'a rendu sa lettre, 5
Après ce qu'elle a fait, j'ose tout m'en promettre,
Et ce sera hasard si sans beaucoup d'effort
Je ne trouve moyen de lui payer le port.

CLITON.

Certes, vous dites vrai; j'en juge par moi-même :
Ce n'est point mon humeur de refuser qui m'aime;
Et comme c'est m'aimer que me faire présent,
Je suis toujours alors d'un esprit complaisant.

DORANTE.

Il est beaucoup d'humeurs pareilles à la tienne.

CLITON.

Mais, monsieur, attendant que Sabine survienne, 6
Et que sur son esprit vos dons fassent vertu,
Il court quelque bruit sourd qu'Alcippe s'est battu.

DORANTE.

Contre qui?

CLITON.

L'on ne sait : mais ce confus murmure
D'un air pareil au vôtre à-peu-près le figure ;
Et, si de tout le jour je vous avois quitté,
Je vous soupçonnerois de cette nouveauté.

DORANTE.

Tu ne me quittas point pour entrer chez Lucrèce?

CLITON.

Ah! monsieur, m'auriez-vous joué ce tour d'adresse?

DORANTE.

Nous nous battîmes hier, et j'avois fait serment
De ne parler jamais de cet événement;
Mais à toi, de mon cœur l'unique secrétaire,
A toi, de mes secrets le grand dépositaire,
Je ne célerai rien, puisque je l'ai promis.
Depuis cinq ou six mois nous étions ennemis :
Il passa par Poitiers, où nous prîmes querelle;
Et comme on nous fit lors une paix telle quelle,
Nous sûmes l'un à l'autre en secret protester
Qu'à la première vue il en faudroit tâter.
Hier nous nous rencontrons; cette ardeur se réveille,
Fait de notre embrassade un appel à l'oreille;
Je me défais de toi, j'y cours, je le rejoins,
Nous vidons sur le pré l'affaire sans témoins;
Et, le perçant à jour de deux coups d'estocade,
Je le mets hors d'état d'être jamais malade :
Il tombe dans son sang.

CLITON.

A ce compte, il est mort?

DORANTE.

Je le laissai pour tel.

CLITON.

Certes, je plains son sort :
Il étoit honnête homme; et le ciel ne déploie....

SCÈNE II.

DORANTE, ALCIPPE, CLITON.

ALCIPPE.

Je te veux, cher ami, faire part de ma joie ;
Je suis heureux : mon père...

DORANTE.

Eh bien ?

ALCIPPE.

Vient d'arriver.

CLITON, à Dorante.

Cette place pour vous est commode à rêver.

DORANTE.

Ta joie est peu commune ; et pour revoir un père
Un homme tel que nous ne se réjouit guère.

ALCIPPE.

Un esprit que la joie entièrement saisit
Présume qu'on l'entend au moindre mot qu'il dit.
Sache donc que je touche à l'heureuse journée
Qui doit avec Clarice unir ma destinée :
On attendoit mon père afin de tout signer.

DORANTE.

C'est ce que mon esprit ne pouvoit deviner ;
Mais je m'en réjouis. Tu vas entrer chez elle ?

ALCIPPE.

Oui, je lui vais porter cette heureuse nouvelle ;
Et je t'en ai voulu faire part en passant.

DORANTE.

Tu t'acquiers d'autant plus un cœur reconnoissant.

Enfin donc ton amour ne craint plus de disgrâce ?

ALCIPPE.

Cependant qu'au logis mon père se délasse,
J'ai voulu par devoir prendre l'heure du sien.

CLITON, bas, à Dorante.

Les gens que vous tuez se portent assez bien.

ALCIPPE.

Je n'ai de part ni d'autre aucune défiance.
Excuse d'un amant la juste impatience :
Adieu.

DORANTE.

Le ciel te donne un hymen sans souci !

SCÈNE III.

DORANTE, CLITON.

CLITON.

Il est mort! Quoi! monsieur, vous m'en donnez aussi,
A moi, de votre cœur l'unique secrétaire ;
A moi, de vos secrets le grand dépositaire !
Avec ces qualités j'avois lieu d'espérer [1]
Qu'assez malaisément je pourrois m'en parer.

DORANTE.

Quoi ! mon combat te semble un conte imaginaire ?

CLITON.

Je croirai tout, monsieur, pour ne vous pas déplaire ;
Mais vous en contez tant, à toute heure, en tous lieux,
Qu'il faut bien de l'esprit avec vous et bons yeux.

ACTE, IV SCÈNE III.

Maure, juif, ou chrétien, vous n'épargnez personne.

DORANTE.

Alcippe te surprend! sa guérison t'étonne!
L'état où je le mis étoit fort périlleux;
Mais il est à présent des secrets merveilleux.
Ne t'a-t-on point parlé d'une source de vie,
Que nomment nos guerriers *poudre de sympathie?*
On en voit tous les jours des effets étonnants.

CLITON.

Encor ne sont-ils pas du tout si surprenants;
Et je n'ai point appris qu'elle eût tant d'efficace,
Qu'un homme que pour mort on laisse sur la place,
Qu'on a de deux grands coups percé de part en part,
Soit dès le lendemain si frais et si gaillard.

DORANTE.

La poudre que tu dis n'est que de la commune;
On n'en fait plus de cas : mais, Cliton, j'en sais une
Qui rappelle sitôt des portes du trépas,
Qu'en moins d'un tourne-main on ne s'en souvient pas:
Quiconque la sait faire a de grands avantages.

CLITON.

Donnez-m'en le secret, et je vous sers sans gages.

DORANTE.

Je te le donnerois, et tu serois heureux;
Mais le secret consiste en quelques mots hébreux,
Qui tous à prononcer sont si fort difficiles,
Que ce seroient pour toi des trésors inutiles.

CLITON.

Vous savez donc l'hébreu?

DORANTE.

L'hébreu ? parfaitement.
J'ai dix langues, Cliton, à mon commandement.

CLITON.

Vous auriez bien besoin de dix des mieux nourries,
Pour fournir tour à tour à tant de menteries ;
Vous les hachez menu comme chair à pâtés. 3
Vous avez tout le corps bien plein de vérités ;
Il n'en sort jamais une.

DORANTE.

Ah ! cervelle ignorante !...
Mais mon père survient.

SCÈNE IV.

GÉRONTE, DORANTE, CLITON.

GÉRONTE.

Je vous cherchois, Dorante.

DORANTE, à part.

Je ne vous cherchois pas, moi. Que mal-à-propos [1]
Son abord importun vient troubler mon repos !
Et qu'un père incommode un homme de mon âge !

GÉRONTE.

Vu l'étroite union qui fait le mariage,
J'estime qu'en effet c'est n'y consentir point
Que laisser désunis ceux que le ciel a joint.
La raison le défend, et je sens dans mon âme
Un violent désir de voir ici ta femme.
J'écris donc à son père ; écris-lui comme moi :
Je lui mande qu'après ce que j'ai su de toi

ACTE IV, SCÈNE IV.

Je me tiens trop heureux qu'une si belle fille,
Si sage, et si bien née, entre dans ma famille.
J'ajoute à ce discours, que je brûle de voir
Celle qui de mes ans devient l'unique espoir;
Que pour me l'amener tu t'en vas en personne :
Car enfin il le faut, et le devoir l'ordonne ;
N'envoyer qu'un valet sentiroit le mépris.

DORANTE.

De vos civilités il sera bien surpris;
Et pour moi je suis prêt : mais je perdrai ma peine ;
Il ne souffrira pas encor qu'on vous l'amène ;
Elle est grosse.

GÉRONTE.

Elle est grosse !

DORANTE.

Et de plus de six mois.

GÉRONTE.

Que de ravissements je sens à cette fois !

DORANTE.

Vous ne voudriez pas hasarder sa grossesse?

GÉRONTE.

Non ; j'aurai patience autant que d'allégresse ;
Pour hasarder ce gage il m'est trop précieux.
A ce coup ma prière a pénétré les cieux.
Je pense en la voyant que je mourrai de joie.
Adieu. Je vais changer la lettre que j'envoie,
En écrire à son père un nouveau compliment,
Le prier d'avoir soin de son accouchement,

Comme du seul espoir où mon bonheur se fonde.

DORANTE, bas, à Cliton.

Le bon-homme s'en va le plus content du monde.

GÉRONTE, se retournant.

Écris-lui comme moi.

DORANTE.

(A Cliton.)   Je n'y manquerai pas.
Qu'il est bon !

CLITON.

Taisez-vous ; il revient sur ses pas.

GÉRONTE.

Il ne me souvient plus du nom de ton beau-père :
Comment s'appelle-t-il ?

DORANTE.

Il n'est pas nécessaire ;
Sans que vous vous donniez ces soucis superflus,
En fermant le paquet j'écrirai le dessus.

GÉRONTE.

Étant tout d'une main il sera plus honnête.

DORANTE, à part, le premier vers.

Ne lui pourrai-je ôter ce souci de la tête ?
Votre main ou la mienne, il n'importe des deux.

GÉRONTE.

Ces nobles de province y sont un peu fâcheux.

DORANTE.

Son père sait la cour.

GÉRONTE.

Ne me fais plus attendre ;
Dis-moi....

DORANTE, à part.
Que lui dirai-je?
GÉRONTE.
Il s'appelle?
DORANTE.
Pyrandre.
GÉRONTE.
Pyrandre! tu m'as dit tantôt un autre nom;
C'étoit, je m'en souviens...; oui, c'étoit Armédon.
DORANTE.
Oui, c'est là son nom propre, et l'autre d'une terre;
Il portoit ce dernier quand il fut à la guerre,
Et se sert si souvent de l'un et l'autre nom,
Que tantôt c'est Pyrandre, et tantôt Armédon.
GÉRONTE.
C'est un abus commun qu'autorise l'usage,
Et j'en usois ainsi du temps de mon jeune âge.
Adieu : je vais écrire.

SCÈNE V.[1]

DORANTE, CLITON.

DORANTE.
Enfin, j'en suis sorti.
CLITON.
Il faut bonne mémoire après qu'on a menti.
DORANTE.
L'esprit a secouru le défaut de mémoire.
CLITON.
Mais on éclaircira bientôt toute l'histoire.

LE MENTEUR.

Après ce mauvais pas où vous avez bronché,
Le reste encor long-temps ne peut être caché :
On le sait chez Lucrèce, et chez cette Clarice,
Qui, d'un mépris si grand piquée avec justice,
Dans son ressentiment prendra l'occasion
De vous couvrir de honte et de confusion.

DORANTE.

Ta crainte est bien fondée ; et, puisque le temps presse,
Il faut tâcher en hâte à m'engager Lucrèce.
Voici tout à propos ce que j'ai souhaité.

SCÈNE VI.[1]

DORANTE, CLITON, SABINE.

DORANTE.

Chère amie, hier au soir j'étois si transporté,
Qu'en ce ravissement je ne pus me permettre
De bien penser à toi quand j'eus lu cette lettre :
Mais tu n'y perdras rien, et voici pour le port.

SABINE.

Ne croyez pas, monsieur....

DORANTE.

Tiens.

SABINE.

Vous me faites tort :
Je ne suis pas de....

DORANTE.

Prends.

SABINE.

Hé ! monsieur...

DORANTE.

Prends, te dis-je :
Je ne suis point ingrat alors que l'on m'oblige.
Dépêche ; tends la main.

CLITON.

Qu'elle y fait de façons !
Je lui veux, par pitié, donner quelques leçons.
Chère amie, entre nous, toutes tes révérences
En ces occasions ne sont qu'impertinences :
Si ce n'est assez d'une, ouvre toutes les deux :
Le métier que tu fais ne veut point de honteux.
Sans te piquer d'honneur, crois qu'il n'est que de prendre,
Et que tenir vaut mieux mille fois que d'attendre.
Cette pluie est fort douce ; et, quand j'en vois pleuvoir,
J'ouvrirois jusqu'au cœur pour la mieux recevoir.
On prend à toutes mains dans le siècle ou nous sommes ; [2]
Et refuser n'est plus le vice des grands hommes.
Retiens bien ma doctrine ; et, pour faire amitié,
Si tu veux, avec toi je serai de moitié.

SABINE.

Cet article est de trop.

DORANTE.

Vois-tu, je me propose
De faire avec le temps pour toi toute autre chose.
Mais comme j'ai reçu cette lettre de toi,
En voudrois-tu donner la réponse pour moi ?

SABINE.

Je la donnerai bien ; mais je n'ose vous dire
Que ma maîtresse daigne ou la prendre, ou la lire :
J'y ferai mon effort.

####### CLITON.

Voyez, elle se rend
Plus douce qu'une épouse, et plus souple qu'un gant.

####### DORANTE.

(Bas, à Cliton.)　　(Haut, à Sabine.)
Le secret a joué. Présente-la, n'importe :
Elle n'a pas pour moi d'aversion si forte.
Je reviens dans une heure en apprendre l'effet.

####### SABINE.

Je vous conterai lors tout ce que j'aurai fait. 3

SCÈNE VII.

CLITON, SABINE.

####### CLITON.

Tu vois que les effets préviennent les paroles ;
C'est un homme qui fait litière de pistoles : 1
Mais comme auprès de lui je puis beaucoup pour toi...

####### SABINE.

Fais tomber de la pluie, et laisse faire à moi.

####### CLITON.

Tu viens d'entrer en goût.

####### SABINE.

Avec mes révérences
Je ne suis pas encor si dupe que tu penses.
Je sais bien mon métier ; et ma simplicité
Joue aussi bien son jeu que ton avidité.

####### CLITON.

Si tu sais ton métier, dis-moi quelle espérance
Doit obstiner mon maître à la persévérance.

Sera-t-elle insensible? en viendrons-nous à bout?

SABINE.

Puisqu'il est si brave hómme, il faut te dire tout.
Pour te désabuser, sache donc que Lucrèce
N'est rien moins qu'insensible à l'ardeur qui le presse;
Durant toute la nuit elle n'a point dormi;
Et, si je ne me trompe, elle l'aime à demi.

CLITON.

Mais sur quel privilége est-ce qu'elle se fonde,
Quand elle aime à demi, de maltraiter le monde?
Il n'en a cette nuit reçu que des mépris.
Chère amie, après tout, mon maître vaut son prix.
Ces amours à demi sont d'une étrange espèce;
Et, s'il vouloit me croire, il quitteroit Lucrèce.

SABINE.

Qu'il ne se hâte point; on l'aime assurément.

CLITON.

Mais on le lui témoigne un peu bien rudement;
Et je ne vis jamais de méthodes pareilles.

SABINE.

Elle tient, comme on dit, le loup par les oreilles; [2]
Elle l'aime, et son cœur n'y sauroit consentir,
Parce que d'ordinaire il ne fait que mentir.
Hier même elle le vit dedans les Tuileries,
Où tout ce qu'il conta n'étoit que menteries.
Il en a fait autant depuis à deux ou trois.

CLITON.

Les menteurs les plus grands disent vrai quelquefois.

SABINE.

Elle a lieu de douter, et d'être en défiance.

CLITON.

Qu'elle donne à ses feux un peu plus de croyance :
Il n'a fait toute nuit que soupirer d'ennui.

SABINE.

Peut-être que tu mens aussi bien comme lui ? 3

CLITON.

Je suis homme d'honneur ; tu me fais injustice.

SABINE.

Mais, dis-moi, sais-tu bien qu'il n'aime plus Clarice ?

CLITON.

Il ne l'aima jamais.

SABINE.

Pour certain ?

CLITON.

Pour certain.

SABINE.

Qu'il ne craigne donc plus de soupirer en vain.
Aussitôt que Lucrèce a pu le reconnoître,
Elle a voulu qu'exprès je me sois fait paroître,
Pour voir si par hasard il ne me diroit rien;
Et, s'il l'aime en effet, tout le reste ira bien.
Va-t'en; et, sans te mettre en peine de m'instruire,
Crois que je lui dirai tout ce qu'il lui faut dire.

CLITON.

Adieu; de ton côté si tu fais ton devoir,
Tu dois croire du mien que je ferai pleuvoir.

SABINE, seule.

Que je vais bientôt voir une fille contente!
Mais la voici déjà : qu'elle est impatiente!
Comme elle a les yeux fins, elle a vu le poulet.

SCÈNE VIII.

SABINE, LUCRÈCE.

LUCRÈCE.

EH BIEN, que t'ont conté le maître et le valet?

SABINE.

Le maître et le valet m'ont dit la même chose;
Le maître est tout à vous, et voici de sa prose.

LUCRÈCE, après avoir lu.

Dorante avec chaleur fait le passionné :
Mais le fourbe qu'il est nous en a trop donné,
Et je ne suis pas fille à croire ses paroles.

SABINE.

Je ne les crois non plus ; mais j'en crois ses pistoles.

LUCRÈCE.

Il t'a donc fait présent?

SABINE.

Voyez.

LUCRÈCE.

Et tu l'as pris?

SABINE.

Pour vous ôter du trouble où flottent vos esprits,
Et vous mieux témoigner ses flammes véritables,
J'en ai pris les témoins les plus indubitables;

Et je remets, madame, au jugement de tous
Si qui donne à vos gens est sans amour pour vous,
Et si ce traitement marque une âme commune.

LUCRÈCE.

Je ne m'oppose pas à ta bonne fortune;
Mais, comme en l'acceptant tu sors de ton devoir,
Du moins une autre fois ne m'en fais rien savoir.

SABINE.

Mais à ce libéral que pourrai-je promettre?

LUCRÈCE.

Dis-lui que, sans la voir, j'ai déchiré sa lettre.

SABINE.

O ma bonne fortune, où vous enfuyez-vous?

LUCRÈCE.

Mêles-y de ta part deux ou trois mots plus doux;
Conte-lui dextrement le naturel des femmes; [1]
Dis-lui qu'avec le temps on amollit leurs âmes;
Et l'avertis sur-tout des heures et des lieux
Où par rencontre il peut se montrer à mes yeux.
Parce qu'il est grand fourbe, il faut que je m'assure.

SABINE.

Ah! si vous connoissiez les peines qu'il endure,
Vous ne douteriez plus si son cœur est atteint:
Toute nuit il soupire, il gémit, il se plaint.

LUCRÈCE.

Pour apaiser les maux que cause cette plainte,
Donne-lui de l'espoir avec beaucoup de crainte;
Et sache entre les deux toujours le modérer,
Sans m'engager à lui, ni le désespérer.

SCÈNE IX.

CLARICE, LUCRÈCE, SABINE.

CLARICE.

Il t'en veut tout de bon, et m'en voilà défaite : [1]
Mais je souffre aisément la perte que j'ai faite ;
Alcippe la répare, et son père est ici.

LUCRÈCE.

Te voilà donc bientôt quitte d'un grand souci.

CLARICE.

M'en voilà bientôt quitte ; et toi, te voilà prête
A t'enrichir bientôt d'une étrange conquête.
Tu sais ce qu'il m'a dit.

SABINE.

S'il vous mentoit alors,
A présent il dit vrai ; j'en réponds corps pour corps.

CLARICE.

Peut-être qu'il le dit, mais c'est un grand peut-être.

LUCRÈCE.

Dorante est un grand fourbe, et nous l'a fait connoître ;
Mais s'il continuoit encore à m'en conter,
Peut-être avec le temps il me feroit douter.

CLARICE.

Si tu l'aimes, du moins, étant bien avertie, [2]
Prends bien garde à ton fait, et fais bien ta partie.

LUCRÈCE.

C'en est trop ; et tu dois seulement présumer
Que je penche à le croire, et non pas à l'aimer.

CLARICE.

De le croire à l'aimer la distance est petite :
Qui fait croire ses feux fait croire son mérite ;
Ces deux points en amour se suivent de si près,
Que qui se croit aimée aime bientôt après.

LUCRÈCE.

La curiosité souvent dans quelques âmes
Produit le même effet que produiroient des flammes.

CLARICE.

Je suis prête à le croire, afin de t'obliger.

SABINE.

Vous me feriez ici toutes deux enrager.
Voyez, qu'il est besoin de tout ce badinage !
Faites moins la sucrée, et changez de langage ;
Ou vous n'en casserez, ma foi, que d'une dent. 3

LUCRÈCE.

Laissons là cette folle ; et dis-moi cependant,
Quand nous le vîmes hier dedans les Tuileries, 4
Qu'il te conta d'abord tant de galanteries,
Il fut, ou je me trompe, assez bien écouté.
Etoit-ce amour alors, ou curiosité?

CLARICE.

Curiosité pure, avec dessein de rire
De tous les compliments qu'il auroit pu me dire.

LUCRÈCE.

Je fais de ce billet même chose à mon tour ;
Je l'ai pris, je l'ai lu, mais le tout sans amour :
Curiosité pure, avec dessein de rire
De tous les compliments qu'il auroit pu m'écrire.

ACTE IV, SCÈNE IX.

CLARICE.

Ce sont deux que de lire, et d'avoir écouté ;
L'un est grande faveur ; l'autre, civilité :
Mais trouves-y ton compte, et j'en serai ravie ;
En l'état où je suis, j'en parle sans envie.

LUCRÈCE.

Sabine lui dira que je l'ai déchiré.

CLARICE.

Nul avantage ainsi n'en peut être tiré.
Tu n'es que curieuse.

LUCRÈCE.

Ajoute, à ton exemple.

CLARICE.

Soit. Mais il est saison que nous allions au temple. 5

LUCRÈCE, à Clarice.

Allons.
(A Sabine.)
Si tu le vois, agis comme tu sais. 6

SABINE.

Ce n'est pas sur ce coup que je fais mes essais :
Je connois à tous deux où tient la maladie ;
Et le mal sera grand si je n'y remédie.
Mais sachez qu'il est homme à prendre sur le vert. 7

LUCRÈCE.

Je te croirai.

SABINE.

Mettons cette pluie à couvert.

FIN DU QUATRIÈME ACTE.

ACTE CINQUIÈME.

SCÈNE I.ère

GÉRONTE, PHILISTE.

GÉRONTE.

Je ne pouvois avoir rencontre plus heureuse
Pour satisfaire ici mon humeur curieuse.
Vous avez feuilleté le digeste à Poitiers,
Et vu, comme mon fils, les gens de ces quartiers :
Ainsi vous me pouvez facilement apprendre
Quelle est et la famille et le bien de Pyrandre.

PHILISTE.

Quel est-il ce Pyrandre?

GÉRONTE.

Un de leurs citoyens,
Noble, à ce qu'on m'a dit, mais un peu mal en biens.

PHILISTE.

Il n'est dans tout Poitiers bourgeois ni gentilhomme
Qui, si je m'en souviens, de la sorte se nomme.

GÉRONTE.

Vous le connoîtrez mieux peut-être à l'autre nom;
Ce Pyrandre s'appelle autrement Armédon.

PHILISTE.

Aussi peu l'un que l'autre.

GÉRONTE.
       Et le père d'Orphise,
Cette rare beauté qu'en ces lieux même on prise?
Vous connoissez le nom de cet objet charmant,
Qui fait de ces cantons le plus digne ornement?
PHILISTE.
Croyez que cette Orphise, Armédon, et Pyrandre,
Sont gens dont à Poitiers on ne peut rien apprendre.
S'il vous faut sur ce point encor quelque garant....
GÉRONTE.
En faveur de mon fils vous faites l'ignorant;
Mais je ne sais que trop qu'il aime cette Orphise,
Et qu'après les douceurs d'une longue hantise
On l'a seul dans sa chambre avec elle trouvé;
Que par son pistolet un désordre arrivé
L'a forcé sur-le-champ d'épouser cette belle.
Je sais tout; et, de plus, ma bonté paternelle
M'a fait y consentir; et votre esprit discret
N'a plus d'occasion de m'en faire un secret.
PHILISTE.
Quoi! Dorante a donc fait un secret mariage?
GÉRONTE.
Et, comme je suis bon, je pardonne à son âge.
PHILISTE.
Qui vous l'a dit?
GÉRONTE.
    Lui-même.
PHILISTE.
       Ah! puisqu'il vous l'a dit,
Il vous fera du reste un fidèle récit;

Il en sait, mieux que moi, toutes les circonstances :
Non qu'il vous faille en prendre aucunes défiances ;
Mais il a le talent de bien imaginer ;
Et moi, je n'eus jamais celui de deviner.

GÉRONTE.

Vous me feriez par-là soupçonner son histoire.

PHILISTE.

Non ; sa parole est sûre, et vous pouvez l'en croire :
Mais il nous servit hier d'une collation
Qui partoit d'un esprit de grande invention ;
Et, si ce mariage est de même méthode,
La pièce est fort complète et des plus à la mode.

GÉRONTE.

Prenez-vous du plaisir à me mettre en courroux ?

PHILISTE.

Ma foi, vous en tenez aussi bien comme nous ;
Et, pour vous en parler avec toute franchise,
Si vous n'avez jamais pour bru que cette Orphise,
Vos chers collatéraux s'en trouveront fort bien.
Vous m'entendez ? Adieu ; je ne vous dis plus rien.

SCÈNE II.

GÉRONTE.

O vieillesse facile ! ô jeunesse impudente !
O de mes cheveux gris honte trop évidente !
Est-il dessous le ciel père plus malheureux ?
Est-il affront plus grand pour un cœur généreux ?
Dorante n'est qu'un fourbe ; et cet ingrat que j'aime,
Après m'avoir fourbé, me fait fourber moi-même :

Et d'un discours en l'air, qu'il forge en imposteur,
Il me fait le trompette et le second auteur !
Comme si c'étoit peu pour mon reste de vie
De n'avoir à rougir que de son infamie,
L'infâme, se jouant de mon trop de bonté,
Me fait encor rougir de ma crédulité !

SCÈNE III.

GÉRONTE, DORANTE, CLITON.

GÉRONTE.

Êtes-vous gentilhomme ?[1]

DORANTE, à part.

Ah ! rencontre fâcheuse !
(Haut.)
Étant sorti de vous, la chose est peu douteuse.

GÉRONTE.

Croyez-vous qu'il suffit d'être sorti de moi ?

DORANTE.

Avec toute la France aisément je le croi.

GÉRONTE.

Et ne savez-vous pas avec toute la France
D'où ce titre d'honneur a tiré sa naissance,
Et que la vertu seule a mis en ce haut rang
Ceux qui l'ont jusqu'à moi fait passer dans leur sang ?

DORANTE.

J'ignorerois un point que n'ignore personne,
Que la vertu l'acquiert, comme le sang le donne.

GÉRONTE.

Ou le sang a manqué, si la vertu l'acquiert,
Ou le sang l'a donné, le vice aussi le perd.
Ce qui naît d'un moyen périt par son contraire ;
Tout ce que l'un a fait, l'autre peut le défaire ;
Et, dans la lâcheté du vice où je te voi,
Tu n'es plus gentilhomme, étant sorti de moi.

DORANTE.

Moi?

GÉRONTE.

Laisse-moi parler, toi de qui l'imposture
Souille honteusement ce don de la nature :
Qui se dit gentilhomme, et ment comme tu fais,
Il ment quand il le dit, et ne le fut jamais.
Est-il vice plus bas, est-il tache plus noire,
Plus indigne d'un homme élevé pour la gloire?
Est-il quelque foiblesse, est-il quelque action
Dont un cœur vraiment noble ait plus d'aversion,
Puisqu'un seul démenti lui porte une infamie
Qu'il ne peut effacer s'il n'expose sa vie,
Et si dedans le sang il ne lave l'affront
Qu'un si honteux outrage imprime sur son front?

DORANTE.

Qui vous dit que je mens?

GÉRONTE.

Qui me le dit, infâme?
Dis-moi, si tu le peux, dis le nom de ta femme.
Le conte qu'hier au soir tu m'en fis publier....

CLITON, bas, à Dorante.

Dites que le sommeil vous l'a fait oublier.

ACTE V, SCÈNE III.

GÉRONTE.

Ajoute, ajoute encore avec effronterie
Le nom de ton beau-père et de sa seigneurie;
Invente à m'éblouir quelques nouveaux détours.

CLITON, bas, à Dorante.

Appelez la mémoire ou l'esprit au secours.

GÉRONTE.

De quel front cependant faut-il que je confesse
Que ton effronterie a surpris ma vieillesse,
Qu'un homme de mon âge a cru légèrement
Ce qu'un homme du tien débite impudemment?
Tu me fais donc servir de fable et de risée,
Passer pour esprit foible, et pour cervelle usée!
Mais dis-moi, te portois-je à la gorge un poignard?
Voyois-tu violence ou courroux de ma part?
Si quelque aversion t'éloignoit de Clarice,
Quel besoin avois-tu d'un si lâche artifice?
Et pouvois-tu douter que mon consentement
Ne dût tout accorder à ton contentement,
Puisque mon indulgence, au dernier point venue,
Consentoit à tes yeux l'hymen d'une inconnue?
Ce grand excès d'amour que je t'ai témoigné
N'a point touché ton cœur, ou ne l'a point gagné!
Ingrat! tu m'as payé d'une impudente feinte,
Et tu n'as eu pour moi respect, amour, ni crainte!
Va, je te désavoue.

DORANTE.

Eh! mon père, écoutez.

GÉRONTE.

Quoi? des contes en l'air et sur l'heure inventés?

DORANTE.

Non, la vérité pure.

GÉRONTE.

En est-il dans ta bouche?

CLITON, bas, à Dorante.

Voici pour votre adresse une assez rude touche.

DORANTE.

Épris d'une beauté qu'à peine j'ai pu voir
Qu'elle a pris sur mon âme un absolu pouvoir,
De Lucrèce, en un mot.... vous la pouvez connoître.

GÉRONTE.

Dis vrai : je la connois, et ceux qui l'ont fait naître ;
Son père est mon ami.

DORANTE.

        Mon cœur en un moment
Étant de ses regards charmé si puissamment,
Le choix que vos bontés avoient fait de Clarice,
Sitôt que je le sus, me parut un supplice :
Mais comme j'ignorois si Lucrèce et son sort
Pouvoient avec le vôtre avoir quelque rapport,
Je n'osai pas encor vous découvrir la flamme
Que venoient ses beautés d'allumer dans mon âme ;
Et j'avois ignoré, monsieur, jusqu'à ce jour
Que l'adresse d'esprit fût un crime en amour.
Mais, si je vous osois demander quelque grâce,
A présent que je sais et son bien et sa race,
Je vous conjurerois, par les nœuds les plus doux
Dont l'amour et le sang puissent m'unir à vous,
De seconder mes vœux auprès de cette belle ;
Obtenez-la d'un père, et je l'obtiendrai d'elle.

ACTE V, SCÈNE III.

GÉRONTE.

Tu me fourbes encor.

DORANTE.

Si vous ne m'en croyez,
Croyez-en pour le moins Cliton que vous voyez;
Il sait tout mon secret.

GÉRONTE.

Tu ne meurs pas de honte
Qu'il faille que de lui je fasse plus de compte,
Et que ton père même, en doute de ta foi,
Donne plus de croyance à ton valet qu'à toi!
Écoute : je suis bon, et, malgré ma colère,
Je veux encore un coup montrer un cœur de père;
Je veux encore un coup pour toi me hasarder.
Je connois ta Lucrèce, et la vais demander :
Mais si de ton côté le moindre obstacle arrive....

DORANTE.

Pour vous mieux assurer, souffrez que je vous suive.

GÉRONTE.

Demeure ici, demeure, et ne suis point mes pas :
Je doute, je hasarde, et je ne te crois pas.
Mais sache que tantôt si pour cette Lucrèce
Tu fais la moindre fourbe, ou la moindre finesse,
Tu peux bien fuir mes yeux, et ne me voir jamais;
Autrement, souviens-toi du serment que je fais :
Je jure les rayons du jour qui nous éclaire
Que tu ne mourras point que de la main d'un père,
Et que ton sang indigne, à mes pieds répandu,
Rendra prompte justice à mon honneur perdu.

SCÈNE IV.

DORANTE, CLITON.

DORANTE.

Je crains peu les effets d'une telle menace.

CLITON.

Vous vous rendez trop tôt et de mauvaise grâce ;
Et cet esprit adroit, qui l'a dupé deux fois,
Devoit en galant homme aller jusques à trois :
Toutes tierces, dit-on, sont bonnes ou mauvaises. [1]

DORANTE.

Cliton, ne raille point, que tu ne me déplaises :
D'un trouble tout nouveau j'ai l'esprit agité.

CLITON.

N'est-ce point du remords d'avoir dit vérité ?
Si pourtant ce n'est point quelque nouvelle adresse;
Car je doute à présent si vous aimez Lucrèce, [2]
Et vous vois si fertile en semblables détours,
Que, quoi que vous disiez, je l'entends au rebours.

DORANTE.

Je l'aime ; et sur ce point ta défiance est vaine :
Mais je hasarde trop, et c'est ce qui me gêne.
Si son père et le mien ne tombent point d'accord,
Tout commerce est rompu, je fais naufrage au port.
Et d'ailleurs, quand l'affaire entre eux seroit conclue,
Suis-je sûr que la fille y soit bien résolue ?
J'ai tantôt vu passer cet objet si charmant :
Sa compagne, ou je meure, a beaucoup d'agrément.
Aujourd'hui que mes yeux l'ont mieux examinée,
De mon premier amour j'ai l'âme un peu gênée :

ACTE V, SCÈNE IV.

Mon cœur entre les deux est presque partagé ; 3
Et celle-ci l'auroit, s'il n'étoit engagé.

CLITON.

Mais pourquoi donc montrer une flamme si grande,
Et porter votre père à faire la demande ?

DORANTE.

Il ne m'auroit pas cru, si je ne l'avois fait.

CLITON.

Quoi ! même en disant vrai, vous mentiez en effet ? 4

DORANTE.

C'étoit le seul moyen d'apaiser sa colère.
Que maudit soit quiconque a détrompé mon père !
Avec ce faux hymen j'aurois eu le loisir
De consulter mon cœur, et je pourrois choisir.

CLITON.

Mais sa compagne enfin n'est autre que Clarice.

DORANTE.

Je me suis donc rendu moi-même un bon office.
Oh ! qu'Alcippe est heureux, et que je suis confus !
Mais Alcippe, après tout, n'aura que mon refus.
N'y pensons plus, Cliton, puisque la place est prise.

CLITON.

Vous en voilà défait aussi bien que d'Orphise.

DORANTE.

Reportons à Lucrèce un esprit ébranlé,
Que l'autre à ses yeux même avoit presque volé.
Mais Sabine survient.

SCÈNE V.

DORANTE, SABINE, CLITON.

DORANTE.

Qu'as-tu fait de ma lettre ?
En de si belles mains as-tu su la remettre ?

SABINE.

Oui, monsieur; mais....

DORANTE.

Quoi, mais ?

SABINE.

Elle a tout déchiré.

DORANTE.

Sans lire ?

SABINE.

Sans rien lire.

DORANTE.

Et tu l'as enduré ?

SABINE.

Ah ! si vous aviez vu comme elle m'a grondée !
Elle va me chasser, l'affaire en est vidée.

DORANTE.

Elle s'apaisera ; mais, pour t'en consoler,
Tends la main.

SABINE.

Eh ! monsieur !

DORANTE.

Ose encor lui parler.

ACTE V, SCÈNE V.

Je ne perds pas sitôt toutes mes espérances.

CLITON, bas, à Dorante.

Voyez la bonne pièce, avec ses révérences !
Comme ses déplaisirs sont déjà consolés !
Elle vous en dira plus que vous n'en voulez.

DORANTE.

Elle a donc déchiré mon billet sans le lire ?

SABINE.

Elle m'avoit donné charge de vous le dire ;
Mais, à parler sans fard....

CLITON.

Sait-elle son métier !

SABINE.

Elle n'en a rien fait, et l'a lu tout entier.
Je ne puis si long-temps abuser un brave homme.

CLITON.

Si quelqu'un l'entend mieux, je l'irai dire à Rome.

DORANTE.

Elle ne me hait pas, à ce compte ?

SABINE.

Elle ? non.

DORANTE.

M'aime-t-elle ?

SABINE.

Non plus.

DORANTE.

Tout de bon ?

SABINE.

Tout de bon.

DORANTE.

Aime-t-elle quelque autre?

SABINE.

Encor moins.

DORANTE.

Qu'obtiendrai-je?

SABINE.

Je ne sais.

DORANTE.

Mais enfin, dis-moi....

SABINE.

Que vous dirai-je?

DORANTE.

Vérité.

SABINE.

Je la dis.

DORANTE.

Mais elle m'aimera?

SABINE.

Peut-être.

DORANTE.

Et quand encor?

SABINE.

Quand elle vous croira.

DORANTE.

Quand elle me croira! Que ma joie est extrême!

SABINE.

Quand elle vous croira, dites qu'elle vous aime.

DORANTE.

Je le dis déjà donc, et m'en ose vanter,
Puisque ce cher objet n'en sauroit plus douter :

Mon père....
####### SABINE.
La voici qui vient avec Clarice.

SCÈNE VI.

CLARICE, LUCRÈCE, DORANTE, SABINE, CLITON.

####### CLARICE, bas, à Lucrèce.
Il peut te dire vrai, mais ce n'est pas son vice.
Comme tu le connois, ne précipite rien.
####### DORANTE, à Clarice.
Beauté qui pouvez seule et mon mal et mon bien...
####### CLARICE, bas, à Lucrèce.
On diroit qu'il m'en veut, et c'est moi qu'il regarde.
####### LUCRÈCE, bas, à Clarice.
Quelques regards sur toi sont tombés par mégarde.
Voyons s'il continue.
####### DORANTE, à Clarice.
Ah! que loin de vos yeux
Les moments à mon cœur deviennent ennuyeux!
Et que je reconnois, par mon expérience,
Quel supplice aux amants est une heure d'absence!
####### CLARICE, bas, à Lucrèce.
Il continue encor.
####### LUCRÈCE, bas, à Clarice.
Mais vois ce qu'il m'écrit.
####### CLARICE, bas, à Lucrèce.
Mais écoute.
####### LUCRÈCE, bas, à Clarice.
Tu prends pour toi ce qu'il me dit.

CLARICE, bas, à Lucrèce.

Éclaircissons-nous-en. (Haut.) Vous m'aimez donc, Dorante

DORANTE, à Clarice.

Hélas ! que cette amour vous est indifférente !
Depuis que vos regards m'ont mis sous votre loi...

CLARICE, bas, à Lucrèce.

Crois-tu que le discours s'adresse encore à toi?

LUCRÈCE, bas, à Clarice.

Je ne sais où j'en suis.

CLARICE, bas, à Lucrèce.

Oyons la fourbe entière.

LUCRÈCE, bas, à Clarice.

Vu ce que nous savons, elle est un peu grossière.

CLARICE, bas, à Lucrèce.

C'est ainsi qu'il partage entre nous son amour;
Il te flatte de nuit, et m'en conte de jour.

DORANTE, à Clarice.

Vous consultez ensemble ! Ah! quoi qu'elle vous die,
Sur de meilleurs conseils disposez de ma vie;
Le sien auprès de vous me seroit trop fatal;
Elle a quelque sujet de me vouloir du mal.

LUCRÈCE, en elle-même.

Ah! je n'en ai que trop; et si je ne me venge...

CLARICE, à Dorante.

Ce qu'elle me disoit est de vrai fort étrange.

DORANTE.

C'est quelque invention de son esprit jaloux.

CLARICE.

Je le crois : mais enfin me reconnoissez-vous?

ACTE V, SCÈNE VI.

DORANTE.

Si je vous reconnois ? Quittez ces railleries,
Vous que j'entretins hier dedans les Tuileries,
Que je fis aussitôt maîtresse de mon sort.

CLARICE.

Si je veux toutefois en croire son rapport,
Pour une autre déjà votre âme inquiétée...

DORANTE.

Pour une autre déjà je vous aurois quittée !
Que plutôt à vos pieds mon cœur sacrifié...

CLARICE.

Bien plus, si je la crois, vous êtes marié.

DORANTE.

Vous me jouez, madame ; et, sans doute pour rire,
Vous prenez du plaisir à m'entendre redire
Qu'à dessein de mourir en des liens si doux,
Je me fais marié pour toute autre que vous.

CLARICE.

Mais avant qu'avec moi le nœud d'hymen vous lie,
Vous serez marié, si l'on veut, en Turquie. [1]

DORANTE.

Avant qu'avec toute autre on me puisse engager,
Je serai marié, si l'on veut, en Alger.

CLARICE.

Mais enfin vous n'avez que mépris pour Clarice.

DORANTE.

Mais enfin vous savez le nœud de l'artifice,
Et que, pour être à vous, je fais ce que je puis.

CLARICE.

Je ne sais plus moi-même, à mon tour, où j'en suis.

Lucrèce, écoute un mot.
DORANTE, à Cliton.
Lucrèce! Que dit-elle?
CLITON, bas, à Dorante.

Vous en tenez, monsieur : Lucrèce est la plus belle ;
Mais laquelle des deux? J'en ai le mieux jugé,
Et vous auriez perdu si vous aviez gagé.

DORANTE, bas, à Cliton.

Cette nuit à la voix j'ai cru la reconnoître.

CLITON, bas, à Dorante.

Clarice, sous son nom, parloit à sa fenêtre ;
Sabine m'en a fait un secret entretien.²

DORANTE, bas, à Cliton.

Bonne bouche! j'en tiens : mais l'autre la vaut bien ;
Et, comme dès tantôt je la trouvois bien faite,
Mon cœur déjà penchoit où mon erreur le jette.
Ne me découvre point ; et dans ce nouveau feu
Tu me vas voir, Cliton, jouer un nouveau jeu.
Sans changer de discours, changeons de batterie.

LUCRÈCE, bas, à Clarice.

Voyons le dernier point de son effronterie.
Quand tu lui diras tout, il sera bien surpris.

CLARICE, à Dorante.

Comme elle est mon amie, elle m'a tout appris.
Cette nuit vous l'aimiez, et m'avez méprisée.
Laquelle de nous deux avez-vous abusée?
Vous lui parliez d'amour en termes assez doux.

DORANTE.

Moi! depuis mon retour je n'ai parlé qu'à vous.

CLARICE.

Vous n'avez point parlé cette nuit à Lucrèce?

DORANTE.

Vous n'avez point voulu me faire un tour d'adresse?
Et je ne vous ai point reconnue à la voix?

CLARICE.

Nous diroit-il bien vrai pour la première fois?

DORANTE.

Pour me venger de vous, j'eus assez de malice
Pour vous laisser jouir d'un si lourd artifice;
Et, vous laissant passer pour ce que vous vouliez,
Je vous en donnai plus que vous ne m'en donniez.
Je vous embarrassai; n'en faites point la fine.
Choisissez un peu mieux vos dupes à la mine:
Vous pensiez me jouer; et moi je vous jouois,
Mais par de faux mépris que je désavouois:
Car enfin je vous aime, et je hais de ma vie
Les jours que j'ai vécu sans vous avoir servie.

CLARICE.

Pourquoi, si vous m'aimez, feindre un hymen en l'air,
Quand un père pour vous est venu me parler?
Quel fruit de cette fourbe osez-vous vous promettre?

LUCRÈCE, à Dorante.

Pourquoi, si vous l'aimiez, m'écrire cette lettre?

DORANTE, à Lucrèce.

J'aime de ce courroux les principes cachés.
Je ne vous déplais pas, puisque vous vous fâchez.
Mais j'ai moi-même enfin joué ce tour d'adresse;
Il faut vous dire vrai, je n'aime que Lucrèce.

CLARICE, à Lucrèce.

Est-il un plus grand fourbe? et peux-tu l'écouter?[3]

DORANTE, à Lucrèce.

Quand vous m'aurez ouï, vous n'en pourrez douter.
Sous votre nom, Lucrèce, et par votre fenêtre,
Clarice m'a fait pièce, et je l'ai su connoître;
Comme, en y consentant, vous m'avez affligé,
Je vous ai mise en peine, et je m'en suis vengé.

LUCRÈCE.

Mais que disiez-vous hier dedans les Tuileries?

DORANTE.

Clarice fut l'objet de mes galanteries...

CLARICE, bas, à Lucrèce.

Veux-tu long-temps encore écouter ce moqueur?

DORANTE, à Lucrèce.

Elle avoit mes discours, mais vous aviez mon cœur,
Où vos yeux faisoient naître un feu que j'ai fait taire,
Jusqu'à ce que ma flamme ait eu l'aveu d'un père:
Comme tout ce discours n'étoit que fiction,
Je cachois mon retour et ma condition.

CLARICE, bas, à Lucrèce.

Vois que fourbe sur fourbe à nos yeux il entasse, [4]
Et ne fait que jouer des tours de passe-passe.

DORANTE, à Lucrèce.

Vous seule êtes l'objet dont mon cœur est charmé.

LUCRÈCE, à Dorante.

C'est ce que les effets m'ont fort mal confirmé.

DORANTE.

Si mon père à présent porte parole au vôtre, [5]
Après son témoignage, en voudrez-vous quelque autre?

LUCRÈCE.

Après son témoignage, il faudra consulter
Si nous aurons encor quelque lieu d'en douter.

DORANTE, à Lucrèce.

Qu'à de telles clartés votre erreur se dissipe.
(A Clarice.)
Et vous, belle Clarice, aimez toujours Alcippe;
Sans l'hymen de Poitiers il ne tenoit plus rien:
Je ne lui ferai pas ce mauvais entretien; 6
Mais, entre vous et moi, vous savez le mystère.
Le voici qui s'avance, et j'aperçois mon père.

SCÈNE VII.

GÉRONTE, DORANTE, ALCIPPE, CLARICE, LUCRÈCE, ISABELLE, SABINE, CLITON.

ALCIPPE, sortant de chez Clarice, et parlant à elle.

Nos parens sont d'accord, et vous êtes à moi.

GÉRONTE, sortant de chez Lucrèce, et parlant à elle.

Votre père à Dorante engage votre foi.

ALCIPPE, à Clarice.

Un mot de votre main, l'affaire est terminée.

GÉRONTE, à Lucrèce.

Un mot de votre bouche achève l'hyménée.

DORANTE, à Lucrèce.

Ne soyez pas rebelle à seconder mes vœux.

ALCIPPE.

Êtes-vous aujourd'hui muettes toutes deux?

CLARICE.

Mon père a sur mes vœux une entière puissance.

LUCRÈCE.

Le devoir d'une fille est dans l'obéissance. [1]

GÉRONTE, à Lucrèce.

Venez donc recevoir ce doux commandement.

ALCIPPE, à Clarice.

Venez donc ajouter ce doux consentement.

(Alcippe rentre chez Clarice avec elle et Isabelle, et le reste rentre chez Lucrèce.)

SABINE, à Dorante, comme il rentre.

Si vous vous mariez, il ne pleuvra plus guères.

DORANTE.

Je changerai pour toi cette pluie en rivières. [2]

SABINE.

Vous n'aurez pas loisir seulement d'y penser.
Mon métier ne vaut rien quand on s'en peut passer.

CLITON, seul.

Comme en sa propre fourbe un menteur s'embarrasse!
Peu sauroient, comme lui, s'en tirer avec grâce.
  Vous autres, qui doutiez s'il en pourroit sortir,
Par un si rare exemple apprenez à mentir. [3]

FIN DU MENTEUR.

EXAMEN DU MENTEUR.

Cette pièce est en partie traduite, en partie imitée de l'espagnol. Le sujet m'en semble si spirituel et si bien tourné, que j'ai dit souvent que je voudrois avoir donné les deux plus belles que j'aie faites, et qu'il fût de mon invention. On l'a attribué au fameux Lope de Vègue; mais il m'est tombé depuis peu entre les mains un volume de don Juan d'Alarcon, où il prétend que cette comédie est à lui, et se plaint des imprimeurs qui l'ont fait courir sous le nom d'un autre. Si c'est son bien, je n'empêche pas qu'il ne s'en ressaisisse. De quelque main que parte cette comédie, il est constant qu'elle est très-ingénieuse, et je n'ai rien vu dans cette langue qui m'ait satisfait davantage. J'ai tâché de la réduire à notre usage, et dans nos règles; mais il m'a fallu forcer mon aversion pour les *à parte*, dont je n'aurois pu la purger sans lui faire perdre une bonne partie de ses beautés. Je les ai faits les plus courts que j'ai pu, et je me les suis permis rarement, sans laisser deux acteurs ensemble, qui s'entretiennent tout bas, cependant que d'autres disent ce que ceux-là ne doivent pas écouter. Cette duplicité d'action particulière ne rompt point l'unité de la principale, mais elle gêne un peu l'attention de l'auditeur, qui ne sait à laquelle s'attacher, et qui se trouve obligé de séparer aux deux ce qu'il est accoutumé de donner à une. L'unité de lieu s'y trouve, en ce que tout s'y passe dans Paris; mais le premier acte est dans les Tuileries, et le reste à la place Royale. Celle de jour n'y est pas forcée, pourvu qu'on lui laisse les vingt-quatre heures entières. Quant à celle d'action, je ne sais s'il n'y a point quelque chose à dire, en ce que Dorante aime Clarice dans toute la pièce, et épouse Lucrèce à la fin, qui par-là ne répond pas à la protase. L'auteur espagnol lui donne ainsi le change pour punition de ses menteries, et le réduit à épouser, par force, cette Lucrèce qu'il n'aime point. Comme il se méprend toujours au nom, et croit que Clarice porte celui-là, il lui présente la main quand on lui a accordé l'autre, et dit hautement, lorsqu'on l'avertit de son erreur, que s'il s'est trompé au nom, il ne se trompe point à la personne. Sur quoi le père de Lucrèce le menace de le tuer, s'il n'épouse sa fille après l'avoir demandée et obtenue, et le sien propre lui fait la même menace. Pour moi, j'ai trouvé cette manière de finir un peu dure, et cru qu'un mariage moins violenté seroit plus au goût de notre auditoire. C'est ce qui m'a obligé à lui donner une pente vers la personne de Lucrèce au cinquième acte, afin qu'après qu'il a reconnu sa méprise aux noms, il fasse de nécessité vertu de meilleure grâce, et que la comédie se termine avec pleine tranquillité de tous côtés.

REMARQUES

DE VOLTAIRE

sur

LE MENTEUR.

REMARQUES SUR LE MENTEUR.

ACTE PREMIER.

SCÈNE I.ère

☞ 1 .... J'ai fait banqueroute à ce fatras de lois.

On disait alors *faire banqueroute*, pour *abandonner, renoncer, quitter, se détacher*, mais mal-à-propos ; *banqueroute* était impropre, même en ce temps-là, dans l'occasion où l'auteur l'emploie. Dorante ne fait pas banqueroute aux lois, puisque son père consent qu'il renonce à cette profession. *

☞ 2 Mais puisque nous voici dedans les Tuileries,
Le pays du beau monde et des galanteries, etc.

Nous avons souvent remarqué ailleurs que *dedans* est une légère faute, et qu'il faut *dans*.

☞ 3 C'est là le plus beau soin qui vienne aux belles âmes.

On prend un soin, on a un soin, on se charge d'un soin, on rend des soins ; mais un soin ne *vient* pas.

☞ 4 Et déjà vous cherchez à pratiquer l'amour.

On ne pratique point l'amour comme on pratique le barreau, la médecine.

* Nous ne répondrons qu'aux plus importantes des remarques de Voltaire sur le Menteur.

5 Je suis auprès de vous en fort bonne posture
   De passer pour un homme à donner tablature;
   J'ai la taille d'un maître, etc.

Quoique Corneille ait épuré le théâtre dans ses premières comédies, et qu'il ait imité ou plutôt deviné le ton de la bonne compagnie de son temps, il est pourtant encore ici loin de la bienséance et du bon goût; mais au moins il n'y a pas de mot déshonnête, comme Scarron s'en permit dans de misérables farces des Jodelets, qui, à la honte de la nation et même de la cour, eurent tant de succès avant les chefs-d'œuvre de Molière.

6 Et tenez celles-là trop indignes de vous,
   Que le son d'un écu rend traitables à tous.

Le son d'un écu et l'idée de ce vers sont des choses honteuses qu'on devrait retrancher pour l'honneur de la scène française. Ce vers même est imité de la satire de Régnier, intitulée *Macette*. Les bienséances étaient impunément violées dans ce temps-là; et Corneille, qui s'élevait au-dessus de ses contemporains, se laissait entraîner à leurs usages.

7 Aussi que vous cherchiez de ces sages coquettes
   Où peuvent tous venants débiter leurs fleurettes.

Cela n'est pas français. On dit bien *la maison où j'ai été*, mais non *la coquette où j'ai été*.

8 Mais qui ne font l'amour que de babil et d'yeux.

Ce vers n'est pas français; *faire l'amour d'yeux et de babil* ne peut se dire.

ACTE I, SCÈNE I.

9 Et le jeu, comme on dit, n'en vaut pas les chandelles.

Chandelles; cette expression serait aujourd'hui indigne de la haute comédie.

10 Et là, faute de mieux, un sot passe à la montre.

Passer à la montre signifiait *passer à la revue.*

11 . . . . Chacun s'y fait de mise.

Peut-être cette expression pouvait passer autrefois.

12 Et vaut communément autant comme il se prise.

Vaut autant comme n'est pas français; on l'a déjà observé ailleurs.

13 Tel donne à pleines mains qui n'oblige personne, etc.

Molière n'a point de tirade plus parfaite; Térence n'a rien écrit de plus pur que ce morceau : il n'est point au-dessus d'un valet, et cependant c'est une des meilleures leçons pour se bien conduire dans le monde. Il me semble que Corneille a donné des modèles de tous les genres.

☞ 14 Et d'un tel contre-temps il fait tout ce qu'il fait,
    Que, quand il tâche à plaire, il offense en effet.

On ne dit pas *faire d'un contre-temps,* mais *faire à contre-temps.*

Au reste, cette scène est d'un ton très-supérieur à toutes les comédies qu'on donnait alors : elle peint des mœurs vraies; elle est bien écrite, à l'exception de quelques fautes excusables.

SCÈNE III.

¹ *Clarice faisant un faux pas, et comme se laissant choir.*

Une comédie qui n'est fondée que sur un faux pas que fait une demoiselle en se promenant aux Tuileries, semble manquer d'art dans son exposition; et les compliments que se font Clarice et Dorante n'annoncent ni intrigue ni caractère.

² Hai! — Ce malheur me rend un favorable office....

Si cette Clarice n'avait pas fait un faux pas, il n'y aurait donc pas de pièce. Ce défaut est de l'auteur espagnol. L'esprit est plus content quand l'intrigue est déjà nouée dans l'exposition; on prend bien plus de part à des passions déjà régnantes, à des intérêts déjà établis. Un amour qui commence tout d'un coup dans la pièce, et dont l'origine est si faible, ne fait aucune impression, parce que cet amour n'est pas assez vraisemblable. On tolère la naissance soudaine de cette passion dans quelque jeune homme ardent et impétueux qui s'enflamme au premier objet; encore y faut-il beaucoup de nuances.

On croirait presque que ce Dorante, qui aime tant à mentir, exerce ce talent dans sa déclaration d'amour, et que cet amour est un de ses mensonges; cependant il est de bonne-foi.

³ Puisqu'il me donne lieu de ce petit service.

Lieu d'un service n'est pas français : on donne lieu de rendre service.

4 Et le plus grand bonheur au mérite rendu,
Ne fait que nous payer de ce qui nous est dû.

Cela n'est pas français : on rend justice au mérite, on ne lui rend point bonheur : (peut-être les premiers imprimeurs ont-ils mis *bonheur* au lieu d'*honneur*.) Cette scène languit par une contestation trop longue.

5 Comme l'intention seule en forme le prix, etc.

Ces dissertations dont les phrases commencent presque toujours par *comme*, et dont l'auteur a rempli ses tragédies, sont une de ces habitudes qu'il avoit prises en écrivant ; c'est la manière du peintre. *a*

SCÈNE IV.

1 La plus belle des deux, je crois que ce soit l'autre.

Je crois que ce soit est une faute de grammaire du temps même de Corneille. *Je crois* étant une chose positive, exige l'indicatif. Mais pourquoi dit-on, je crois qu'elle *est* aimable, qu'elle *a* de l'esprit ? et, *croyez-vous* qu'elle *soit* aimable, qu'elle *ait* de l'esprit ? C'est que *croyez-vous* n'est point positif : *croyez-vous* exprime le doute de celui qui interroge : *Je suis sûr qu'il vous satisfera ; êtes-vous sûr qu'il vous satisfasse ?*

a Le lecteur ne se seroit sûrement pas douté que cette phrase eût besoin d'une remarque. Quant à nous, qui reconnoissons bien quelques dissertations dans les tragédies de Corneille, nous sommes loin de convenir qu'elles en soient remplies, et nous trouvons fort indécents et le reproche et la manière dont il est adressé à l'auteur de *Cinna*, de *Polyeucte* et de *Rodogune*.

Vous voyez, par cet exemple, que les règles de la grammaire sont fondées pour la plupart sur la raison, et sur cette logique naturelle avec laquelle naissent tous les hommes bien organisés.

² Et quand le cœur m'en dit, j'en prends par où je puis.

J'en prends par où je puis est un peu licencieux, et l'expression est dégoûtante. Ce n'est point ainsi que Térence fait parler ses valets.

SCÈNE V.

¹ . . . . Des flûtes. . . . . . . des hautbois,
Qui tour à tour dans l'air poussoient des harmonies
Dont on pouvoit nommer les douceurs infinies.

Quoique ce substantif *harmonie* n'admette point de pluriel, non plus que *mélodie, musique, physique*, et presque tous les noms des sciences et des arts, cependant j'ose croire que dans cette occasion ces *harmonies* ne sont point une faute, parce que ce sont des concerts différents : on peut dire, *les mélodies de Lulli et de Rameau sont différentes* : de plus, le Menteur s'égaie dans son récit ; et *pousser des harmonies* est assez plaisant pour un menteur qui est supposé chercher à tout moment ses phrases.

² Il s'est fallu passer à cette bagatelle.

Se passer à, se passer de, sont deux choses absolument différentes : *se passer à* signifie *se contenter de ce qu'on a; se passer de*, signifie *soutenir le besoin de ce qu'on n'a pas* : il a quatre attelages, on peut se passer à moins ; vous avez cent mille écus de rente, et je m'en passe.

SCÈNE VI.

¹ Je remets à ton choix de parler ou te taire.

La grande exactitude de la prose veut *de te taire :* mais il faut renoncer à faire des vers si cette petite licence n'est pas permise.

² . . . . Pauvre esprit. — Je le perds.
Quand je vous ois parler de guerre et de concerts.

Je vous *ois* ne se dit plus ; pourquoi ? cette diphthongue n'est-elle pas sonore ? *Foi, loi, crois, bois,* révoltent-ils l'oreille ? Pourquoi l'infinitif *ouïr* est-il resté, et le présent est-il proscrit ? La syntaxe est toujours fondée sur la raison : l'usage et l'abolition des mots dépendent quelquefois du caprice. Mais on peut dire que cet usage tend toujours à la douceur de la prononciation : *je l'ois, j'ois,* est sec et rude ; on s'en est défait insensiblement.

3 Étaler force mots qu'elles n'entendent pas ;
Faire sonner Lamboy, Jean de Vert, et Galas.

Généraux de l'empereur Ferdinand III.

4 On leur fait admirer les baies qu'on leur donne.

Baies signifie ici *bourdes, cassades*. Il faut éviter soigneusement, au milieu des vers, ces mots *baies, haies,* et ne les jamais faire rencontrer par des syllabes qui les heurtent. On est obligé de faire *baies* de deux syllabes, et ce son est très-désagréable ; c'est ce qu'on appelle le demi-*hiatus*. Nous avons des règles certaines d'harmonie dans la poésie ; pour peu qu'on s'en écarte, les vers rebutent, et c'est en partie pourquoi nous avons tant de mauvais poëtes.

5 Nous pourrons sous ces mots être d'intelligence.

On n'entend pas bien ce que l'auteur veut dire. Comment Dorante sera-t-il d'intelligence avec sa maîtresse sous les mots de *contrescarpe* et de *fossé*?

6 Ayant si bien en main le festin et la guerre,
Vos gens en moins de rien courroient toute la terre.

Le festin en main; mauvaise expression de ce temps-là.

7 . . . . Sache qu'à me suivre
Je t'apprendrai bientôt d'autres façons de vivre.

A me suivre est un barbarisme. *a*

ACTE SECOND.

SCÈNE I.ère

2 Par quelque haut récit qu'on en soit conviée,
C'est grande avidité de se voir mariée.

Cette expression *conviée* prise en ce sens n'est plus d'usage; mais j'ose croire que si on voulait l'employer à propos, elle reprendrait ses premiers droits.

Remarquez ici que la scène change. Le premier acte s'est passé aux Tuileries; à présent nous sommes

---

a Cette tournure est la même que *à vaincre sans péril, on triomphe sans gloire,* employée par Corneille dans le *Cid*. Racine a dit, dans *Andromaque : Que croira-t-on de vous, à voir ce que vous faites?* Ce ne sont sûrement point là des barbarismes. La seule faute que présente le vers, dans la bouche de Dorante, est, *je t'apprendrai;* il faudroit *tu apprendras*.

ACTE II, SCENE I.

dans la maison de Clarice, à la place Royale : on aurait pu aisément supposer que la maison est voisine du jardin des Tuileries, et que le spectateur voit l'une et l'autre. Nous avons déjà dit que l'unité de lieu ne consiste pas à rester toujours dans le même endroit, et que la scène peut se passer dans plusieurs lieux représentés sur le théâtre avec vraisemblance : rien n'empêche qu'on ne voie aisément un jardin, un vestibule, une chambre. *a*

² Ce que vous m'ordonnez est la même justice.

La même justice ne signifie pas la *justice même*. Voyez ce qui est dit sur cette règle dans les notes sur la tragédie de Cinna.

³ Je le tiendrai long-temps dessous votre fenêtre,
Afin qu'avec loisir vous puissiez le connoître.

Cette manière de présenter un amant à sa maîtresse, qu'il doit épouser, paraît un peu singulière dans nos mœurs; mais la pièce est espagnole, et de plus ce n'est point ici une entrevue : le père ne

---

a C'est établir un principe très-dangereux, de dire que l'unité de lieu ne consiste pas à rester toujours dans le même endroit, et que la scène peut se passer dans plusieurs lieux représentés sur le théâtre. On a essayé quelquefois ces doubles théâtres à nos petits spectacles; rien n'est d'un plus mauvais goût. Voltaire, qui a tant innové, n'a pas osé lui-même avoir recours à cette ressource. Elle n'annonceroit, dans celui qui l'emploieroit, que son incapacité de marcher dans la route tracée par Corneille, et dont Racine, Molière et les bons auteurs ne se sont jamais écartés. Voltaire a dit, en parlant des difficultés qu'offre la rime : *Plus la poésie est devenue difficile, plus elle est belle.* On pourroit dire de même, en parlant de l'unité de lieu : *Plus l'art dramatique est devenu difficile, plus il est beau.*

veut que prévenir Clarice par la bonne mine de son fils.

4   Examiner sa taille, et sa mine, et son air,
     Et voir quel est l'époux que je veux vous donner.

Son air.... donner. Il faut rimer à l'oreille, puisque c'est pour elle que la rime fut inventée, et qu'elle n'est que le retour des mêmes sons, ou du moins de sons à-peu-près semblables. On prononçait *donner* en faisant sonner la finale *r* comme s'il y avait eu *donnair.* a

5   Je cherche à l'arrêter, parce qu'il m'est unique.

On ne dit pas *il m'est unique* comme *il m'est cher, il m'est agréable,* parce que *unique* n'est pas un adjectif, une qualité susceptible de régime ; il est agréable pour moi, agréable à mes yeux. *Unique* est absolu. Mais pourquoi dit-on, cela m'est agréable, et ne peut-on pas dire, cela m'est aimable ? cela est plaisant à mon goût, et non pas cela m'est plaisant? C'est qu'*agréable* vient d'*agréer; * cela m'agrée, au datif. *Plaisant* vient de *plaire;* cela me plaît, aussi au datif, comme s'il y avait *plaît à moi.* Il n'en est pas ainsi d'*aimer :* j'aime cette pièce, et non cette pièce aime à moi; ainsi on ne peut dire, *m'est aimable.*

---

a Cette rime est bonne, quoi qu'en dise le commentateur. Elle est bonne pour l'oreille, d'après le principe établi par le Père Mourgues, que l'on peut regarder comme une autorité dans cette matière. *L'oreille condamne ces rimes,* dit-il en son Traité de la Poésie française, *dans la bouche de ceux qui ne sont point accoutumés à lire des vers, parce qu'ils ne font pas sentir l'r à la fin des infinitifs.*

SCÈNE II.

1 Cette chaîne (du mariage), qui dure autant que notre vie,
Et qui devroit donner plus de peur que d'envie,
Si l'on n'y prend bien garde, attache assez souvent
Le contraire au contraire, et le mort au vivant.

Cette allégorie ne paraît-elle pas un peu forte dans une scène de comédie, et sur-tout dans la bouche d'une fille ? Mais toute cette tirade est de la plus grande beauté ; il n'y a point de fille qui parle mieux et peut-être si bien dans Molière.

2 .... Fille qui vieillit tombe dans le mépris :
C'est un nom glorieux qui se garde avec honte ;
Sa défaite est fâcheuse à moins que d'être prompte.

L'usage permet qu'on dise, cette fille est *de défaite*, c'est-à-dire elle est belle, on peut aisément s'en défaire, la marier. Mais *sa défaite* exprime figurément qu'elle s'est rendue : *défaire, se défaire*, un visage *défait*, un ennemi *défait*, *défaite* d'une marchandise, *défaite* d'une armée : toutes acceptions différentes. *a*

3 Le temps n'est pas un dieu qu'elle puisse braver,
Et son honneur se perd à le trop conserver.

Il semble qu'une fille perde son honneur en se mariant. Ce vers gâte un très-beau morceau. *b*

a L'épithète *fâcheuse* est ici pour *difficile*, et le sens est, qu'on se défait difficilement du nom de fille ; ou, ce qui est la même chose, qu'on se marie difficilement quand on ne se marie pas jeune.

b Où Voltaire va-t-il chercher que Corneille ait voulu dire, *qu'une fille perd son honneur en se mariant ?* Il est très-naturel d'entendre le contraire. L'honneur d'une fille se perd quand elle

☞ 3 *bis.* Rapportant,

n'était pas français du temps même de Corneille ; il faut donc, *vous verriez l'humeur conforme à la vôtre, répondante à la vôtre, assortie à la vôtre.*

4 Il me faudroit en main avoir un autre amant.
 J'avois. . . . . certaine vieille *en main*
 D'un génie, à vrai dire, au-dessus de l'humain.
MOLIÈRE.

SCÈNE III.

2 Ton père va descendre, âme double et sans foi !

Tout cela paraît choquer un peu la bienséance ; mais on pardonne au temps où Corneille écrivait : on tutoyait alors au théâtre. Le tutoiement, qui rend le discours plus serré, plus vif, a souvent de la noblesse et de la force dans la tragédie ; on aime à voir Rodrigue et Chimène l'employer. Remarquez cependant que l'élégant Racine ne se permet guère le tutoiement que quand un père irrité parle à son fils, ou un maître à un confident, ou quand une amante emportée se plaint à son amant.

 Je ne t'ai point aimé ! Cruel, qu'ai-je donc fait ?

 Jamais Molière n'a fait tutoyer les amants. Hermione dit :

 Ne devois-tu pas lire au fond de ma pensée ?

est trop long-temps à se marier. Que le commentateur n'ait pas trouvé le texte assez clair, et qu'il ait cherché à l'expliquer, rien de plus convenable ; mais qu'il l'ait interprété comme il l'a fait, il y a mauvaise foi et indécence.

ACTE II, SCÈNE III.

Phèdre dit :

Eh bien, connois donc Phèdre et toute sa fureur.

Mais jamais Achille, Oreste, Britannicus, etc., ne tutoient leurs maîtresses. A plus forte raison cette manière de s'exprimer doit-elle être bannie de la comédie, qui est la peinture de nos mœurs. Molière en fait usage dans le *Dépit amoureux;* mais il s'est ensuite corrigé lui-même.

☞ 2 Si je le vis jamais, et si je le connoi....!
Ne viens-je pas de voir son père avecque toi?

Voilà encore *connois* ou *connoi* qui rime avec *toi*. Voilà une nouvelle preuve qu'on prononçait *je connois,* ou bien *je connoi* en retranchant la lettre *s,* comme nous prononçons *j'aperçois, je vois, loi, roi;* tous les *oi* étaient prononcés comme écrits avec l'*o*. Aujourd'hui qu'on prononce *je connais, je parais, je verrais, j'aimerais,* il est clair qu'il faut un *a.*

3 Tu passes, infidèle, âme ingrate et légère,
La nuit avec le fils, le jour avec le père!

Cette idée ne serait pas tolérable s'il n'était question d'une fête qu'on a donnée. Le théâtre doit être l'école des mœurs.

4 Son père de vieux temps est grand ami du mien.

On ne dit point *de vieux temps,* mais *dès longtemps, depuis long-temps, de tout temps, toujours, en tout temps, en tous les temps.*

☞ 5 Quoi! je suis donc un fourbe, un bizarre, un jaloux!

Il semble que l'auteur espagnol n'ait pas tiré assez de parti du mensonge de Dorante sur cette fête.

La méprise d'un page, qui a pris une femme pour une autre, n'a rien d'agréable et de comique. D'ailleurs, ce mensonge de Dorante fait à son rival, devait servir au nœud de la pièce et au dénoûment; il ne sert qu'à des incidents.

6 A moins qu'en attendant le jour du mariage
M'en donner ta parole et deux baisers pour gage.

Cette indécence ne serait point soufferte aujourd'hui. On demande comment Corneille a épuré le théâtre. C'est que de son temps on allait plus loin : on demandait des baisers et on en donnait. Cette mauvaise coutume venait de l'usage où l'on avait été très-long-temps en France de donner, par respect, un baiser aux dames sur la bouche quand on leur était présenté. Montaigne dit qu'il est triste pour une dame d'apprêter sa bouche pour le premier mal tourné qui viendra à elle avec trois laquais.

Les soubrettes se conformèrent à cet usage sur le théâtre. De là vient que dans la *Mère coquette* de Quinaut, jouée plus de vingt ans après, la pièce commence par ce vers :

Je t'ai baisé deux fois. — Quoi! tu baises par compte?

Il faut encore observer que quand ces familiarités ridicules sont inutiles à l'intrigue, c'est un défaut de plus.

SCÈNE IV.

1 . . . . Ce jour même nos armes
Régleront par leur sort tes plaisirs ou tes larmes.

Cela n'est pas français. *Régler* ne veut pas dire

ACTE II, SCÈNE IV.

causer; on ne peut dire *régler des larmes, régler des plaisirs.*

² Puissé-je dans son sang voir couler tout le mien !

L'auteur paraît ici quitter absolument le ton de la comédie, et s'élever à la noblesse des images et des expressions tragiques; mais il faut observer que c'est un amant au désespoir qui veut appeler son rival en duel; les expressions suivent ordinairement le caractère des passions qu'elles expriment,

Interdum tamen et vocem comœdia tollit.

³ Le voici ce rival que son père t'amène.

On ne conçoit pas trop comment Alcippe peut voir entrer Dorante. Le premier vers de la cinquième scène prouve que Dorante et Géronte son père sont dans une place publique, ou dans une rue sur laquelle donnent les fenêtres de Clarice, ou à toute force dans le jardin des Tuileries, qui est le premier lieu de la scène, quoiqu'il soit assez peu vraisemblable que tous les personnages de cette comédie passent leur journée et ne fassent leurs affaires qu'en se promenant dans un jardin. Or Alcippe est encore dans la maison de Clarice; car ce n'est sûrement ni dans la rue ni dans un jardin public que Géronte vient rendre visite à Clarice et lui proposer son fils en mariage. Ce n'est pas non plus dans la rue que Clarice découvre à sa soubrette les secrets de son cœur. Enfin ce ne peut pas être dans la rue qu'Alcippe vient débiter à sa maîtresse deux pages d'injures, et lui demander ensuite deux baisers; cela ne serait ni vraisemblable ni décent : ce n'est pas dans le milieu d'un jardin, puisque Clarice le prie de parler plus bas, de crainte que son père ne l'entende.

Il faut donc conclure que le lieu de la scène change souvent dans cette comédie, et qu'en cet endroit Alcippe, qui est chez Clarice, ne peut pas voir entrer Dorante qui est dans la rue. Remarquez aussi que les scènes 4.e et 5.e ne sont point liées, et que le théâtre reste vide : seulement Alcippe annonce que Dorante paraît; mais il l'annonce mal-à-propos, puisqu'il ne peut le voir. *a*

a Cette longue remarque est uniquement employée à soutenir que *le lieu de la scène change souvent dans cette comédie, et qu'Alcippe, qui est chez Clarice, ne peut voir entrer Dorante, qui est dans la rue.* Cependant rien de tout cela n'est vrai. Alcippe n'est pas chez Clarice, Dorante n'est pas dans la rue. Tous deux sont dans la place Royale; la décoration l'indique au spectateur, qui ne peut sûrement pas s'y tromper. L'acte a commencé dans cette même place. Clarice y a rencontré d'abord Géronte, ensuite Alcippe, qu'elle a quitté pour rentrer dans sa maison, laquelle donne sur cette place. C'est pour cela qu'elle craignoit que les reproches d'Alcippe ne fussent entendus de son propre père, qui pouvoit descendre de chez lui.

Parlez un peu plus bas; mon père va descendre.

Alcippe est resté seul sur cette place quand il y voit arriver Géronte et Dorante, qui viennent sous la fenêtre de Clarice, ainsi qu'il a été convenu dans la première scène de cet acte. C'est en les voyant de loin entrer dans la place, qu'Alcippe dit :

Le voici, ce rival, que son père t'amène.

Il ne sort qu'après avoir ajouté plusieurs vers, dont le dernier est :

Mais ce n'est pas ici qu'il le faut quereller.

Le théâtre ne reste donc pas vide, comme le prétend Voltaire,

ACTE II, SCÈNE V.

4 Mais ce n'est pas ici qu'il le faut quereller.

Quereller signifie aujourd'hui *reprendre, faire des reproches, réprimander;* il signifiait alors *insulter, défier,* et même *se battre.* Dans nos provinces méridionales, les tribunaux se servent du mot *quereller* pour accuser un homme, attaquer un testament, une convention : c'est un abus des mots ; le langage du barreau est par-tout barbare.

SCÈNE V.

1 Dorante, arrêtons-nous ; le trop de promenade
Me mettroit hors d'haleine, et me feroit malade.

Il semble par ces vers que Géronte et Dorante soient dans les Tuileries. Comment Alcippe a-t-il pu les voir de la maison de Clarice à la place Royale ? [a]

et les scènes 4 et 5 sont parfaitement liées. Alcippe n'annonce pas Dorante mal-à-propos. Il peut le voir, puisqu'il est à un côté de la place, et que Dorante et son père y entrent par un côté opposé.

L'assertion de Voltaire est d'autant plus hardie, que Corneille a fait observer, dans l'examen de sa pièce, que la scène du premier acte se passe dans les Tuileries, et celles des quatre autres *dans la place Royale.* Aussi n'est-ce pas sans intention que Voltaire, qui a donné dans son édition les examens faits par Corneille sur ses propres pièces, a supprimé l'examen du Menteur. Il auroit trop évidemment prouvé la malignité du commentateur. La remarque qu'il a faite sur cette scène, suffit pour donner la mesure de la confiance qu'on doit avoir dans ses commentaires.

[a] On ne voit pas ce qui annonce dans ces vers que Géronte et Dorante soient aux Tuileries plutôt qu'ailleurs. Le spectateur qui voit la décoration, et le lecteur qui fait attention à l'examen de Corneille, savent que la scène se passe dans la place Royale, et conséquemment Alcippe a pu voir Dorante, Alcippe qui étoit sur cette même place, à la porte de la maison de Clarice.

² Et l'univers entier ne peut rien voir d'égal
Aux superbes dehors du Palais-cardinal.

Aujourd'hui le Palais-Royal. Ce quartier, qui est à présent un des plus peuplés de Paris, n'était que des prairies entourées de fossés, lorsque le cardinal de Richelieu y fit bâtir son palais. Quoique les embellissements de Paris n'aient commencé à se multiplier que vers le milieu du siècle de Louis XIV, cependant la simple architecture du Palais-cardinal ne devait pas paraître si superbe aux Parisiens, qui avaient déjà le Louvre et le Luxembourg. Il n'est pas surprenant que Corneille, dans ses vers, cherchât à louer indirectement le cardinal de Richelieu, qui protégea beaucoup cette pièce, et même donna des habits à quelques acteurs. Il était mourant alors, en 1642, et il cherchait à se dissiper par ces amusements.

☞ ³ Toute une ville entière, avec pompe bâtie,
Semble d'un vieux fossé par miracle sortie,
Et nous fait présumer, à ses superbes toits,
Que tous ses habitants sont des dieux ou des rois.

Des Dieux! cela est un peu fort.

⁴ Ce fut, s'il m'en souvient, le second de septembre.

Ces particularités rendent la narration de Dorante plus vraisemblable : on ne peut se refuser au plaisir de dire que cette scène est une des plus agréables qui soient au théâtre. Corneille, en imitant cette comédie de l'espagnol de *Lopèz de Véga*, a, comme à son ordinaire, eu la gloire d'embellir son original. Il a été imité à son tour par le célèbre Goldoni. Au printemps de l'année 1750, cet auteur, si naturel et si fécond, a donné à Mantoue une comédie intitulée *le Menteur*. Il avoue qu'il en a imité les scènes les plus frappantes de la pièce de Corneille : il a même quelquefois beaucoup ajouté à son original. Il y a dans Goldoni deux choses fort plaisantes : la première, c'est un rival du Menteur, qui redit bonnement pour des vérités toutes les fables que le Menteur lui a débitées, et qui est pris pour un menteur lui-même, à qui on dit mille injures; la seconde, c'est le valet qui veut imiter son maître, et qui s'engage dans des mensonges ridicules dont il ne peut se tirer.

Il est vrai que le caractère du Menteur de Goldoni est bien moins noble que celui de Corneille. La pièce française est plus sage, le style en est plus vif, plus intéressant. La prose italienne n'approche point des vers de l'auteur de Cinna. Les Ménandre, les Térence écrivirent en vers; c'est un mérite de plus : et ce n'est guère que par impuissance de mieux faire, ou par envie de faire vite, que les modernes ont écrit des comédies en prose. On s'y est ensuite accoutumé. L'*Avare* sur-tout, que Molière n'eut pas le temps de versifier, détermina plusieurs auteurs à faire en prose leurs comédies. Bien des gens prétendent aujourd'hui que la prose est plus naturelle et sert mieux le comique. Je crois que dans les farces la prose est assez convenable : mais que le Misanthrope et le Tartuffe perdraient de force et d'énergie s'ils étaient en prose!

ACTE TROISIÈME.

SCÈNE I.ère

¹ Mon affaire est d'accord.

Les hommes sont *d'accord;* les affaires sont *accordées, terminées, accommodées, finies.*

SCÈNE II.

¹ .... L'ardeur de Clarice est égale à vos flammes.

Ce mot au pluriel était alors en usage ; et, en effet, pourquoi ne pas dire *à vos flammes,* aussi bien qu'*à vos feux, à vos amours ?*

☞ ² Il vint hier de Poitiers, et, sans faire aucun bruit,
Chez lui paisiblement a dormi toute nuit.

On disait alors *toute nuit,* au lieu de *toute la nuit;* mais comme on ne pouvait pas dire *tout jour,* à cause de l'équivoque de *toujours,* on a dit *toute la nuit,* comme on disait *tout le jour.*

³ Quoi ! sa collation...? — N'est rien qu'un pur mensonge ;
Ou bien, s'il l'a donnée, il l'a donnée en songe.

Il est évident que ce dernier vers n'est placé là que pour la rime : ce sont de légères taches que la difficulté de notre poésie doit faire excuser ; dès qu'on voit *songe,* on est presque sûr de *mensonge.*

☞ 4 A nous laisser duper nous sommes bien novices.

Ce vers signifie à la lettre, *nous ne savons pas être dupés* : c'est le contraire de ce que l'auteur veut dire.

ACTE III, SCÈNE III.

☞ 5 Quiconque le peut croire ainsi que vous et moi,
S'il a manqué de sens, n'a pas manqué de foi.

Philiste avoue ici qu'il a cru ce que disait Dorante ; et, le vers d'après, il dit qu'il ne l'a pas cru. *a*

SCÈNE III. 1

Les scènes ici cessent encore d'être liées ; le théâtre ne reste pas tout-à-fait vide ; les acteurs qui entrent sont du moins annoncés. *b*

² En matière de fourbe, il est maître ; il y pipe.

Cette expression ne serait plus admise aujourd'hui. On dit *piper au jeu, piper la bécasse ;* voilà tout ce qui est resté en usage.

³ Tu vas sortir de garde, et perdre tes mesures.

Cette métaphore, tirée de l'art des armes, paraît aujourd'hui peu convenable dans la bouche d'une fille parlant à une fille ; mais quand une métaphore est usitée, elle cesse d'être une figure. L'art de l'escrime étant alors beaucoup plus commun qu'aujourd'hui, *sortir de garde, être en garde,* entrait dans le discours familier, et on employait ces expressions avec les femmes mêmes ; comme on dit *à la boule-*

---

a Je pense qu'il y a plutôt obscurité que contradiction dans ce vers. Philiste, avant et après, déclare n'être pas la dupe de Dorante.

b Les scènes ne cessent pas d'être liées : Alcippe voit entrer Clarice, il annonce qu'il veut fuir son courroux, et l'obscurité favorise sa sortie. Il seroit à désirer que dans toutes les pièces qui sont au théâtre, les sorties fussent aussi bien motivées.

vue à ceux qui n'ont jamais vu jouer à la boule ; *servir sur les deux toits* à ceux qui n'ont jamais vu jouer à la paume ; le *dessous des cartes*, etc.

SCÈNE IV. [1]

Remarquez que le théâtre ici ne reste pas tout-à-fait vide, et que si les scènes ne sont pas liées, elles sont du moins annoncées. Il sort deux acteurs, et il en rentre deux autres ; mais les deux premiers ne sortent qu'en conséquence de l'arrivée des deux seconds ; c'est toujours la même action qui continue, c'est le même objet qui occupe le spectateur. Il est mieux que les scènes soient toujours liées ; les yeux et l'esprit en sont plus satisfaits. [a]

[2] J'ai su tout ce détail d'un ancien valet.

Autrefois un auteur, selon sa volonté, faisait *hier* d'une syllabe, et *ancien* de trois : aujourd'hui cette méthode est changée ; *ancien* de trois syllabes rend le vers plus languissant ; *ancien* de deux syllabes devient dur : on est réduit à éviter ce mot quand on veut faire des vers où rien ne rebute l'oreille.

[3] Ne hésiter jamais, et rougir encor moins.

Ne hé est dur à l'oreille ; on ne fait plus difficulté de dire aujourd'hui *j'hésite, je n'hésite plus*.

[a] Cette scène est suffisamment liée à la précédente, où Clarice a dit :

>Mais j'entrevois quelqu'un dans cette obscurité,
>Et, si c'étoit lui-même, il pourroit me connoître ;
>Entrons donc chez Lucrèce, etc.

SCÈNE V.

Cette scène est toute espagnole; c'est un simple jeu de deux femmes, une simple méprise de Dorante, dont il ne résulte rien d'intéressant ni de plaisant, rien qui déploie les caractères; et c'est probablement la raison pour laquelle le Menteur n'est plus si goûté qu'autrefois.

² Chère amie, il en conte à chacune à son tour.

Il paraît que Clarice ne dit pas ce qu'elle devrait dire, et ne joue pas le rôle qu'elle devrait jouer; elle est convenue que Lucrèce mentirait au Menteur, et qu'elle lui ferait croire que cette Lucrèce est la même personne qu'il a vue aux Tuileries; c'est la demoiselle des Tuileries que Dorante aime; c'est elle à qui il croit parler : par conséquent il n'en conte point à chacune à son tour; il n'est point fourbe; il tombe dans le piége qu'on lui a dressé.

3 Appelez-moi grand fourbe, et grand donneur de bourdes.

Cette expression est aujourd'hui un peu basse; elle vient de l'ancien mot *bourdeler, bordeler,* qui ne signifiait que *se réjouir.*

4 Vous couchez d'imposture, et vous osez jurer,
Comme si je pouvois vous croire, ou l'endurer.

Vous couchez d'imposture. Cette manière de s'exprimer n'est plus admise; elle vient du jeu. On disait, *couché de vingt pistoles, de trente pistoles, couché belle.*

☞ 5 J'ai donné cette baie à bien d'autres qu'à vous.

Cette scène ne peut réussir, elle est trop forcée; il était naturel que Clarice lui dît : C'est moi que vous avez trouvée aux Tuileries, vous devez reconnaître ma voix; et alors tout était fini.

SCÈNE VI.

1 Je disois vrai. — Quand un menteur la dit,
En passant par sa bouche, elle perd son crédit.

Voilà deux vers qui sont passés en proverbe : c'est une vérité fortement et naïvement exprimée; elle est dans l'espagnol, et on l'a imitée dans l'italien.

☞ 2 Allons sur le chevêt rêver quelque moyen.

Il faut, *rêver à quelque moyen.*

☞ 3 Il sera demain jour, et la nuit porte avis.

On ne peut guère finir un acte moins vivement : il faut toujours tenir le spectateur en haleine, lui donner de la crainte ou de l'espérance. Quand un personnage se borne à dire, nous verrons demain ce que nous ferons, allons-nous-en, le spectateur est tenté de s'en aller aussi, à moins que les choses auxquelles le personnage va rêver ne soient très-intéressantes.

ACTE QUATRIÈME.

SCÈNE I.ère

1 Mais, monsieur, pensez-vous qu'il soit jour chez Lucrèce ?

Nous avons déjà remarqué que le lieu de la scène changeait souvent dans cette comédie, et que par conséquent l'unité de lieu n'y était pas scrupuleusement observée. *a*

☞ 2 Je me suis souvenu d'un secret que toi-même
Me donnois hier pour grand, pour rare, pour suprême.

Un secret suprême ! voilà à quoi l'esclavage de la rime réduit trop souvent les auteurs ; on emploie les mots les plus impropres, parce qu'ils riment. C'est le plus grand défaut de notre poésie : il vaut mieux rejeter la plus belle pensée que de la mal exprimer.

☞ 3 Je sais ce qu'est Lucrèce ; elle est sage, et discrète.

D'où le sait-il, lui qui arriva hier de Poitiers ?

4 A lui faire présent mes efforts seroient vains.

Il faut dire *faire un présent*, ou *faire présent de quelque chose*.

5 Si celle-ci venoit qui m'a rendu sa lettre,

n'est pas français ; il faudrait *celle-là*, ou *celle*.

a Il est vrai qu'au second acte Voltaire a fait cette remarque, mais nous avons prouvé qu'elle étoit mal fondée ; la scène n'a pas changé depuis, et rien n'annonce qu'elle change ici.

Celle ne doit point se séparer de *qui*; mais ce n'est qu'une petite faute.

6 Mais, monsieur, attendant que Sabine survienne,
Et que sur son esprit vos dons fassent vertu,
Il court quelque bruit sourd qu'Alcippe s'est battu.

On dit se *faire une vertu, faire une vertu d'un vice*; mais *faire vertu*, quand il signifie *faire effet*, n'est plus d'usage; et *faire vertu sur quelque chose* est un barbarisme.

SCÈNE III.

1 Avec ces qualités j'avois lieu d'espérer
Qu'assez malaisément je pourrois m'en parer.

Dans ces deux vers, que Cliton répète ici après les avoir dits à la fin du second acte, on peut remarquer qu'*espérer*, ne se prenant jamais en mauvaise part, ne peut pas servir de synonyme à *craindre*, et qu'ici l'expression n'est point juste.

2 Et je n'ai point appris qu'elle eût tant d'efficace.

Efficace, pris comme substantif, n'est plus d'usage; on dit *efficacité*, ou plutôt on se sert d'un autre mot.

☞ 2 bis. En moins de fermer l'œil,

pour en moins d'un clin d'œil.

3 Vous les hachez menu comme chair à pâtés.
Vous avez tout le corps bien plein de vérités,
Il n'en sort jamais une.

Ces vers ne paraissent-ils pas d'un genre de plaisanterie triviale, et même trop bas pour le ton général de la pièce?

SCÈNE IV.

☞ 1 . . . . Que mal à propos
Son abord importun vient troubler mon repos!

Il ne peut pas dire qu'il est en repos ; il ne pourrait trouver son père incommode qu'en cas qu'il sût que son père vient troubler son amour ; il serait excusable alors par l'excès de sa passion : mais il n'a de véritable passion que celle de mentir assez mal à propos.

☞ 2 Je me tiens trop heureux qu'une si belle fille,
Si sage, si bien née, entre dans ma famille.

Si sage, et si bien née, une fille qui a été surprise avec un homme pendant la nuit!

SCÈNE V. 1

Qu'il me soit permis de dire en passant que, dans les quatre scènes précédentes, la résurrection d'Alcippe, le nouvel embarras de Dorante avec Géronte, la noble confiance de ce dernier, forment les situations les plus heureuses et les plus comiques. On ne voit point de tels exemples chez les Grecs ni chez les Latins : aussi l'auteur italien n'a-t-il pas manqué de traduire toutes ces scènes.

SCÈNE VI. 1

Toutes les fois qu'un acteur entre ou sort du théâtre, l'art exige que le spectateur soit instruit des motifs qui l'y déterminent : on ne voit pas trop ici quelle raison ramène Sabine.

☞ 2 On prend à toutes mains dans le siècle où nous sommes,
Et refuser n'est plus le vice des grands hommes.

Que veut dire *le vice des grands hommes,* quand il s'agit d'une femme-de-chambre?

Je vous conterai lors tout ce que j'aurai fait.

Ces scènes, qui ne consistent qu'à donner de l'argent à des suivantes qui font des façons et qui acceptent, sont devenues aussi insipides que fréquentes; mais alors la nouveauté empêchait qu'on n'en sentît toute la froideur.

SCÈNE VII.

☞ 1 C'est un homme qui fait litière de pistoles.

Litière de pistoles, expression aujourd'hui proscrite et entièrement hors d'usage.

2 Elle tient, comme on dit, le loup par les oreilles.

Le proverbe ne paraît-il pas un peu trivial, et la scène un peu trop longue dans la situation où sont les choses?

☞ 3 Peut-être que tu mens aussi bien comme lui?

On a déjà dit que *comme* est ici un solécisme, et qu'il faut *que.*

SCÈNE VIII.

1 Conte-lui dextrement le naturel des femmes.

Dextrement n'est plus d'usage: on ne conte point le naturel; on le peint, on le décrit.

SCÈNE IX.

☞ 1 Il t'en veut tout de bon, et m'en voilà défaite.

Ces scènes de Clarice et de Lucrèce ne sont ni comiques ni intéressantes : aucune des deux n'aime ; elles jouent un tour assez grossier à Dorante, qui doit reconnaître Clarice à sa voix ; et ce sont elles qui sont véritablement menteuses avec lui.

2 Si tu l'aimes, du moins, étant bien avertie,
Prends bien garde à ton fait, et fais bien ta partie.

Cette expression prise en ce sens n'est plus d'usage. Aujourd'hui *prendre garde à son fait* est une phrase très-populaire.

On a remarqué que ces scènes de Clarice et de Lucrèce sont toutes très-froides. On en demande la raison ; c'est que ni l'une ni l'autre n'a une vraie passion ni un grand intérêt.

3 .... Vous n'en casserez, ma foi, que d'une dent ;

façon de s'exprimer prise d'un ancien proverbe trivial, et indigne d'être écrit, sur-tout en vers.

4 Quand nous le vîmes hier dedans les Tuileries....

Ce vers prouve deux choses ; d'abord, que la pièce dure deux journées ; ensuite, que la scène a changé, que le théâtre ne doit plus représenter les Tuileries, mais la place Royale. Il était, à la vérité, assez extraordinaire que ces dames se promenassent si régulièrement dans un jardin deux journées de suite ; mais il ne l'est pas moins qu'elles aient de si longues conférences dans une place.

Au reste, la règle des vingt-quatre heures peut très-bien subsister, la pièce commençant à six heures du soir, et finissant le lendemain à la même heure. *a*

5 Soit. Mais il est saison que nous allions au temple.

Il est saison, pour *il est temps, il est l'heure*, ne se dit plus : de plus, voilà une manière bien froide et bien maladroite de finir un acte : il est temps d'aller à l'église, parce que nous n'avons plus rien à dire.

6 Allons. — Si tu le vois, agis comme tu sais. —
Ce n'est pas sur ce coup que je fais mes essais.

Tu sais ne rime pas avec *essais* : c'est ce qu'on appelle des rimes provinciales. La rime est uniquement pour l'oreille. On prononce *tu sais* comme s'il y avait *tu sés*, et *essais* est long et ouvert. Si on ne voulait rimer qu'aux yeux, *cuiller* rimerait avec *mouiller*. Tous les mots qui se prononcent à-peu-près de même doivent rimer ensemble : il me paraît que c'est la règle générale concernant la rime.

7 Mais sachez qu'il est homme à prendre sur le vert.

On appelait alors *le vert* le gazon du rempart sur lequel on se promenait, et de là vient le mot

---

a De l'aveu de Voltaire, la règle des vingt-quatre heures est observée. Pourquoi commence-t-il donc sa remarque par dire que la pièce dure deux journées? C'est depuis l'ouverture du second acte que le théâtre représente la place Royale. Cette place étant sous les fenêtres de Clarice et de Lucrèce, il n'est pas très-extraordinaire que ces dames y aient d'assez longues conférences. Il n'y avoit donc aucun sujet à faire ici une remarque.

boulevert, vert à jouer à la boule, qu'on prononce aujourd'hui *boulevart.* Le nom de *vert* se donnait aussi au marché aux herbes.

ACTE CINQUIÈME.

SCÈNE I.ère

A<small>RGANTE</small> et G<small>ÉRONTE</small>. Voici un M. Argante dont le spectateur n'a point encore entendu parler, qui arrive sous prétexte de solliciter un procès, mais effectivement pour détromper Géronte, et lui ouvrir les yeux sur toutes les faussetés que lui a débitées son fils. Peut-être désirerait-on qu'il fût annoncé dès le premier acte; c'est du moins une des règles de l'art. On doit rarement introduire, au dénoûment, un personnage qui ne soit à-la-fois annoncé et attendu : d'ailleurs, on ne voit pas de quelle utilité est cet Argante, qui ne paraît qu'un moment, qui ne revient pas même aux dernières scènes. Géronte n'aurait-il pas pu découvrir aussi bien la fausseté du mariage de Dorante, dans une conversation avec Clarice ou Lucrèce, à qui son fils vient de jurer qu'il n'est point marié, et qu'il n'a imaginé ce mensonge que pour son cœur et sa main? Mais il faut songer en quel temps écrivait Corneille, et passer rapidement aux scènes suivantes, qui sont sublimes. *a*

---

a Voilà ce qui s'appelle remplir les devoirs d'un commentateur, qui, obligé d'avouer une faute de son auteur, s'efforce d'y apporter

SCÈNE III.

1 Êtes-vous gentilhomme?

Cette scène est imitée de l'espagnol. Le génie mâle de Corneille quitte ici le ton familier de la comédie ; le sujet qu'il traite l'oblige d'élever sa voix : c'est un père justement indigné, c'est

Iratus Chremes (qui) tumido delitigat ore.

On voit ici la même main qui peignit le vieil Horace et don Diègue. Il n'est point de père qui ne doive faire lire cette belle scène à ses enfants ; et si l'on disait aux farouches ennemis du théâtre, aux persécuteurs du plus beau des arts, Oserez-vous nier que cette scène, bien représentée, ne fasse une impression plus heureuse et plus forte sur l'esprit d'un jeune homme que tous les sermons que l'on débite journellement sur cette matière ? je voudrais bien savoir ce qu'ils pourraient répondre.

---

un palliatif, et s'empresse de la faire oublier. N'est-ce pas là, lecteur, l'idée que vous prenez d'une pareille remarque ? Ne vous y trompez cependant pas ; elle n'est point indiquée dans le texte, parce que ce dernier ne présente pas la faute dont il s'agit. Vous y chercheriez en vain le personnage d'Argante. Il n'est pas dans l'édition de 1682, ni dans celle de 1664. En un mot, il ne se trouve peut-être que dans l'édition de 1644, que Voltaire convenoit être fort rare il y a cinquante ans. Elle ne contient que cinq à six des pièces de Corneille ; et certes, on ne devoit pas aller la chercher pour commenter ses ouvrages. Il étoit d'autant plus facile d'éviter L'ERREUR dans laquelle est tombé Voltaire, que Corneille, dans son premier discours, annonce avoir remédié au défaut que présentoit le plaideur de Poitiers, nommé Argante.

Le Goldoni, dans son *Bugiardo*, n'a pu imiter cette belle scène de Corneille, parce que Pantalon Bisognosi est le père de son Menteur, et que Pantalon, marchand vénitien, ne peut avoir l'autorité et le ton d'un gentilhomme : Pantalon dit simplement à son fils qu'il faut qu'un marchand ait de la bonne foi.

SCÈNE IV.

1 Toutes tierces, dit-on, sont bonnes ou mauvaises.

Cette plaisanterie est tirée de l'opinion où l'on était alors que le troisième accès de fièvre décidait de la guérison ou de la mort.

2 Car je doute à présent si vous aimez Lucrèce.

On ne sait en effet qui Dorante aime ; il ne le sait pas lui-même : c'est une intrigue où le cœur n'a aucune part. Dorante, Lucrèce et Clarice prennent si peu de part à cet amour, que le spectateur n'y prend aucun intérêt. C'est un très-grand défaut, comme on l'a dit ; et l'intrigue n'est point assez plaisante pour réparer cette faute : la pièce ne se soutient que par le comique des menteries de Dorante.

3 Mon cœur entre les deux est presque partagé.

Cela seul suffit pour refroidir la pièce. S'il ne se soucie d'aucune, qu'importe celle qu'il aura ?

4 Quoi ! même en disant vrai, vous mentiez en effet ?

Voilà une excellente plaisanterie, qui prépare le dénoûment de l'intrigue.

SCÈNE V.[1]

Cette scène participe de cette froideur causée par l'indifférence de Dorante : il demande avec empressement comment on a reçu sa lettre écrite à une personne qu'il n'aime guère, et qu'il appelle *ce cher objet*.

[2] *Du depuis*,

a toujours été une faute ; c'est une façon de parler proverbiale. Il est clair que le *du* est de trop avec le *de*.

SCÈNE VI.

[1] Vous serez marié, si l'on veut, en Turquie. —
Je serai marié, si l'on veut, en Alger.

Etre marié en Turquie ou bien à Alger n'est pas fort différent : ce n'est pas là enchérir, c'est répéter.

[2] Sabine m'en a fait un secret entretien. —
Bonne bouche ! j'en tiens : mais l'autre la vaut bien.

La méprise de Dorante serait plaisante et intéressante, si, aimant passionnément une des deux, il disait à l'une tout ce qu'il croit dire à l'autre. L'auteur espagnol et le français semblent avoir manqué leur but.

Clarice fait connaître, au second acte, qu'elle n'aime ni Dorante ni Alcippe, et qu'elle ne veut qu'un mari. Ainsi nul intérêt dans cette pièce ; elle se soutient seulement par des méprises et des mensonges comiques.

ACTE V, SCÈNE VII.

☞ 2 bis. *Faire un entretien*
n'est pas français; *bonne bouche* est trivial, et cette longue méprise est froide.

3 Est-il un plus grand fourbe? et peux-tu l'écouter?

Elle devait lui dire : Je suis Clarice; c'est mon nom, et vous avez cru que je m'appelais Lucrèce.

4 Vois que fourbe sur fourbe à nos yeux il entasse,
Et ne fait que jouer des tours de passe-passe.

Passe-passe; cette expresssion populaire ne paraît-elle pas déplacée?

5 Si mon père à présent porte parole au vôtre,
Après son témoignage, en voudrez-vous quelque autre?

De pareils dénoûments sont toujours froids et vicieux, parce qu'ils n'ont point ce qu'on appelle la péripétie : ils n'excitent aucune surprise; il n'y a ni comique, ni intérêt. *Si mon père consent à mon mariage, y consentez-vous? Oui.* Ce n'est pas la peine de faire cinq actes pour amener quelque chose de si trivial; et, encore une fois, le caractère du Menteur est l'unique cause du succès.

☞ 6 Je ne lui ferai pas ce mauvais entretien.

Faire un mauvais entretien est un barbarisme.

SCÈNE VII.

2 Le devoir d'une fille est dans l'obéissance. —
Venez donc recevoir ce doux commandement.

Il est assez singulier de remarquer que Corneille a placé ces deux mêmes vers dans la bouche de Camille et de Curiace, dans sa belle tragédie des Horaces.

² Je changerai pour toi cette pluie en rivières.

Plaisanterie bien recherchée. Un défaut de cette pièce est la répétition des façons et des gaîtés d'une soubrette, à qui l'on fait quelques petits présents.

³ Par un si rare exemple apprenez à mentir.

C'est ici une plaisanterie de valet, mais elle paraît déplacée. On attend la morale de la pièce, qui est toute contraire au propos de Cliton. Goldoni ne manque jamais à ce devoir; tous ses dénoûments sont accompagnés d'une courte leçon de vertu : chez lui le Menteur est puni, et il doit l'être; il en a fait un malhonnête homme, odieux, et méprisable. Le Menteur, dans le poëte espagnol, et dans la copie faite par Corneille, n'est qu'un étourdi. Il y a peut-être plus d'intérêt dans l'italien, en ce que tous les mensonges du Bugiardo servent à ruiner les espérances d'un honnête homme discret, timide et fidèle.

FIN DU TROISIÈME VOLUME.

www.ingramcontent.com/pod-product-compliance
Lightning Source LLC
Chambersburg PA
CBHW071613230426
43669CB00012B/1926